O AUTISMO
EM MENINAS
E MULHERES

Dados Internacionais de Catalogação na Publicação (CIP)
(Câmara Brasileira do Livro, SP, Brasil)

Orrú, Sílvia Ester
  O autismo em meninas e mulheres : diferença e interseccionalidade / Sílvia Ester Orrú. – Petrópolis, RJ: Vozes, 2024.
  Bibliografia.

  2ª reimpressão, 2024.

  ISBN 978-85-326-6689-5

  1. Autoaceitação nas mulheres 2. Autismo – Aspectos psicológicos 3. Autismo – Diagnóstico 4. Diversidade sexual 5. Interseccionalidade 6. Maternidade – Aspectos psicológicos 7. Mulheres – Aspectos psicológicos 8. Mulheres – Saúde I. Título.

23-174348   CDD-155

Índices para catálogo sistemático:
1. Autismo : Psicologia clínica 155
Aline Graziele Benitez – Bibliotecária – CRB-1/3129

Sílvia Ester Orrú

O AUTISMO EM MENINAS E MULHERES
Diferença e Interseccionalidade

EDITORA VOZES

Petrópolis

© 2024, Editora Vozes Ltda.
Rua Frei Luís, 100
25689-900 Petrópolis, RJ
www.vozes.com.br
Brasil

Todos os direitos reservados. Nenhuma parte desta obra poderá ser reproduzida ou transmitida por qualquer forma e/ou quaisquer meios (eletrônico ou mecânico, incluindo fotocópia e gravação) ou arquivada em qualquer sistema ou banco de dados sem permissão escrita da editora.

CONSELHO EDITORIAL

Diretor
Volney J. Berkenbrock

Editores
Aline dos Santos Carneiro
Edrian Josué Pasini
Marilac Loraine Oleniki
Welder Lancieri Marchini

Conselheiros
Elói Dionísio Piva
Francisco Morás
Gilberto Gonçalves Garcia
Ludovico Garmus
Teobaldo Heidemann

Secretário executivo
Leonardo A.R.T. dos Santos

PRODUÇÃO EDITORIAL

Aline L.R. de Barros
Marcelo Telles
Mirela de Oliveira
Otaviano M. Cunha
Rafael de Oliveira
Samuel Rezende
Vanessa Luz
Verônica M. Guedes

Conselho de projetos editoriais
Luísa Ramos M. Lorenzi
Natália França
Priscilla A.F. Alves

Editoração: Natália Machado
Diagramação: Littera Comunicação e Design
Revisão gráfica: Nilton Braz da Rocha
Capa: Rafael Machado

ISBN 978-85-326-6689-5

Este livro foi composto e impresso pela Editora Vozes Ltda.

Às Meninas e Mulheres no autismo,
à Diferença,
à Vida,
aos que Choram,
aos que Amam,
aos que Acolhem,
aos que Lutam por dias melhores para todas e todos.

Sumário

Primeiras palavras, 9

Autismo: conceitos e entretons, 11

    Só existe o que se nomeia, 11

    Um trono à culpa, 45

    Isto COM aquilo, 106

    Vozes nos entretons, 121

O autismo em meninas e mulheres, 134

    Autismo não tem sexo, 153

    Diagnóstico e prevalência do autismo em meninas e mulheres, 157

    Hiperfoco como potência, 169

    Sensibilidade sensorial, 176

    Camuflagem e compensação, 197

    Esgotamento "autista" e seus impactos, 209

    Percepções sobre sexo e sexualidade, 218

    Diversidade sexual e de gênero, 231

    Maternidade, maternagem e autismo, 247

    Autoaceitação e amor por si mesma, 261

Algo mais..., 271

Referências, 273

Primeiras palavras

Acolher meninas e mulheres no autismo em minha escrita era um desejo antigo que me pulsava a alma. Após a conclusão da obra *Mulheres em águas de piratas*, senti que era o momento de tecer um texto dedicado especialmente àquelas que existem e vivem na condição do autismo.

Durante a história da humanidade, a ciência foi impactada pelos preceitos patriarcais, uma vez que, em sua maioria, eram os homens que falavam sobre tudo, nomeavam, decidiam e registravam tudo, inclusive em relação a: o que é ser mulher; como funcionam seus corpos e mentes; suas (in)capacidades cognitivas, físicas e psicológicas; como devem ser tratadas para controle de seus comportamentos; sexo e seu (des)prazer. Por consequência, no decurso de décadas, os consensos da comunidade médica e científica basearam-se de modo imperante em ideias e noções masculinas sobre o autismo, suscitando uma violenta negligência acerca das singularidades inerentes às mulheres com autismo em pesquisas e espaços da clínica.

O propósito desta obra é centrar as principais questões que permeiam a vida das meninas e mulheres com autismo a partir de estudos e pesquisas recentes que colaboram para uma compreensão mais acurada sobre como o autismo se manifesta no feminino, além da necessidade de se construir instrumentos e métodos para um diagnóstico diferencial com a finalidade de dirimir equívocos e negligências para com elas.

A diferença e a interseccionalidade foram abraçadas com afeto carinhoso, pois ambas são as fronteiras da constituição subjetiva de cada mulher, de maneira que a manifestação do autismo se repete por todo o planeta, mas as meninas e mulheres são únicas, são singulares ao compasso que, complexas, elas nunca se repetem, mas se encontram conectadas por condições múltiplas que as tornam mais fortes quando unidas em luta por suas vidas, por seus direitos, por seus espaços, por seu protagonismo e lugar de fala.

Neste livro optei por priorizar as expressões "meninas e mulheres com autismo" e "no autismo", pois entendo que o diagnóstico e o próprio autismo não definem quem é esta pessoa, quem é esta menina ou mulher. Penso que não se é possível universalizar o autismo, tendo em vista sua complexa multiplicidade e que todas as pessoas são mais que um diagnóstico, muito mais do que uma condição clínica, seja ela qual for.

As pesquisas sobre como o autismo impacta o feminino estão apenas principiando e há uma longa jornada de inquietações e desafios por vir.

Meu desejo é que este livro possa cooperar para a ampliação do conhecimento sobre esse tema tão necessário em nossa contemporaneidade.

Há braços!

Sílvia Ester Orrú
Inverno de 2023.

Autismo: conceitos e entretons

> *Nada é totalmente original.*
> *Todo mundo é influenciado pelo*
> *que aconteceu anteriormente.*
> Lorna Wing

Só existe o que se nomeia

O vocábulo "autismo" foi adotado pela psiquiatria para denominar comportamentos humanos que se encontravam agregados em torno de si mesmos, ou seja, replicados pela pessoa para si mesma. A palavra se origina do grego, *autós*, que significa "por si mesmo"; acompanhada do sufixo *ismo*, indica uma ação ou estado do indivíduo por si e para si mesmo (Orrú, 2007).

Paul Eugen Bleuler (1857-1939), psiquiatra suíço, foi o pioneiro no uso do termo em 1911 para relatar um sintoma da esquizofrenia relacionado a um comportamento de extremo isolamento da vida afetiva e social. Seu pensamento médico foi influenciado pelas ideias de Sigmund Freud (1856-1939) sobre a dinâmica das psicoses, além do interesse em seus estudos acerca da histeria e da hipnose, e foi essa influência psicanalítica, digamos assim, que contribuiu para que ele desenvolvesse e empregasse o termo "autismo" na psiquiatria. No prefácio de seu livro intitulado *Demencia precoz*, concluído no verão de 1908 e publicado em inglês em 1911, ele afirma: "Tenho certeza de que todo leitor percebe quão grande é nossa dívida para com esse autor [Freud], sem que eu precise mencionar seu nome em todos os pontos apropriados da exposição" (Bleuler, 1993, p. 8, versão em espanhol, tradução minha). Em contrapartida, opunha-se às ideias do pai da psicanálise em relação à libido.

A partir de 1910, Bleuler se distanciou acentuadamente de Freud e de seus estudos. Não foram poucas as alfinetadas entre ambos ao longo de suas produções (Laplanche & Pontalis, 1991). [Aliás, as disputas de territorialização teórica me parecem ser uma das grandes causas de insalubridade relacional no meio cientificista de outrora e de agora também, como se houvesse alguma teoria sublime e universal que desse conta de explicar tudo em sua mais incomensurável complexidade. No meu ponto de vista, não há! Mas isso é debate (ou des-apego) para outra (des)escritura.]

Vale situar o que estava acontecendo nos dias contemporâneos de Bleuler e Freud. Emil Kraepelin (1856-1926), psiquiatra alemão, reconhecido como o criador da psiquiatria moderna, defendia que as doenças psiquiátricas eram causadas, majoritariamente, por desordens biológicas e genéticas. A partir de seus estudos e de sua tese intitulada "O lugar da psicologia na psiquiatria", defendida em 1878, desenvolveu ao longo dos anos um novo método diagnóstico a partir do agrupamento de padrões comuns de sintomas (síndromes) em oposição à maneira como era feito até então, ou seja, o diagnóstico pela semelhança dos principais sintomas. Enraizado e capsulado no campo das ciências naturais, colocava-se a descrever e a classificar as doenças mentais a partir de sua observação pormenorizada dos fenômenos clínicos, sempre buscando delimitar os agrupamentos típicos padronizados, sua evolução e estado considerado irrecuperável. Segundo Pereira (2001):

> A colocação em evidência de formas típicas e constantes de início, evolução e de desfecho de uma determinada constelação patológica é o que permitiria, a seus olhos, precisar a "história natural" daquela doença mental. Esforçava-se, pois, por delimitar o perfil clínico das diferentes entidades mórbidas tanto em termos sincrônicos quanto longitudinais, situando cada uma das patologias em um sistema nosográfico coerente. Essa seria, segundo o projeto kraepeliano, a etapa nosológica e classificatória inicial, aguardando que os avanços da neuropatologia e da psicologia experimental pudessem dar a explicação científica dos fenômenos psicopatológicos identificados. A hipótese subjacente a esse método era a de que mesmas "enfermidades" deveriam apresentar histórias naturais e desfechos clínicos semelhantes. Bastante marcante, nesse sentido, é o esforço de Kraepelin de evitar que qualquer interpretação de caráter psicológico viesse a interferir na objetividade do processo descritivo. Era, pois, necessário ater-se estritamente ao plano da expe-

riência e da observação, pouco importando os esforços autointerpretativos da parte do paciente (p. 127).

Entre 1883 e 1915, escreveu as oito edições de seu *Tratado de psiquiatria*. Publicada em 1896, essa obra se tornou o fundamento da psiquiatria moderna, recomendando sequentes proposições de criação de entidades nosológicas junto a um sistema próprio para suas classificações.

Freud, por sua vez, encontrava-se envolvido com a experiência clínica que havia vivenciado no Hospital de Salpetriere junto ao Professor Jean-Martin Charcot, médico e cientista francês de grande reconhecimento clínico que marcou o campo da psiquiatria e da neurologia em companhia do neurologista Guillaume Benjamin Amand Duchenne. Tomado pelo movimento científico de sua época, emprazou suas primeiras produções escritas com descrições e ensaios explicativos sobre a origem dos sintomas da histeria bem como se propôs a construir um modelo que apontasse seus substratos orgânicos e neurológicos por meio da análise do psiquismo. Contudo, Freud não demorou a buscar novos rumos, estabelecendo o território próprio da psicanálise com a publicação de seu livro *A interpretação dos sonhos* (1900), sendo este acontecimento sua cisão com o campo da psicopatologia (Szajnbok, 2013).

Bleuler, entre essas encruzilhadas, elabora o conceito de esquizofrenia, aproximando-se do pensamento de Kraepelin, ao mesmo tempo que aplica as ideias de Freud para a ampliação dos limites da patologia (Bleuler, 1967). Segundo Pessotti (2006), o neologismo *esquizofrenia* marca uma mudança substancial no enfoque da doença. Implica a constatação clínica de que a demência, entendida como deterioração e perda de funções mentais, não é um desfecho inevitável da doença e nem é um aspecto essencial do quadro sintomático. **E embora para Kraepelin as eventuais remissões do quadro significassem, ao invés de verdadeiras curas, apenas erros de diagnóstico, Bleuler admite que a cura não é impossível.** A mudança implica também, por consequência, uma ampla reinterpretação da nosografia de Kraepelin sobre a *dementia*, voltada para caracterizar a marcha inarrestável para a deterioração terminal das funções psíquicas. O variegado quadro nosográfico agora é entendido como expressão de um processo novo: o da compensação (afetiva) dos "complexos", que a teoria freudiana apontava. Assim, por exemplo, **a perda de afetividade, que para Kraepelin era apenas um sinal genérico de desarranjo cerebral, para Bleuler é um processo seletivo que obedece à dinâmica dos complexos** – pois os vínculos abandonados são os que implicam alguma carga emocional penosa (consciente ou inconsciente). Toda a nosografia de Kraepelin é reorganizada por Bleuler com a distinção entre sintomas fundamentais, que tipificam a esquizofrenia, e secundários, que caracterizam as anomalias e os conteúdos do delírio esquizofrênico nos casos singulares (p. 116, grifos meus).

Em meio à sua teorização sobre a esquizofrenia, Bleuler cria o conceito de autismo como o segundo sintoma fundamental da doença para explicar o pendor do enfermo a se isolar em um mundo ausente de conflitos diante de sua incompreensão da realidade que o cerca. Para ele, esse isolamento é inevitável, e aqueles que se encontram gravemente doentes não têm nenhuma relação com o mundo externo (Bleuler, 1993). Em suas palavras: "A esse distanciamento da realidade, junto com a predominância, relativa e absoluta, da vida interior, chamamos de autismo" (p. 71, tradução minha). Em nota de rodapé, Bleuler (1993) explica:

> O autismo quase coincide com o que Freud denominou autoerotismo. Porém dado que para este autor os conceitos de libido e erotismo são muito mais amplos que para outras escolas, não poderíamos usar aqui seu termo sem dar origem a muitos mal-entendidos. Em essência, o termo autismo designa, de uma maneira positiva, o mesmo conceito que P. Janet formulou negativamente como "a perda do sentido da realidade". No entanto, não podemos aceitar sem discussão o termo de Janet, porque ele entende esse sintoma em um sentido muito geral. O senso de realidade não está totalmente ausente no esquizofrênico. Só lhe falta em relação a assuntos que ameaçam contradizer seus complexos. Nossos casos de pacientes hospitalizados, relativamente avançados, podem entender e reter muito corretamente experiências e eventos que são irrelevantes para seus complexos. Esses pacientes podem oferecer memórias detalhadas que se mostram bastante corretas. Em suma, eles mostram diariamente que não perderam o senso de realidade, mas sim essa

capacidade é inibida ou distorcida em certos aspectos. O mesmo paciente que durante anos nunca pareceu se importar com sua família, pode, quando está ansioso para escapar de seus perseguidores do hospital, abordar-nos de repente com uma série de razões perfeitamente válidas e corretas que o fazem necessário em sua casa. No entanto, isso não o impede de tirar as outras consequências de suas deliberações. Se lhe fosse realmente dada alta do hospital, ou se lhe fossem oferecidas condições fáceis de fuga, nunca ocorreria a ele fazer qualquer coisa para satisfazer seu "desejo" de ver sua família (p. 71-72, tradução minha).

Retomo: Bleuler instaurou e popularizou o conceito de autismo em 1911 a partir do termo original "autoerotismo"[1] como um sintoma da esquizofrenia, que é classificada como uma doença mental. Para suprimir o sentido sexual do termo (*eros*, que na mitologia grega se refere ao amor apaixonado com desejo e atração sensual, mas que na psicanálise é conotado como energia vital ou integradora da

---

1. Termo criado pelo médico inglês Havelock Ellis (1859-1939), estudioso sobre a sexualidade humana. Foi contemporâneo de Sigmund Freud, que conhecia seus trabalhos e o referendou em algumas de suas obras, mesmo embora tivessem divergências conceituais, uma vez que para a psicanálise não era relevante de onde procedia a excitação erótica. Nas palavras de Havelock: "Portanto, quando digo 'autoerotismo' quero referir-me aos fenômenos gerados pela emoção sexual espontânea, sem interferência de um estímulo externo procedente direta ou indiretamente de outra pessoa. Em um sentido lato, que não pode ser totalmente ignorado aqui, pode dizer-se que a expressão autoerotismo inclui aquelas transformações da atividade sexual reprimida, que constituem fator de alguns estados mórbidos (como a histeria, provavelmente), assim como de manifestações normais de arte e poesia, que dão um certo colorido ao conjunto da vida. Autoerotismo no sentido mais amplo, diz Dickinson, abrange qualquer amor de si mesmo, sob qualquer autoexpressão, não somente as vítimas de desvios sexuais, mas o cientista, o pioneiro, o desportista, o alpinista" (Ellis, 1971, p. 74).

psique = amor, desejo²), o psiquiatra juntou o prefixo *autós* com o sufixo *ismo*, elaborando o termo "autismo", apagado da energia vital.

A descoberta da forma como Bleuler ideou o termo autismo consta em uma carta que Carl Gustav Jung escreveu para Sigmund Freud com registro de 13 de maio de 1907. Assim, nesse contexto, Bleuler, recusando-se a empregar a palavra autoerotismo cunhada por Havelock e resgatada por Freud, amoedou o termo autismo, enquanto Freud conservou o termo autoerotismo para se referir ao mesmo fenômeno, e Jung adotou o termo introversão (Roudinesco & Plon, 1998).

> Termo criado em 1907 por Eugen Bleuler e derivado do grego *autos* (o si mesmo), para designar o ensimesmamento psicótico do sujeito em seu mundo interno e a ausência de qualquer contato com o exterior, que pode chegar inclusive ao mutismo. Designa-se pelo

---

2. Freud, em *Psicologia das massas*, traz o conceito de libido e explica por que insiste em lançar mão da palavra amor, mesmo em vias de fervorosas críticas feitas a ele e à psicanálise pelos seus pares: "Acreditamos, então, que com a palavra 'amor', em seus múltiplos significados, a linguagem criou uma síntese perfeitamente justificada e que não podemos fazer melhor do que tomá-la como base para nossas discussões e exposições científicas. Com esse acordo, a psicanálise desencadeou uma tempestade de indignação, como se fosse culpada de uma inovação sacrílega. E, no entanto, com essa concepção 'ampliada' do amor, a psicanálise não criou nada de novo. O 'Eros' de Platão apresenta, quanto às suas origens, suas manifestações e sua relação com o amor sexual, uma analogia perfeita com a energia amorosa, ou seja, com a libido, da psicanálise, coincidência plenamente demonstrada por Nachmansohn (1915) e Pfister (1921) em interessantes obras, e quando o Apóstolo Paulo elogia o amor em sua famosa Epístola aos Coríntios e o coloca acima de todas as coisas, ele certamente o concebe no mesmo sentido 'amplificado', do qual se segue que os homens nem sempre levam a sério seus grandes pensadores, embora aparentemente os admirem muito" (Freud, 1921, p. 25, tradução minha).

adjetivo "autista" a pessoa afetada pelo autismo, e pelo adjetivo "autístico" tudo aquilo que caracteriza o autismo. Por exemplo, um delírio autístico, uma criança autista (Roudinesco & Plon, 1998, p. 43).

Respeitando os autores, os momentos e as épocas em que se deram esses acontecimentos, ou seja, no início do século XX, não é desestima inquirir: se anteriormente o autismo foi estabelecido como um sintoma da esquizofrenia, como, atualmente, ele pode se configurar um transtorno do neurodesenvolvimento?

Pelo contexto histórico, Bleuler se aproximou mais dos princípios organicistas de Kraepelin em uma perspectiva psicopatológica que se atém aos estudos sobre o cérebro e seu funcionamento, e não sobre as questões relacionadas à mente e sua incomensurável complexidade (Pereira, 2001). Logo, prepondera a âncora fisiológica em detrimento da psíquica nos estudos da psiquiatria que elege constituintes como indicadores da presença de um transtorno mental. Em outras palavras: se preenchidos os critérios de pertencimento por meio de sinais e sintomas de um transtorno, pouco lhes interessa conhecer o sujeito em sua subjetividade, em suas particularidades únicas.

Assim, de um lado, a psiquiatria se pôs a buscar um diagnóstico descritivo das doenças e do quadro de sintomas que alterava o comportamento do indivíduo; de outro lado, a clínica psicanalítica se debruçava em sua causalidade psíquica e sobre como o sujeito se relaciona com o outro e, por ele, pela linguagem, é reconhecido. De uma aresta a outra, é preciso compreender que o autismo enquanto transtorno, ou aquilo como decidam nomeá-lo por meio de classificações baseadas no modelo médico, é uma construção social que supervaloriza o déficit, a doença, o sintoma, a anormalidade, a invalidez, o capacitismo, em prejuízo da pessoa COM e EM sua subjetividade, daquele que, em inúmeras ocasiões e contextos, nem sequer é concebido ou visto como sujeito, porém sumariamente definido como um indivíduo fora da norma, um patologizado, um incapaz, um estranho que precisa ser tutelado, consertado, normalizado ou, quem sabe, com o avanço da ciência, curado de sua moléstia ou, para os mais incultos, exorcizado de sua maldição. A violência contra o autismo é corpulenta.

Não importa se estamos binoculizando para um túnel do tempo de 80 anos passados (1943) ou se para alguns poucos anos distantes da chegada de 2030, a realidade é que o paradigma médico de diagnóstico como dispositivo do biopoder (Foucault, 1988) ainda se encontra a léguas seculares de distância de uma abordagem humanizada que compreenda as pessoas como pessoas, des-pretensiosa de as coisificar pelo diagnóstico e de as tornar reféns de especialistas, bem como da indústria farmacêutica, cujo foco é a doença crônica e a dependência medicamentosa/terapêutica cronificadora como meios de rentabilidade e expansão de um promissor mercado de (in)salubridade social.

Não é disparate provocar a discussão sobre os preços exorbitantes de consultas médicas JAMAIS acessíveis a absoluta maioria da população com um vencimento mensal em torno de um a três salários mínimos, bem como dos atendimentos terapêuticos em moda (com ou sem evidência científica, sendo esta também uma construção social) que garantem a normalização do autista pela cessação de comportamentos indesejáveis no corpo de carne como no social. Não é nevrose (re)moer que até soluções milagrosas foram desenvolvidas, como o MMS (Solução Mineral Milagrosa), uma mistura química à base de clorito de sódio e ácido cítrico (Milaré et al., 2020) utilizada como alvejante para o tratamento branqueador da madeira, prescrita por via oral como purificadora do organismo para a expulsão de bactérias e metais pesados que seriam os hipotéticos causadores do autismo. Em 2019, foram divulgados relatos de pessoas que sofreram lesões e outras que vieram a óbito por consumirem o MMS (Porter, 2020).

Reitero, não sendo esta a primeira vez que toco nesse assunto, que meu posicionamento não é contrário à medicina, aos profissionais da saúde das mais diversas áreas, à intervenção medicamentosa ou às terapias especializadas. Claro que não! – pois todos somos apoiados sempre que necessário por tais profissionais e tecnologias. O acesso a intervenções multidisciplinares de ponta e medicamentos modernos deveria e deve ser de acesso garantido a todas as pessoas, independentemente da classe social e econômica. No entanto, há que se desanuviar a hipocrisia e a ganância que consomem muitos desses mercenários produtores de ilusões e subordinações que se encontram em avassalador processo de des-humanização, pouco se importando com o impacto de suas irresponsabilidades na qualidade de vida e bem-estar da pessoa com autismo e de seus familiares.

Pertinente recordar: nenhuma teoria, nenhuma abordagem terapêutica, nenhuma medicação, nenhum método de ensino, é suficiente para dar conta de toda a complexidade humana entremeada pelo autismo em suas múltiplas manifestações e flutuações. Nenhuma teoria ou abordagem é (pelo menos por enquanto) "dona" ou gerente de modelos de evidências científicas a ponto de estar em um lugar superior que possa des-considerar e des-qualificar a perspectiva de outras, principalmente algumas abordagens subversivas da psicologia e da pedagogia, que não estão cativas ao modelo médico de deficiência e ao comportamentalismo. O autismo é múltiplo em sua maneira de se enunciar nas pessoas; obviamente, nem sempre aquilo que é eficaz na vida de alguns o será para outros. Há que ser muito arrogante para se fixar em um único quadrante sobre esse e tantos outros temas de nossa sociedade altamente complexa.

Retornando ao início do século XX, de sintoma da esquizofrenia o autismo passou a ser desenhado como uma patologia própria com seus próprios sintomas, delimitado como um distúrbio do desenvolvimento infantil. Confusões e reações perturbaram a comunidade médica da época sobre o autismo (não muito diferente do que ainda ocorre nos dias de hoje). Entre incertezas e poucas evidências, Bleuler publica, em 1916, o seu *Lehrbuch der Psychiatrie* (Bleuler, 1916) e decide não fazer mais uso do termo autismo por entender que este se encontrava vinculado com a palavra "egoísta" e que esta reforçava a teoria freudiana acerca do narcisismo, em cujo estágio é possível perceber a passagem do autoerotismo (do prazer circunscrito ao próprio corpo) para a escolha de outro ser como objeto de amor, sendo esta uma importante transição para o desenvolvimento da maestria de conviver com o que se apresenta como diferente (Freud, 1914).

Seria leviano de minha parte dizer que até aqui procurei fazer um resumo em torno dos acontecimentos para a invenção do termo autismo e sua apropriação pela psiquiatria moderna. Na realidade, o que procuro é tão somente resgatar rudimentos dessa história para instigar os mais interessados na temática a se dedicarem com cautela à leitura das referências apontadas, considerando que em termos de produção publicada temos desde Kraepelin, com seu tratado de 1896, até Bleuler com o seu compêndio de 1916, portanto, 20 anos de esforços para o entendimento e a universalização precária da compreensão sobre aquilo que consideravam ou não como doença mental no início do século XX. Os estudos e publicações de Bleuler sobre a esquizofrenia e o conceito de autismo impactaram notadamente o campo da psiquiatria infantil até os anos 1940. As discussões sobre autismo foram árduas!

Leo Kanner (1894-1981), de origem judaica, nascido em Klekotow, na época território austro-húngaro, hoje Klekotiv, oeste da Ucrânia, formou-se em medicina em 1921 e trabalhou na Escola de Medicina e Hospital da Universidade de Humboldt em Berlim. Convencido por um colega a se mudar para os Estados Unidos, foi trabalhar como médico-assistente no Hospital Estatal de Yakton, situado em

Dakota do Sul, no ano de 1924. Em 1930, após ter se dedicado ao estudo da psiquiatria da infância, foi selecionado por Adolf Meyer (1866-1950), renomado psiquiatra suíço e um dos pioneiros a introduzir a psicanálise nos Estados Unidos, para trabalhar e desenvolver o primeiro serviço de psiquiatria infantil no Hospital Johns Hopkins, instituição na qual se tornou professor de Psiquiatria em 1933, vindo a se tornar professor de Psiquiatria Infantil no ano de 1957 e a se aposentar como diretor do Serviço de Psiquiatria Infantil em 1959. Kanner, embora aposentado, permaneceu atuando até seus 87 anos, quando, então, veio a falecer (Bender, 1982; Neumärker, 2003; Posar & Visconti, 2018).

Kanner trabalhou por anos ao lado de Adolf Meyer, que também teve sua formação em psiquiatria na Clínica de Burghölzli (Suíça), a mesma escola em que se formaram Eugen Bleuler e Carl Gustav Jung, psiquiatra e psicoterapeuta que deu origem à psicologia analítica. As teses de Meyer se constituíam higienistas e conservadoras quanto à normalização, ao passo que criticava o estilo somático e defendia o estudo e o tratamento da esquizofrenia, trazendo contribuições para a clínica psicanalítica quanto às psicoses, todavia, rechaçando a concepção de Freud sobre o inconsciente. Para ele, as doenças mentais eram como uma resposta a um meio morbífico, concomitantemente a uma disposição composta por elementos da organogênese (parte do processo de desenvolvimento embrionário) e da psicogênese (relativa à origem e ao desenvolvimento dos processos mentais, das funções e causas psíquicas que podem originar uma alteração no comportamento humano) (Roudinesco & Plon, 1998).

Kanner, não obstante, aderiu à tendência da psiquiatria de seu ciclo e contexto apegados à descrição dos fenômenos de modo a produzir uma narrativa clínica, detalhadamente casuística sobre o autismo, sobre a qual se deu o *start* para as mais diversas investidas de definição que persistem até o momento presente. Em seu artigo *"Autistic disturbances of affective contact"* (Kanner, 1943)[3], ele destaca características que encontrou nos 11 casos estudados referentes a 8 crianças do sexo masculino e 3 do feminino. Tais características foram significadas como sintomas e agrupadas como constituintes de uma síndrome que foi nominalmente universalizada como autismo. Compartilho alguns trechos do referido artigo:

> Incapacidade de se relacionarem de maneira comum com pessoas e situações desde o começo de vida [...]. Os pais mencionam que sempre foram "autossuficientes"; "que vivem como que dentro da concha"; "que são mais felizes quando as deixam sozinhas"; "totalmente absortas em tudo que lhes diz respeito"; "dando a impressão de silenciosa sabedoria"; "falhando no desenvolvimento normal de consciência social"; "agindo

---

3. Recomendo a leitura do artigo completo publicado por Leo Kanner, *"Autistic disturbances of affective contact"* (Kanner, 1943). O artigo é rico em detalhes, e a partir de uma análise crítica é possível compreender a razão pela qual muitos estigmas sobre o autismo passaram a fazer parte de nossa cultura. É importante considerar que esse artigo foi publicado há 80 anos, sendo necessária uma abordagem diferenciada para um olhar e uma escuta sensíveis às pessoas com autismo do tempo presente e futuro.

quase como que sob hipnose" [...]. Há, desde o início, um extremo isolamento autista que, sempre que possível, desconsidera, ignora, cala qualquer coisa que chega à criança vinda de fora. Contato físico direto ou movimentos e barulhos, como ameaças, para quebrar o isolamento, são ainda tratados "como se não existissem", ou, se isto não for suficiente, ainda há o ressentimento penoso dessas crianças com a interferência que lhes é aflitiva [...]. Aparentemente, o significado de uma palavra torna-se inflexível e esta só pode ser usada com a conotação adquirida originalmente (Kanner, 1943, p. 217-249).

O artigo de Kanner (1943) marca uma transição da compreensão acerca das crianças com esse conjunto de características, pois, até então, alguns desses aspectos eram enquadrados como sintomas de esquizofrenia ou condição esquizoide. A partir de seus estudos publicados, o autismo deixou de ser um sintoma da esquizofrenia para se tornar um distúrbio da infância com seus particulares sintomas. É perceptível alguma alternância entre os pressupostos biologicistas e os psicanalíticos pós-freudianos em suas colocações. A exemplo, em certos momentos ele situa a relação da mãe com a criança como um agente etiológico, originário do autismo; em outros, alicerça-se no inatismo biológico para tentar uma explicação sobre o que considera uma incapacidade para o contato afetivo comum com o outro.

Um outro fato se destaca visivelmente. Em todo o grupo, há muitos pais e mães realmente amáveis. Na maioria, pais, avós e parentes são pessoas altamente preocupadas com abstrações de natureza científica, literária e artística e limitado interesse genuíno por gente. Mesmo alguns dos casamentos mais felizes se resumiram, antes de mais nada, a tratos frios e formais. Três casamentos foram tristes equívocos. A pergunta que fazemos é se, ou até que ponto, esse fato contribuiu para a condição das crianças. A sua solidão desde o seu começo de vida torna difícil atribuir o quadro inteiro exclusivamente ao tipo das primeiras relações parentais com nossos pacientes (Kanner, 1943, p. 250).

Entretanto, sua aproximação à tese de Kraepelin parece ter menos distância se comparada à de Bleuler, uma vez que o primeiro insistia haver no autismo um total isolamento da realidade enquanto o segundo afirmava que esse afastamento era gradiente (Bleuler, 1993; Kanner, 1943; Kraepelin, 1896; Pereira, 2000, 2001).

> Devemos, então, presumir que essas crianças vieram ao mundo com inata inabilidade para travar contato afetivo usual, biologicamente produzido, com pessoas, da mesma forma que outras crianças vêm ao mundo com inatas deficiências físicas ou intelectuais. Se essa conjectura for correta, um novo estudo de nossas crianças poderá nos ajudar a oferecer critérios concretos relativos a noções ainda difusas sobre os componentes constitucionais da reatividade emocional. Por ora, parece que temos exemplos de pura cultura sobre distúrbios autistas inerentes ao contato afetivo (Kanner, 1943, p. 250).

Em uma leitura atenta e analítica do artigo em seu texto completo, é evidente a marca das contradições no discurso do autor. Contudo, entendo que as contradições também são parte do movimento da construção daquilo que se posta como o novo, do que está para ser des-coberto, de tudo o que se encontra nas fronteiras dos questionamentos, des-dobramentos e in-completudes. Por certo que a ciência se nutre de tamanha ousadia e não há por que calcar uma dureza de julgamentos sobre aqueles que, sob seu ponto perspectivo, ousaram contestar e edificar pressupostos teóricos. Em concordância absoluta ou não com Kanner, ele posicionou suas contribuições, tal qual Freud, Bleuler, Charcot, Jung e tantos outros e outras pesquisadoras pela linha da história da humanidade.

No princípio, Kanner (1943) afirmou que essas 11 crianças observadas apresentavam comportamentos relacionados a estereotipias na forma de gestos amaneirados e posições estranhas, além da característica de demonstrarem dificuldades e resistência no modo de se relacionar com outras pessoas, e do notável interesse por objetos e manutenção de rotinas. Também descreveu que estavam presentes a obsessividade e a ecolalia (tendência de repetir sons e palavras de modo mecânico e inconsciente com relação aos seus sentidos e significados). Para o autor, elas manifestavam uma incapacidade de estabelecer relações sociais, além de uma série de atrasos e alterações na aquisição e no uso da linguagem, agravos na comunicação, mutismo, ansiedade e angústia diante de situações novas e imprevistos, e certa obsessão em manter o ambiente intacto junto à propensão de repetir uma sequência limitada de atividades ritualizadas. Relatou que desde tenra idade era como se elas não estivessem no mundo, confinadas em um isolamento rijo e inflexível quanto a estímulos externos; no entanto, pareciam ser inteligentes e com habilidades especiais e admirável memória.

Suas observações acerca desse grupo passaram a ser compreendidas como sendo um quadro de sintomas de um "distúrbio autístico do contato afetivo". De adjetivo o vocábulo foi tornado substantivo, fenômeno descrito e explicado clinicamente, validado pela comunidade médica da época, tomado como expressão para designação, classificação e agrupamento de indivíduos estranhos ao padrão social predominante. O ato de sua nomeação o trouxe à existência e o uso de seu termo serviu, principalmente, para coisificar pessoas a partir do diagnóstico médico que ora serve ao benefício do sujeito, ora aos interesses do Estado, das instituições, do capital. A patologização do autismo é, sem dúvida, mais uma violenta construção social.

Kanner publicou diversos estudos e revisões sobre as características das crianças com a "nova síndrome" e seu quadro de desenvolvimento, destacando a presença de estereotipias, dificuldades no relacionamento interpessoal, alterações no desenvolvimento da linguagem, problemas relacionados à comunicação (inclusive mutismo e ecolalia), predisposição ao isolamento, apego incomum às rotinas, obsessão por objetos ou partes deles e interesses por temas específicos. Entre suas revisões importantes de serem percebidas por todos nós, enquanto em 1943 ele nega a linguagem à criança com autismo, em 1946 ele a firma como linguagem metafórica (Kanner, 1943, 1946). Não custa sublinhar que seu posicionamento sobre a não existência de linguagem no autismo provocou intérminos debates e atritos entre abordagens diversas que, até os nossos dias, permanecem polemizando a questão, na maioria das vezes, sem esforço para uma escuta e um olhar sensíveis ao que o sujeito com autismo tem a revelar, em sua própria maneira de se expressar. Qual o tamanho do impacto dessa iatrogenia na vida das pessoas e no corpo social?

Entre os anos de 1943 e 1973, Kanner diferenciou o autismo de outras psicoses da infância e foi o precursor da descoberta e da construção do conceito de autismo no século XX (Kanner, 1943, 1944, 1946, 1948, 1949, 1951, 1954, 1958, 1965, 1968, 1971, 1973; Kanner & Eisenberg, 1955; Kanner et al., 1972).

Desde que Leo Kanner deu publicidade aos seus estudos dedicados à compreensão de comportamentos que eram considerados estranhos e muito peculiares em algumas crianças, diversos pesquisadores buscaram se debruçar sobre o fenômeno na tentativa de construir formas concretas de explicar como se dá seu acontecimento, seus desdobramentos, modos de o abordar e, até mesmo, de o extinguir. Contudo, é preciso recordar que no ano de 1800 já havia descrições de crianças que, por suas características, provavelmente seriam, hoje, diagnosticadas com autismo; além das crianças adjetivadas como "selvagens" cuja hipótese é de terem sido abandonadas ou terem fugido de suas famílias, fato também recorrente em nossos dias (Anderson et al., 2012; Candland, 1993; Donvan & Zucker, 2016).

Embora o pioneirismo na organização da descrição clínica do autismo esteja referenciado a Kanner desde 1943, resultado de sua experiência clínica a contar de 1938, Johann "Hans" Friedrich Karl Asperger (1906-1980), psiquiatra austríaco, já fazia uso do termo autismo de forma subentendida[4], em 1934, nas cartas que escrevia aos seus colegas alemães; isso é o que nos conta Adam Feinstein em seu livro *A history of autism: Conversations with the pioneers*, publicado em 2010. Segundo o autor, a psiquiatra Maria Asperger Felder, filha de Hans Asperger, cita, em um capítulo sobre seu pai, uma carta datada de 14 de abril de 1934 na qual ele argumentava acerca das dificuldades do diagnóstico e do conceito do fenômeno estudado, sugerindo que o termo autismo poderia ser proveitoso (Feinstein, 2010).

Segundo informações descritas em um diário, Asperger já acompanhava e tratava crianças com tais características desde 1930 em uma instituição terapêutica. Nesse mesmo material, o médico havia se posicionado contrário ao fanatismo e ao regime nazista em curso na Alemanha (Feinstein, 2010). Todavia, Edith Sheffer, em seu livro *Crianças de Asperger: As origens do autismo na Viena nazista*, afirma que o psiquiatra esteve envolvido tanto nas políticas raciais do nazismo de Hitler como foi cúmplice no assassinato de crianças (Sheffer, 2019).

---

4. Distúrbios autistas, psicopatia autista e comportamento autista eram os termos usados no período de 1935 a 1944.

Há rumores de que Kanner teria plagiado o trabalho de Asperger, tal como sugeriu Michael Fitzgerald, psiquiatra e professor irlandês, apontando que muitos alemães e austríacos que imigraram para os Estados Unidos teriam assistido às conferências do médico austríaco. Lars Christopher Gillberg, nascido na Suécia, renomado professor de Psiquiatria e pesquisador sobre o autismo, afirmou ter certeza de que Kanner conhecia o trabalho de Asperger, pois ele estava escrevendo acerca do trabalho de autores que também abordavam o assunto junto a pacientes com sintomas parecidos com os que ele estava estudando. Gillberg considerava duvidosa a atitude de Kanner de jamais ter citado Asperger ou ter ouvido falar a seu respeito, uma vez que ambos falavam alemão. O estudioso comenta que Kanner frequentemente citava Van Krevelen (1971), pesquisador que desde a década de 1950 já mencionava Asperger em seus artigos, além do psicólogo estadunidense Bernard Rimland (1964) que, inclusive, havia citado Asperger em seu livro 17 anos antes de Lorna Wing cunhar o termo e o popularizar como síndrome de Asperger. Nos bastidores da história, Leon Eisenberg, colega e parceiro de publicação de Kanner, defende que ele jamais teria retido o nome de Asperger de seus artigos. Entretanto, Hans Asperger (1968) citou Kanner por várias vezes nos seus. Mesmo quando Asperger visitou os Estados Unidos na década de 1970, Kanner não foi ao seu encontro. Estranheza, é o sentimento nominado tanto por Fitzgerald como por Lorna Wing, que, com cuidado, proferiu: "Nada é totalmente original. Todo mundo é influenciado pelo que aconteceu anteriormente" (Feinstein, 2010, p. 26).

Lorna Wing tinha razão! Todo mundo é influenciado pelo que aconteceu anteriormente.

Grunya Efimovna Sukhareva (ou Ssucharewa, em razão da transliteração), nascida em 11 de novembro de 1891, em Kiev, Ucrânia, foi uma psiquiatra soviética que trabalhou na área da psicologia infantil. Ela foi a primeira mulher a descrever o autismo quase duas décadas antes de Kanner e Asperger em seu artigo, publicado em alemão, "*Die schizoiden Psychopathien im Kindesalter*" [As psicopatias esquizoides na infância] (Ssucharewa, 1926), originalmente publicado em russo no ano de 1925 (Sukhareva, 1925). A realidade é que a literatura acadêmica internacional/nacional permanece com seu viés machista, costumeiramente perpetuando o apagamento das mulheres enquanto cientistas, filósofas, escritoras das mais diversas áreas. E com Sukhareva não foi, não é diferente.

Entre 1924 e 1925, a médica atendeu seis meninos cujas características ela descreveu em riqueza de detalhes no artigo publicado em 1925/1926. A princípio, fez uso do termo "autismo" cunhado por Bleuler, mas depois preferiu aderir em seu artigo à expressão "tendências autistas". Sua descrição se alinha ao que hoje o DSM-5 (APA, 2013) compreende como transtorno do espectro autista nível 1, popularmente denominado de autismo leve, ou como antes, no DSM-IV (APA, 1994), nominava-se de síndrome de Asperger. Acerca dos meninos, Sukhareva descreveu observações como: introvertido, com uma tendência autista para si mesmo; existência de dificuldades sociais; memória excepcional para números, mas não reconhece rostos; relato de amigos imaginários; nenhum deles era popular com outras crianças; relato que barulhos de outras crianças atrapalhavam seus pensamentos, entre outras menções.

Em 2015, as autoras suecas Irina Manouilenko e Susanne Bejerot publicaram o artigo "Sukhareva: antes de Asperger e Kanner" acerca do pioneirismo da médica soviética que foi negligenciado pela comunidade médico-científica da época. Elas apresentaram a descrição de Sukhareva sobre a psicopatia autista e fizeram um estudo comparativo com relação aos critérios atuais do DSM-5. Abaixo, cito a tabela das autoras.

Os critérios do DSM-5 para transtorno do espectro do autismo comparados com as descrições fornecidas por Grunya Sukhareva

Transtorno do espectro do autismo, DSM-5 (2013)	Transtornos de personalidade esquizoide da infância, Sukhareva (1925/1926), exemplos
A. Déficits persistentes na comunicação social e interação social em vários contextos: 1. Déficits na reciprocidade socioemocional	Atitude autista: tendência à solidão e evitação de outras pessoas desde a primeira infância; evita a companhia de outras crianças • Comportamento impulsivo e estranho • Palhaçada, rima • Alguns falavam sem parar ou faziam perguntas absurdas às pessoas ao redor deles • Vida afetiva achatada

	• Parece estranho • Tendência à abstração e à esquematização (a introdução de conceitos concretos não melhora, mas dificulta os processos de pensamento)
2. Déficits em comportamentos comunicativos não verbais usados para interação social	• Ausência de expressividade facial e movimentos expressivos • Maneirismo; diminuição do tônus postural; esquisitices e falta de modulação da fala • Movimentos supérfluos e sincinesias • Voz nasalada, rouca ou estridente ou com ausência de modulação
3. Déficits no desenvolvimento, manutenção e compreensão de relacionamentos	• Mantém-se afastado de seus pares, evita jogos comunitários, preferência por histórias fantásticas e contos de fadas • Acha difícil se adaptar a outras crianças • Ridicularizado por seus colegas, *status* inferior
B. Padrões restritos e repetitivos de comportamento, interesses ou atividades manifestadas por pelo menos dois dos seguintes: 1. Movimentos motores, uso de objetos ou fala estereotipados ou repetitivos	Tendência ao automatismo: apego a tarefas iniciadas e inflexibilidade psíquica com dificuldade de adaptação à novidade • Comportamentos semelhantes a tiques • Faz caretas

	• Neologismos estereotipados • Perguntas repetitivas; fala de forma estereotipada • Fala rápida ou circunscrita
2. Insistência na mesmice, aderência inflexível a rotinas ou padrões ritualizados de comportamento verbal ou não verbal	• Tendência ao comportamento obsessivo-compulsivo • Preparação demorada e dificuldade para parar • Pedante, segue princípios • Explosões emocionais • Se interrompido, fica agitado e recomeça a história
3. Interesses altamente restritos e fixos que são anormais em intensidade ou foco	• Fortes interesses perseguidos exclusivamente • Interesses de preservação, por exemplo, conversão marcada por temas obsessivos repetitivos; apega-se a determinados temas • Tendência à racionalização e ruminação absurda
4. Hiper ou hiporreatividade a estímulos sensoriais ou interesse incomum em aspectos sensoriais do ambiente	• Musicalmente talentoso – percepção aprimorada do tom • Sensibilidade ao barulho, busca tranquilidade • Sensibilidade a cheiros
C. Os sintomas devem estar presentes no período de desenvolvimento inicial	Surgimento na infância
D. Os sintomas causam prejuízo	Incapacidade de frequentar a

clinicamente significativo nas áreas sociais, ocupacionais ou outras áreas importantes do funcionamento atual	escola normal devido a seus comportamentos estranhos
E. Esses distúrbios não são mais bem explicados por deficiência intelectual	Inteligência normal ou superior ao normal

Fonte: Manouilenko e Bejerot (2015, p. 2, tradução minha).

O artigo de Sukhareva, publicado em 1925/1926, apresenta descrições pormenorizadas e estruturadas do quadro clínico dos meninos que atendeu. Não se sabe se Kanner e Asperger conheciam o trabalho da médica soviética em 1943 e 1944 quando, respectivamente, publicaram seus artigos. Todavia, em 1949, Kanner a citou em seu artigo "Problemas de nosologia e psicodinâmica do autismo infantil precoce" (Kanner, 1949), referindo-se ao artigo intitulado *"Über den Verlauf der Schizophrenien im Kindesalter"* [Sobre o curso da esquizofrenia na infância], publicado em 1932 (Ssucharewa, 1932). Quanto a Hans Asperger nunca a ter citado em seus artigos, suspeita-se que ele tenha evitado propositalmente, uma vez que ela era judia enquanto ele era cooperador do Partido Nazista, que defendia uma política higienista (Manouilenko & Bejerot, 2015; Sheffer, 2019). Segundo Manouilenko e Bejerot (2015):

> O artigo original de Sukhareva foi publicado quase duas décadas antes do trabalho de Asperger e Kanner. As descrições de Asperger – na verdade, muito menos as de Kanner – se assemelham muito às das crianças com "personalidade esquizoide" relatadas por Sukha-

reva. O quanto Kanner e Asperger realmente sabiam sobre os primeiros trabalhos de Sukhareva permanece desconhecido. Curiosamente, esses três pioneiros a descrever o quadro clínico do autismo falavam alemão e nasceram na Ucrânia e na Áustria, mas morreram em um breve período de apenas seis meses como cidadãos dos Estados Unidos, Áustria e União Soviética. Ser judia, cidadã da União Soviética e publicar em alemão e russo, além de ser mulher, pode não ter sido na época uma fórmula de sucesso para alcançar o reconhecimento internacional. No entanto, Sukhareva é lembrada localmente; recentemente foi publicado um artigo comemorativo em russo em homenagem ao 120º aniversário de seu nascimento, mas ela merece um reconhecimento mais amplo por seu trabalho (p. 4, tradução minha).

Por fim, Manouilenko e Bejerot (2015, p. 3, tradução minha) registraram uma parte da significativa trajetória de Grunya Efimovna Sukhareva na ciência:

> Nasceu em 11 de novembro de 1891 em Kiev, Império Russo.
>
> 1915 – diploma de médica pelo Instituto Médico de Kiev.
>
> 1917 a 1921 – foi psiquiatra no hospital psiquiátrico de Kiev.
>
> 1919 a 1921 – foi chefe do Departamento de Defectologia do Instituto de Saúde Mental da Infância e Adolescência.
>
> 1921 – organizou uma escola terapêutica e instalações de tratamento neuropsiquiátrico para crianças e adolescentes em Moscou.

1928 a 1933 – foi professora associada no 1º Instituto Médico de Moscou.

1933 a 1935 – foi chefe do Departamento de Psiquiatria do Instituto Psiconeurológico de Kharkov.

1935 – organizou o Departamento de Psiquiatria Infantil do Instituto Central de Pós-Graduação em Educação Médica, que dirigiu até 1965.

1938 a 1969 – foi chefe da Clínica Pediátrica de Psicose no Instituto de Psiquiatria soviético; supervisora de pesquisa no Hospital Psiquiátrico Kashchenko; membro do Conselho da União Soviética, Federação Russa e Sociedade de Neurologistas e Psiquiatras de Moscou; presidente da seção de infância da Sociedade de Neurologistas e Psiquiatras de Moscou; cientista premiada e homenageada pela República Socialista Federativa Soviética da Rússia.

1981 – faleceu em 26 de abril, em Moscou.

Grunya Efimovna Sukhareva publicou mais de 150 artigos, 6 monografias e vários livros didáticos sobre temas diversos como a deficiência intelectual, esquizofrenia e transtorno de personalidade múltipla, entre outros. Participou da abertura de várias escolas com programas para alunos com deficiência. Na universidade, era considerada uma professora talentosa e orientou dezenas de alunos de doutorado. Durante a Revolução Russa, muitos médicos morreram ou fugiram do país; no entanto, ela permaneceu firme e sempre presente nos locais mais necessários. Apesar de seu artigo ter sido publicado em russo no ano de 1925 e em alemão em

1926, ele somente chegou aos países de língua inglesa em 1996, após 15 anos de sua morte, graças à psiquiatra britânica Sula Wolff (1924-2009), que o encontrou ocasionalmente (Sher & Gibson, 2021; Wolff, 1996).

Entre Kanner e Asperger, também há um outro autor que não foi devidamente reconhecido em sua época, seu nome é George Frankl (1897-1975). Frankl nasceu em Neu-Raussnitz, na Áustria-Hungria (atual República Tcheca), em uma comunidade judaica. Sua vida foi marcada por um período de muitos conflitos em razão de guerras. Em 1918, foi para a faculdade de medicina da Universidade de Viena, formou-se em 1922 e logo começou a atuar.

Em 1927, foi trabalhar no Heilpädagogische Abteilung der Wiener Universitäts-Kinderklinik (Departamento de Educação Curativa da Clínica Infantil da Universidade de Viena), fundado em 1911 como a primeira instituição clínica infantil do planeta a se voltar para questões sobre problemas mentais. Ali conheceu Erwin Lazar (1877-1932), pediatra que aliava a educação, a psicologia e a medicina no tratamento a crianças em situação de vulnerabilidade. Conta-se que Lazar chegou a abrir o telhado do hospital para que as crianças pudessem brincar ao ar livre e ter contato com o mau tempo. Com ele Frankl aprendeu a arte da observação livre junto às crianças de maneira a acompanhá-las em situações naturais e de maior espontaneidade possível para que pudessem demonstrar com liberdade sua personalidade e seu repertório de comportamentos. A partir de suas experiências como médico, em 1932 Frankl publicou seu primeiro artigo sobre as atividades desenvolvidas no departamento e em 1934 publicou outros dois artigos e introduziu a noção de transtornos de contato (Frankl, 1932, 1934a, 1934b). Vários anos antes de Kanner e Asperger, ele já havia abordado um *continuum* de transtornos do contato infantil e como estes envolviam distúrbios do contato comunicativo de crianças com outras pessoas. Em alguns casos ele observou uma total ausência de comunicação, em outros notou uma restrição sutil, bem como alterações da comunicação verbal, não verbal ou ambas (Boven, 2022).

Em 1932, Hans Asperger também ingressou no departamento e trabalhou ao lado de Frankl durante cinco anos. Nesse período, ele publicou outros três artigos que abordavam condições pós-encefalíticas e se aprofundou em seus conceitos sobre distúrbios infantis do contato comunicativo (Frankl, 1937a, 1937b, 1937c). Na década de 1930, inúmeros intelectuais europeus, principalmente judeus austríacos, fugiram para os Estados Unidos em razão do nazismo, Frankl foi uma dessas pessoas. Ele chegou a Nova York em 16 de novembro de 1937 e, seis dias depois, casou-se com sua ex-colega Anni Weiss, que havia deixado a Áustria em 1934. Em 1938, ambos passaram a conviver com o círculo social de Leo Kanner[5], e durante três anos Frankl trabalhou com

---

5. Leo Kanner era judeu austro-húngaro, morou por um tempo em Berlim, na Alemanha, e, depois, migrou para os Estados Unidos. Kanner tinha clareza sobre a ameaça nazista durante a Segunda Guerra Mundial. Ele ajudou cerca de 200 médicos judeus a saírem da Europa rumo aos Estados Unidos. Anni Weiss se encantou quando soube que George Frankl seria um dos médicos ajudados por Kanner (Robison, 2016).

ele em Baltimore. Kanner apreciava o trabalho de Frankl e sua adaptação à vida no novo país. Assim, em outubro de 1938, Kanner o coloca para observar Donald Triplett, a primeira criança diagnosticada com autismo nos Estados Unidos. Em 1943, Kanner se baseia parcialmente nas anotações de Frankl para descrever o caso Donald em seu artigo que dá origem ao autismo enquanto distúrbio do contato afetivo.

Nessa mesma época da publicação de Kanner, Frankl publicou um artigo sobre contato afetivo, do qual já havia iniciado a escrita antes de sair da Europa. Em torno do ano de 1941, ele deixa a equipe de Kanner e segue trabalhando em outros hospitais e universidades, além de ocupar importantes cargos. Frankl também publicou outros artigos que tratavam sobre higiene mental e a necessidade de uma organização adequada da psiquiatria (Frankl, 1943, 1949, 1951, 1964). Em 1951, ele retoma o contato com Hans Asperger em Viena por meio de uma carta. Na década de 1950, Frankl escreve o primeiro capítulo de sua monografia sobre o autismo como um *continuum* de distúrbios de contato (Frankl, 1957). Nessa época, ele certamente já conhecia o trabalho desenvolvido por Asperger, que o teria convidado a retornar à Áustria para trabalhar, mas ele preferiu permanecer nos Estados Unidos. Os anos se passaram e na década de 1970, quando Hans Asperger esteve nos Estados Unidos, aproveitou para visitar Frankl e sua esposa Anni. Frankl faleceu em 25 de fevereiro de 1975, em Winston-Salem, aos 77 anos (Boven, 2022; Silberman, 2016).

Frederik Boven, em sua tese de doutorado, traz um extenso percurso histórico do autismo, discutido (ou disputado?) por Kanner, Asperger e com Frankl entremeado nos acontecimentos um tanto enuviados (Boven, 2022). Segundo o pesquisador:

> Frankl descreveu o autismo como um "estado" comportamental que é o oposto de "estar em contato com as pessoas", e enfatizou que esse estado autista "não é necessariamente algo anormal", mas é algo universal, "a pessoa saudável" pode mudar livremente, dentro e fora dele. O que chamamos de transtornos do espectro autista, ele chamou de "autismo patológico" – a patologia estando no fato de a pessoa se tornar um "prisioneiro" do estado autista, pessoas saudáveis entram e saem (Boven, 2022, p. 35, tradução minha).

Sem dúvida, Frankl é a conexão entre Kanner e Asperger, mas foi apagado da história, principalmente porque Kanner não o citou em seu artigo. Não é imponderado afirmar que ambos os autores destacados na história da invenção do autismo enriqueceram seus conteúdos a partir das observações e contribuições de Frankl, sobretudo no que se refere ao seu conceito de contato afetivo. Kanner descreveu o retraimento da criança para si mesma e sua desconexão da família. Frankl observou a desconexão na perspectiva da linguagem. Kanner não conjecturou as causas, mas apenas descreveu os comportamentos que nomeou de "distúrbios autistas". Frankl, em seus artigos, inquire se as desconexões poderiam ser manifestações de esquizofrenia, Parkinson, surdez congênita ou esclerose tuberosa. Ele tinha uma visão mais ampla do comportamento autista, que se estendia desde aqueles descritos como altamente inteligentes por Asperger (psicopatia autista) até pessoas reconhecidas com transtornos do neurodesenvolvimento. Todas essas ponderações foram levantadas durante os mais de 15 anos que Frankl passou em observação junto àqueles que, posteriormente, seriam denominados de autistas (Robison, 2016).

Para Robison (2016), Frankl se destaca por ter sido o primeiro a observar a desconexão autista entre expressões faciais, linguagem corporal e fala (1933), enquanto sua esposa, Anni Weiss, dedicou-se a observar a inteligência oculta, fixações e deficiências de comunicação em estudos de casos datados desde 1933 (Weiss, 1935, 1941).

> Não há um "pai do autismo" nesta história. O mais perto que chegamos é reconhecer Bleuler por nomear o autismo na esquizofrenia em 1911, Frankl e Weiss por descreverem muitos dos comportamentos autistas (sem nomear o autismo) em 1935, Asperger descrevendo "psicopatas autistas" que podem ter sido úteis para o Reich alemão em 1938, e Kanner para o retrato inicial definitivo do autismo em 1943. Na opinião deste escritor, se há alguma figura central nessa história, é Georg Frankl, e ele nem estava comprometido com a pesquisa do autismo. Ele só queria estar com Anni. É irônico que os Frankls nunca tenham desejado ser especialistas em autismo. De volta a Viena, eles parecem ter dado a Asperger grande parte da base de conhecimento para sua criação diagnóstica. O desejo de estarem juntos trouxe a base diagnóstica do autismo para a América, onde Kanner e Frankl moldaram a versão que acabou sendo publicada por Kanner [...]. Quando

reconhecemos Frankl, Weiss, Kanner e Asperger, também devemos reconhecer as contribuições de muitos clínicos do século XIX e início do século XX, cujos estudos de caso detalhados esclareceram os comportamentos e traços posteriormente associados ao que chamamos de autista. É significativo que quase todos esses relatórios tenham vindo da Europa, mesmo quando Kanner fez de seu diagnóstico de autismo um fenômeno americano. Kanner não mencionou nenhuma dessas pessoas em 1943, mas as citaria em seus artigos posteriores (Robison, 2016, p. 869, tradução minha).

O autismo gerou inquietações em estudiosos e pesquisadores das mais diversas áreas e permanecerá sendo historiado e escavado por incontáveis porvires, parecendo-me que ainda por tempo indeterminado será território de disputas teóricas e políticas que, por vezes, beneficiam os sujeitos no acesso e usufruto de seus direitos humanos, por outras, logram interesses próprios em detrimento das reais demandas desses sujeitos. Ora querem salvar o sujeito com autismo, ora o querem segregar, anular, rescindir ou utilizá-lo como consumidor de um mercado e política em ascendência. O utilitarismo tem muitos tentáculos.

Um trono à culpa

É longa e complexa toda a história da invenção do autismo, seja por parte dos subordinados aos pressupostos da psicogenicidade (influenciada pela escola francesa, concebe o autismo como decorrente de uma desorganização da personalidade no quadro das psicoses), seja dos subalternos à organicidade (decorrente do transtorno do espectro autista enquanto transtorno do desenvolvimento que impacta os processos de socialização, comunicação e aprendizagem); a primeira corrente o destaca como um transtorno da mente, e a segunda como déficit[6]. Ambas se ramificam em diversos postulados e buscam por bifurcações distintas fundamentar e consolidar suas possíveis respostas sobre a origem, a causa e o que fazer com o autismo. Tenho como pesar que a preocupação em sobressalto ainda seja mais com o autismo do que com as demandas das pessoas com esse diagnóstico, mas havemos de evoluir para algo mais humanizado e humanizador!

> O diagnóstico é destinado a outros. O fato de estabelecer um diagnóstico psiquiátrico desloca, portanto, o doente de sua posição de indivíduo, **sujeita-o a um sistema de leis e de regras** que lhe escapam e inaugura assim um processo que levará logicamente a medidas de segregação (Mannoni, 1971, p. 27, grifos meus).

Não sendo objetivo deste livro fazer um compêndio histórico-crítico de todos os acontecimentos e bases teóricas sobre o autismo, tomarei atalhos para destacar apenas algumas paradas itinerárias forjadas nas tentativas de explicar seu acontecimento, sendo estas motivo de muitos conflitos e desavenças ainda na atualidade. Abaixo, um quadro

---

[6]. No Brasil, além da nomenclatura e dos dispositivos diagnósticos dispostos no DSM-5 (APA, 2013) e na CID-11 (OMS, 2022), a *Lei nº 12.764, de 27 de dezembro de 2012 também enfoca o autismo enquanto deficiência:* "§ 2º A pessoa com transtorno do espectro autista é considerada pessoa com deficiência, para todos os efeitos legais" (Brasil, 2012).

com algumas das personalidades que contribuíram para o entendimento desse fenômeno que intriga e move centenas de cientistas pelo planeta. Suas contribuições, sem dúvida, foram incomensuráveis e não caberiam, jamais, nas restritas paredes desta moldura que fiz, cada um à sua maneira e diante do critério que estabeleceu para seus fundamentos teóricos ofereceu seu legado à humanidade da melhor maneira que pôde em sua época. O quadro diz respeito apenas a algumas das contribuições de cada autora/autor, não representando a completude de seus aportes. São acrescentados ao quadro marcos relacionados às versões publicadas do DSM e da CID, bem como alguns estudos considerados relevantes sobre suas hipóteses causais.

Ano	Paradigma da Psicogenicidade Origem psíquica	Paradigma da Organicidade Origem biológica/genética
1911	Paul Eugen Bleuler (Suíça, 1857-1939). Bleuler (1993) cria o conceito de autismo como o segundo sintoma fundamental da esquizofrenia para explicar o pendor do enfermo a se isolar em um mundo ausente de conflitos diante de sua incompreensão da realidade que o cerca. Para ele, esse isolamento é inevitável, e aqueles que	

	se encontram gravemente doentes não têm nenhuma relação com o mundo externo. Em suas palavras: "A esse distanciamento da realidade, junto com a predominância, relativa e absoluta, da vida interior, chamamos de autismo (p. 71, tradução minha).	
1926		Grunya Efimovna Sukhareva (Ucrânia, 1891 – Rússia, 1981). Psiquiatra soviética que trabalhou na área da psicologia infantil. Ela foi a primeira mulher a descrever o autismo de maneira detalhada e estruturada (Ssucharewa, 1926). Sua descrição se alinha substancialmente ao que hoje se encontra posto no DSM-5 (APA, 2013).
1934		George Frankl (Áustria-Hungria, 1897 – Estados Unidos, 1975). Anni Weiss-Frankl (Áustria-Hungria, 1897 – Estados Unidos, 1991). Frankl, médico pediatra, foi o primeiro a observar a desconexão autista entre expressões faciais, linguagem corporal e fala ainda em 1933, enquanto sua esposa, a psicóloga Anni Weiss,

	dedicou-se a observar a inteligência oculta, as fixações e deficiências de comunicação em estudos de caso datados desde 1933 (Weiss, 1935, 1941). Os estudiosos modernos sugerem que suas observações publicadas sobre contato afetivo influenciaram tanto a Kanner como a Asperger no desenvolvimento de seus trabalhos (Frankl, 1937a, 1937b, 1937c).
1943	Leo Kanner (Ucrânia, 1894 – Estados Unidos, 1981). Foi o primeiro a organizar as descrições clínicas sobre o autismo. Descreveu 11 casos de crianças com autismo que manifestavam em comum considerável isolamento social e insistência em repetições de rotinas e rituais. Fomentou o termo mãe-geladeira se referindo às mães de crianças com autismo. Revisou por diversas vezes seu conceito de autismo (Kanner, 1943, 1949).
1944	Hans Asperger (Áustria, 1906-1980). Descreveu detalhadamente quatro casos de meninos que apresentavam características de comportamentos muito

		parecidas às descritas por Kanner, porém, mais brandas. Asperger não conhecia os estudos publicados por Kanner. Denominou o fenômeno de "psicopatia autística na infância". Percebeu que familiares apresentavam características atípicas e sugeriu que fatores genéticos poderiam estar presentes. Considerou que deveriam existir tanto fatores genéticos quanto ambientais. Asperger também realizou um estudo longitudinal de dez anos com 200 famílias de crianças que, segundo acreditavam, tinham autismo; no entanto, o estudo não chegou a ser publicado, em razão de um bombardeio que destruiu seu laboratório durante a Segunda Guerra Mundial (Asperger, 1991).
1952	Margareth Schoenberger Mahler (Hungria, 1897 – Estados Unidos, 1985). Abordou o autismo como uma modalidade de psicose infantil em que se faz presente a intolerância da criança ao contato humano e a resistência ao	

	mundo externo (Mahler, 1952).	
1952	A primeira vez que o autismo foi citado no DSM ocorreu em 1952, como um indício da "reação esquizofrênica tipo infantil", incorporado como uma manifestação autística em crianças com psicose (APA, 1952).	
1963		Bernard Rimland (Estados Unidos, 1928-2006). Psicólogo e pesquisador, pai de um menino com autismo. Questionou duramente as suposições centradas na hipótese da "mãe-geladeira". Defendeu que o autismo infantil era decorrente de um distúrbio neurológico (Rimland, 1964).
1965	Melanie Klein (Áustria, 1882 – Reino Unido, 1960). "Melanie Klein foi a pioneira no reconhecimento e tratamento da psicose em crianças. Apesar dessa autora não distinguir os quadros autistas da esquizofrenia infantil,	

	reconheceu a presença, nas crianças com autismo, de características qualitativamente diferentes de outras crianças consideradas psicóticas (Klein, 1965). Para a autora, o autismo era explicado em termos de inibição do desenvolvimento, cuja angústia decorria do intenso conflito entre instinto de vida e de morte. Supunha, tal como Kanner (1943), que essa inibição seria de origem constitucional, a qual, em combinação com as defesas primitivas e excessivas do ego, resultaria no quadro autista. O bloqueio da relação com a realidade e do desenvolvimento da fantasia, que culminaria com um déficit na capacidade de simbolizar, seria então central à síndrome" (Bosa & Callias, 2000, p. 4).
1967	Maud Ferreira Mannoni (Bélgica, 1923 – França, 1998). Teve importante olhar

diferenciado sobre a criança com doença mental e o seu espaço na sociedade. Criticou duramente o poder psiquiátrico e os locais inapropriados onde eram atendidas as crianças com sofrimento psíquico. Compreendia a criança com doença mental como representante de um aprisionamento psíquico no discurso familiar e no fantasma parental. Discutiu a questão do impacto da recepção do diagnóstico por parte dos familiares, principalmente das mães, e como a dinâmica familiar entre os pais e a criança está presente anteriormente ao seu nascimento, sendo fundamental abranger os pais junto ao tratamento da criança em razão do ressoar dos conflitos inconscientes. Defendia que "permanecer à escuta no caso do autismo significa deixá-la viver sem impor a nossa presença. É apenas gradualmente que

	podemos entrar no seu mundo, depois de ter garantido um espaço no qual ela se sente bem" (Mannoni, 1967, 1971, 1989, 1999).
1967	Bruno Bettelheim (Áustria, 1903 – Estados Unidos, 1990). Afirmou que o autismo seria uma patologia de ordem emocional em que a criança, sentindo-se desamparada pelos familiares, decidiria ocupar uma fortaleza vazia em um estado de não existência. Atribuiu que "o agente precipitador é o desejo de um dos pais de que o filho não existisse", implicando ênfase, principalmente, à figura materna nessa responsabilização. Defendeu a hipótese da "mãe-geladeira" – a mãe afetivamente fria – como gênese do autismo (Bettelheim, 1987, p. 137).
1967	Donald Woods Winnicott (Reino Unido, 1896-1971). Em 1967, o pediatra e psicanalista profere

	em uma conferência: "Autismo, isso não existe!" Aliado à corrente que vincula o sintoma do autismo às psicoses, o autor compreende o fenômeno como uma questão de maturidade emocional interrompida, decorrente de uma inadequação ou insuficiência do ambiente perante as demandas da criança. O autismo (isolamento) seria uma resposta de defesa frente às invasões do ambiente. Ele também não descartava a influência dos pais, principalmente das mães, na ocorrência do autismo. Para ele, os sintomas presentes no distúrbio denominado por Kanner de autismo poderiam ser encontrados em muitas crianças não autistas e não reconhecidas como sujeitos com distúrbios psíquicos (Winnicott, 1997).
1968	A APA publicou sua segunda edição do DSM e retirou o termo "reação", passando à classificação do autismo como "esquizofrenia

	tipo infantil", compreendendo-o como um comportamento sintomático próprio de esquizofrenia na idade infantil (APA, 1968).	
1976		Edward Ross Ritvo (Estados Unidos, 1930-2020). Sugeriu que existiriam déficits cognitivos nessas crianças desde o nascimento. Defendeu a possibilidade de haver comorbidade da síndrome com outras patologias específicas em que o autismo derivaria de uma patologia exclusiva do Sistema Nervoso Central (Ritvo, 1976).
1978		Michael Llewellyn Rutter (Líbano, 1933 – Inglaterra, 2021). Concluiu que nos casos de autismo haveria a manifestação de atraso e desvio sociais, prejuízo na comunicação não associados ao retardo mental; comportamentos incomuns como movimentos estereotipados e maneirismos; ocorrência antes dos 30 meses de idade (Rutter, 1978).

1980	A APA publicou a terceira edição do DSM, em que critérios diagnósticos mais particularizados foram colocados em prática. O autismo passou a ser considerado como uma entidade nosográfica, ou seja, descrito como uma doença em vez de sintoma. O "autismo infantil" foi classificado dentro da categoria diagnóstica intitulada Transtornos Globais do Desenvolvimento (TGD) (APA, 1980).
1984	Frances Tustin (Inglaterra, 1913-1994). Considerou que autistas seriam como "crianças encapsuladas" ou "corpo encapsulado" a partir da hipótese de que o desenvolvimento psicológico teria paralisado em um estágio prematuro da vida do bebê, em razão de um trauma proveniente da percepção sobre a separação do corpo da criança do corpo de sua mãe, provocando uma experiência psíquica fantasmática. O autista

	é destacado como uma criança tomada de pânico, apesar de, muitas vezes, parecer passiva e indiferente, evidenciando que a criança autista luta contra suas angústias por meio de asseguramento com o auxílio de formas ou objetos (Tustin, 1984).	
1985		Lorna Wing (Inglaterra, 1928-2014). Forjou a palavra "espectro" para expressar as manifestações do autismo em toda a sua complexidade entre pessoas de distintas capacidades intelectuais e sociais. Defendeu a possibilidade do convívio familiar em vez de sua segregação em instituições de tratamento. Voltou sua atenção aos pais e ao desafio de se criar uma criança autista, uma vez que ela também era mãe de uma filha com autismo. Cita e divulga a tese de Hans Asperger e a parelha com o estudo de Kanner, e conclui que as variantes encontradas por Asperger e por Kanner são oriundas de uma mesma entidade, introduzindo

	assim a noção de "espectro" à comunidade médico-científica. Populariza a síndrome de Asperger em diferenciação ao autismo de Kanner. Enfatiza seus estudos na tríade das alterações relativas à comunicação/linguagem, interação social e atividade imaginativa. Seus estudos impactaram fortemente a elaboração do DSM-5 e da atual CID-11 (Wing, 1985).
1986	Ernst Christian Gauderer (Alemanha – Brasil). Conceituou a síndrome do autismo como uma inadequação do indivíduo ao meio social ou uma doença crônica, como se fosse um mal incurável e inabilitável, de origem orgânica, com fatores neurológicos de deterioração interacional (Gauderer, 1985).
1987	O DSM-III sofreu uma revisão, passando a ser DSM-III-R, no qual a síndrome passou a ser chamada de "Transtorno Autístico", eliminando a esquizofrenia infantil, por ser considerada mais rara, e regulamentando formalmente o diagnóstico

		do autismo na esfera da psiquiatria, o que prevalece até os dias de hoje (APA, 1987).
1989		Uta Frith (Alemanha, 1941). É uma das expoentes da Teoria da Mente, que procurou explicar que o autismo traz como déficit a inabilidade de desenvolver elaborações sobre os pensamentos, as emoções, as crenças e as ações das demais pessoas. Ampliou os estudos e as discussões já propostos por Lorna Wing (1985). Afirmou que nas pessoas com autismo haveria uma alteração em sua capacidade de imaginar o que uma outra pessoa estaria pensando. A incapacidade de compreensão sobre as formas das pessoas se relacionarem e se comunicarem seria responsável pelos prejuízos no desenvolvimento da linguagem, o não entendimento de ironias e colocações dúbias, além da ausência de empatia. Também discutiu acerca das habilidades apresentadas como preservadas e, em

		determinados casos, até como superiores em indivíduos com autismo/síndrome de Asperger. Compreendeu o autismo como um transtorno do desenvolvimento associado, comumente, a transtornos de déficit de atenção, ansiedade, depressão, alterações sensoriais e dificuldades relacionadas à coordenação motora (Frith, 1989, 1991).
1990		Lars Christopher Gillberg (Suécia, 1950). Michael Llewellyn Rutter (Líbano, 1933 – Inglaterra, 2021). Destacaram o autismo como uma síndrome comportamental com etiologias múltiplas e curso de um distúrbio de desenvolvimento (Gillberg, 1990).
1991	Rosine Lefort (França, 1920-2007). Robert Lefort (França, 1923-2007). Evidenciaram o conceito de sujeito apoiado nos estudos de Lacan, de modo a se distanciar da concepção do autismo fundamentada no déficit.	Isabelle Juliette Martha Rapin (Suíça, 1927 – Nova York, 2017). Contribuiu para a compreensão do autismo em uma abordagem neurobiológica, não se tratando de uma doença, mas de uma síndrome comportamental (Rapin, 1991).

	Foram pioneiros em elaborar um entendimento pautado no autismo como uma outra estrutura, separando-o do campo das psicoses, tal como era compreendido pela psiquiatria e psicanálise naquela época. Para os Lefort, o autismo apresenta uma organização estrutural subjetiva e singular que se difere tanto da psicose quanto da neurose e perversão. Para eles, o autismo seria uma quarta estrutura (Lefort & Lefort, 1984, 1991, 2017).
1992	Anne Alvarez (Canadá, 1936). A psicóloga e psicanalista destacou a necessidade de se atentar tanto à natureza quanto aos cuidados para com o bebê. Considerou a possibilidade de que em havendo alguma alteração neurológica inicial, haveria também alguma manifestação peculiar de déficit psicológico relacionado à interação da criança com o ambiente. Compreendeu

	que os pressupostos psicogenicistas poderiam contemplar somente uma parte das crianças com autismo, sendo fundamental considerar a combinação dos fatores neuroquímicos com os emocionais. Posicionou-se crítica à hipótese do autismo como oriundo da qualidade e inadequação da função materna proposta por Bettelheim (Alvarez, 1992).	
1992		Eric Schopler (Alemanha, 1927 – Estados Unidos, 2006). Afirmou que o autismo não é uma doença única, mas sim um distúrbio de desenvolvimento complexo de nível comportamental, com etiologias múltiplas e graus variados de severidade (Rutter & Shopler, 1992).
1993		A Organização Mundial de Saúde (OMS) publicou sua décima versão do Código Internacional de Doenças (CID-10) e enquadrou o autismo na categoria "Transtornos Invasivos do Desenvolvimento":

		anormalidades qualitativas na interação social recíproca e nos padrões de comunicação, por repertório de interesses e atividades restritas, repetitivas e estereotipadas, sob o código F84. Essas anormalidades qualitativas, referentes ao funcionamento global do indivíduo em quaisquer circunstâncias, caracterizam-se por prejuízo severo e incapacitante, em diversas áreas do desenvolvimento humano, podendo variar em grau de extensão. O Brasil passou a adotar a CID-10 sobre o autismo em 1996 (OMS, 1993).
1993	Alfredo Jerusalinsky (Argentina – Brasil). Enfatiza a diferença estrutural do autismo em relação à psicose bem como a importância da intervenção terapêutica para sua relação com a linguagem. "[...] se para o psicótico cada palavra carrega seu próprio e definitivo sentido, para o autista cada palavra carrega seu próprio apagamento" (Jerusalinsky,	

1993, p. 65). Em 2018, em uma entrevista, afirmou: "Não é falta de amor que causa o autismo. O que causa o autismo é uma complexidade de fatores etiogênicos, causantes de doenças ou causantes de uma condição que cria dificuldade para relações com o mundo e com a sociedade e que não necessariamente precisa ser qualificado como doença. Porque, digamos, é um modo de ser, mas há modos de ser que implicam inevitavelmente dificuldades nas relações sociais. Uma neurose obsessiva grave, uma afecção no nível da estrutura psíquica, há que se ver se cabe qualificar como doença ou não. A proporção de autistas com automatismo fixo persistente de difícil modificação, que clinicamente tendem a confirmar a presença de fatores genéticos, são a minoria dos casos. Mas temos autismos secundários numa

	grande proporção, em maior proporção do que no autismo típico. São secundários, por exemplo, os déficits sensoriais, problemas de visão, auditivos ou transtornos de linguagem" (Dias, 2018).	
1994		A APA publicou a quarta edição do DSM, mudando o termo "global" para "invasivo" e alterando os critérios diagnósticos. A expressão "Transtornos Invasivos do Desenvolvimento" refere-se a danos graves e agressivos em várias áreas do desenvolvimento, em que se percebe prejuízo nas habilidades da interação social recíproca, de comunicação, na presença de comportamentos, atividades e interesses estereotipados. A APA ainda acrescentou as subcategorias: "Transtorno de Rett", "Transtorno Desintegrativo da Infância" e "Transtorno de Asperger". Sob esse cenário, o DSM se opõe definitivamente às concepções psicanalíticas e, mesmo que distante de embasamentos teóricos

	plenamente confiáveis acerca do autismo, converte-se em influxo dos redutos das neurociências e da farmacologia (APA, 1994).
1995	Oliver Wolf Sacks (Inglaterra, 1933 – Estados Unidos, 2015). Sugeriu que a pessoa com autismo sofre a ausência de influências externas, vive em isolamento e seus sintomas se apresentam bem mais precocemente do que surgem nos casos de esquizofrenia. Considerou que o autismo pode ser adquirido e que essa possibilidade foi notada pela primeira vez durante os anos 1960, com a epidemia da rubéola provocando o desenvolvimento da síndrome durante a gestação. Sustentou que tanto o autismo como outras síndromes com características autísticas podem aparecer durante a vida adulta, apesar de ser um fato mais raro que ocorreria, mais especificamente, depois de determinadas formas de encefalite (Sacks, 1995).

1995 — Andrea L. Ciaranello (Estados Unidos). Roland D. Ciaranello (Estados Unidos). Descrevem as características do autismo infantil e indicam que não é uma entidade patológica única, mas uma síndrome com diversas causas. Conjecturam em suas pesquisas que o autismo clássico ou típico seja a expressão mais severa de um fenótipo mais amplo que inclui a síndrome de Asperger, transtorno de personalidade esquizoide e talvez até déficits cognitivos que ocorrem em conjunto com déficits na interação social recíproca. A principal causa não genética do autismo seria a infecção viral pré-natal, um fator ambiental. Entendem que há evidências consideráveis de que fatores genéticos também desempenham um papel importante na patogênese do autismo. Acreditam que embora não haja defeito neuroanatômico consistente no autismo, um crescente corpo de evidências implica defeitos de maturação neuronal,

		particularmente no cerebelo e nas estruturas límbicas (Ciaranello & Ciaranello, 1995).
1995		Anthony Bailey (Canadá). Ann Le Couteur (Inglaterra). Irving Gottesman (Estados Unidos, 1930-2016). Realizaram estudos com gêmeos e estimaram a ocorrência de hereditariedade do autismo conferida a fatores genéticos, em cerca de 90% dos casos (Bailey et al., 1995).
1998		Judy Singer (Austrália, 1951). A partir de sua tese defendida em 1998, em uma perspectiva fenomenológica, cunhou o termo "Neurodiversidade" para nomear o movimento emergente da "Comunidade Autista" e de outros grupos minoritários que contrastavam com os rótulos impostos pelo DSM para tornar genérica uma causa comum. O Movimento da Neurodiversidade se fortaleceu grandemente em prol dos direitos das minorias e impactou os rumos das pesquisas científicas, influenciando,

	inclusive, a própria psiquiatria, a psicologia e a educação. Apesar de desenhar um novo paradigma, ela nunca foi reconhecida pela academia e por seu próprio país por seus trabalhos publicados: "A neurodiversidade pode ser tão crucial para a raça humana como a biodiversidade é para a vida em geral. Quem pode dizer que forma de fiação será a melhor em um determinado momento? A cibernética e a cultura do computador, por exemplo, podem favorecer uma mentalidade um tanto autista" (Singer & Blume, 1998, tradução minha). Judy é uma mulher com autismo (Singer, 1998, 1999, 2017).
1999	Autism Society of América (ASA). Definiu que o autismo é um distúrbio de desenvolvimento, permanente e severamente incapacitante (ASA, 1999).
2007	A ONU instituiu o dia 2 de abril como o Dia Mundial da Conscientização do Autismo, como estratégia de informar a população planetária acerca

		do transtorno que afetava cerca de 70 milhões de pessoas, segundo dados da Organização Mundial de Saúde (UN, 2007).
2013	Marie-Christine Laznik (Brasil, 1946). Psicanalista lacaniana, radicada na França desde 1972, compreende o autismo como sendo de origem multifatorial e defende a intervenção precoce, inclusive em bebês. Segundo a autora: "Do ponto de vista psicanalítico, a plena manifestação de uma síndrome autística pode ser considerada como tradução clínica da não instauração de um certo número de estruturas psíquicas que, por sua ausência, só podem acarretar déficits de tipo cognitivo, entre outros. Quando esses déficits de tipo cognitivo se instalam de maneira irreversível, podemos falar de deficiência. Essa deficiência seria então a	A APA publica a quinta edição do DSM. São introduzidas alterações que substituem os TGDs por uma única categoria denominada "Transtorno do Espectro Autista", independendo de suas várias maneiras de se apresentar. A síndrome de Asperger é suprimida como condição distinta e é absorvida pela nova nomenclatura. O diagnóstico de TEA passa a ser constituído pelo critério das deficiências sociais e de comunicação e pela presença de comportamentos repetitivos e estereotipados. O autismo é convertido em um transtorno do neurodesenvolvimento. O DSM-5 encerra a antiga contradição de caráter ateórico para se posicionar conforme as teorias dentro do campo das neurociências. Passa a classificar o TEA por

	consequência de uma não instauração das estruturas psíquicas, e não o contrário. E podemos sustentar uma semelhante concepção, admitindo uma multifatorialidade e deixando de lado o debate, quase sempre estéril, entre psicogênese e organogênese" (Laznik, 2013, p. 21; Laznik, 1991).	níveis de comprometimento: autismo leve (N1), autismo moderado (N2) e autismo grave ou severo (N3). Conforme o nível de comprometimento, maiores são as demandas de apoio (APA, 2013).
2014	Eric Laurent (França, 1945). Faz crítica à exacerbação dos diagnósticos de autismo no tempo presente forjada no elemento genético ou biológico como fator determinante. Afirma que "o fato de haver algo de biológico em jogo não exclui a particularidade do campo de constituição do sujeito como um ser falante" (Laurent, 2014, p. 33).	Sven Sandin (Suécia) e outros. Publicaram o maior estudo até então realizado sobre as causas do autismo, afirmando que os fatores ambientais são tão importantes quanto os fatores genéticos para seu desenvolvimento. Os resultados discutidos contrastaram com as estimativas que atribuíam à genética cerca de 80% a 90% do risco para autismo (Sandin et al., 2014).

2017	Holly A.F. Stessman (Universidade de Washington) e outros. Publicaram um estudo sobre sequenciamento genético abrangendo sete países, relacionando 38 novos genes ao autismo ou ao atraso no desenvolvimento e deficiência intelectual (DI). Destacam que o autismo, a DI e o atraso no desenvolvimento compartilham diversos e diferentes genes de risco. Uma das hipóteses é que o autismo pode ser, em determinados casos, uma forma de atraso no desenvolvimento. Sugerem que o autismo é distinto do atraso no desenvolvimento e também da DI; alguns genes podem ser significativos em apenas uma condição, de maneira que o autismo e o atraso no desenvolvimento não são a mesma coisa. Mais de 200 genes foram listados como estando relacionados ao autismo, ao atraso do desenvolvimento ou a ambas as condições (Stessman et al., 2017).

2022	A Organização Mundial da Saúde publica sua 11ª versão da Classificação Internacional de Doenças e Problemas Relacionados à Saúde (CID-11) e se alinha com o disposto no DSM-5 (APA, 2013). Adota a nomenclatura Transtorno do Espectro do Autismo (TEA) para englobar os diagnósticos antes presentes como Transtorno Global do Desenvolvimento (TGD) (OMS, 2022).
2022	A APA publica o DSM-5-TR, a quinta edição atualizada e revisada do DSM-5, salientando que para o diagnóstico do autismo é necessário contemplar todas as subcaracterísticas do domínio de dificuldade na comunicação social. Nesse sentido, os critérios diagnósticos retomam uma linha mais conservadora (APA, 2022).

Creio que a culpabilidade às mães seja a mais dolorida das alegações tramadas para o desvelo do autismo. O patriarcado misógino sempre se empenhou para devorar as mulheres e, des-graçadamente, médicos, psicólogos, cientistas, sacerdotes, políticos, governantes, magistrados, filósofos foram e são protagonistas desse infortúnio. Kanner, o médico de matriz biologicista, sugeriu que o autismo era inato ao mesmo tempo que destacou que o problema era afetivo, pela influência da família. Ele foi o primeiro a aventar a hipótese da influência familiar, inclusive, idear a expressão "mãe-geladeira". Logo, o autismo não seria cognitivo, mas sim afetivo.

> Em todo o grupo, **há muitos pais e mães realmente amáveis**. Na maioria, pais, avós e parentes são pessoas altamente preocupadas com abstrações de natureza científica, literária e artística e limitado interesse genuíno por gente. Mesmo alguns dos **casamentos mais felizes se resumiram, antes de mais nada, a tratos frios e formais**. Três casamentos foram tristes equívocos. A pergunta que fazemos é se, ou até que ponto, esse fato contribuiu para a condição das crianças. Sua solidão desde o seu começo de vida torna difícil atribuir o quadro inteiro exclusivamente ao tipo das primeiras relações parentais com nossos pacientes. Devemos, então, assumir que **essas crianças vieram ao mundo com inata inabilidade para travar contato afetivo normal, biologicamente produzido, com pessoas**, da mesma forma que outras crianças vêm ao mundo com inatas deficiências físicas ou intelectuais. Se essa con-

jectura for correta, um novo estudo de nossas crianças poderá nos ajudar a oferecer critérios concretos relativos a noções ainda difusas sobre os componentes constitucionais da reatividade emocional. Por ora, parece que temos exemplos de **pura cultura sobre distúrbios autistas inerentes ao contato afetivo** (Kanner, 1943, p. 217-250, grifos meus).

Em 1949, Kanner publicou seu artigo intitulado "Problemas de nosologia e psicodinâmica de autismo infantil precoce" (Kanner, 1949), no qual eleva a relação vincular do autismo às personalidades das mães e dos pais, a partir de 55 casos por ele observados. Destaco alguns trechos:

> **A falta materna de calor genuíno é muitas vezes evidente** na primeira visita à clínica. Ao subirem as escadas, a criança segue desamparada **atrás da mãe, que não se preocupa em olhar para trás**. [...] **Vi apenas uma mãe de uma criança autista que o abraçou calorosamente** e aproximou seu rosto ao dele. [...] O vazio criado pela ausência de interesse sincero nas pessoas é ocupado por uma devoção ao dever. A maioria dos pais são, de certo modo, bígamos. Eles estão casados com seus empregos tanto quanto estão casados com suas esposas. O trabalho, de fato, tem prioridade. Muitos dos pais lembram a concepção popular do professor distraído que está tão absorto em altas abstrações que deixa pouco espaço para os detalhes insignificantes da vida cotidiana. Muitos dos pais e **a maioria das mães são perfeccionistas**. A adesão obsessiva a regras estabelecidas serve como um substituto para o prazer

da vida. Essas pessoas, que foram criadas severamente em **refrigeradores emocionais**, descobriram desde cedo que só poderiam obter aprovação por meio da rendição incondicional aos padrões de perfeição. É interessante que, apesar de seu alto nível intelectual, nenhum dos pais tenha demonstrado habilidades realmente criativas. Eles são bons professores, no sentido de poderem transmitir o que aprenderam. Eles são essencialmente repetidores conservadores daquilo que lhes foi ensinado (p. 422, tradução e grifos meus).

As crianças eram, como a fraseologia moderna costuma dizer, "planejadas e desejadas". No entanto, os pais pareciam não saber o que fazer com as crianças quando as tinham. **Faltava-lhes o calor de que os bebês precisavam**. As crianças pareciam não se encaixar no esquema de vida já estabelecido. **As mães se sentiam obrigadas** a cumprir ao pé da letra as normas e regulamentos que lhes eram dados pelos obstetras e pediatras. Estavam ansiosas para fazer um bom trabalho, e isso significava um **serviço mecanizado** do tipo que é proferido por um atendente de posto de gasolina superconsciente (p. 424, tradução e grifos meus).

Eu me detive um pouco sobre as personalidades, atitudes e comportamento dos pais porque eles parecem lançar luz considerável sobre a dinâmica da condição psicopatológica das crianças. **A maioria dos pacientes foi exposta desde o início à frieza dos pais**, à obsessão e a um tipo mecânico de atenção apenas às necessidades materiais. Eles eram os objetos de observação e experimento conduzidos com um olho no desempenho fracionário, em vez de genuíno calor e prazer. Eles foram mantidos ordenadamente em **geladeiras que não descongelavam**. Sua retirada parece ser **um ato de se afastar de tal situação para buscar conforto na solidão**. [...] Acredito que as proezas de memória das crianças, sua preocupação obsessiva com nomes, relógios, mapas ou datas do calendário **representam um apelo à aprovação dos pais**. As crianças, que têm boa capacidade cognitiva, descobrem que seus pais encorajam tais desempenhos (p. 425, tradução e grifos meus).

Kanner (1949) atrela a origem do autismo à frieza da família e, fortemente, responsabiliza as mães pelo trauma ocorrido nos filhos de maneira tal que eles não suportariam a realidade e recuariam para um distanciamento e isolamento. Às mães foram atribuídos a indiferença, o desamparo e a ausência de "calor materno" genuíno para com seus filhos, que nessa insuportabilidade isolaram-se no autismo. Ou seja, de 1943 a meados da década de 1950, Kanner insiste nessa culpabilização (Kanner, 1943, 1949; Eisenberg & Kanner, 1955, 1956).

Os anos 20 foram marcados pelo acento na figura materna para o desenvolvimento psíquico da criança a partir dos estudos de base psicanalítica (Gonçalves et al., 2017). O peso da responsabilidade da mãe e todo o discurso tóxico sobre o desencadeamento de problemas emocionais nos filhos em razão de uma maternidade inadequada bombardearam a vida dessas mulheres de uma maneira avassaladora. Kanner, em seus estudos realizados a partir da década de 1940, oscilava entre as conjecturas biologicistas e as psicanalíticas pós-freudianas. Nessa oscilação, o que precisa ficar claro para os dias atuais é que a culpa pela origem do autismo relacionada às mães-geladeira não foi cunhada pela psicanálise, mas pelo próprio Kanner. Mesmo que se debata que Kanner sofreu influência dos postulados psicanalíticos acerca da importância da função materna no desenvolvimento psíquico das crianças, seria desarrazoado afirmar que a hipótese da mãe-geladeira seja uma concepção de Freud ou da psicanálise, pois isto não se configura uma verdade.

A realidade é que essas suposições de Kanner, nada baseadas em evidências científicas, foram desastrosas e trouxeram um sofrimento incomensurável às mães, às famílias de crianças com autismo, além de principiarem um cruel preconceito social que perdura até os dias de hoje, em plena segunda década do século XXI. E, recordando Foucault (2008), essa herança que ainda carregamos diz respeito à medicina como sistema de biopolítica que cria e implementa patologias no corpo social, controla e gerencia o corpo das mulheres, a expropriação da saúde e da educação, a medicalização da sociedade, a coisificação do indivíduo pelo diagnóstico como dispositivo de controle que materializa o biopoder no mundo contemporâneo e, não menos importante, que inventa uma normativa sobre o exercício de uma "maternidade boa e adequada".

Ainda sobre a hipótese da mãe-geladeira, Bruno Bettelheim (1903-1990), nascido em Viena, Áustria, filho de uma família judaica da burguesia, comerciante dedicado aos estudos da arte, teve a infelicidade de popularizar o termo e a proposição de Kanner de uma forma muito contundente. Bruno se interessava pela abordagem psicanalítica para seus estudos vinculados à arte. É preciso esclarecer que ele não tinha nenhuma formação relacionada à psicologia, à psiquiatria ou à medicina em geral, como alguns mencionam, mesmo embora tenha se dedicado a estudos e questões sobre a criança. Em 1938, foi deportado com outros judeus para o campo de concentração de Dachau e, posteriormente, para Buchenwald, onde viveu experiências terríveis de desumanidade e se atentou para as reações das pessoas quando são encurraladas em circunstâncias drásticas e extremadas. Essas experiências foram pilares de sustentação em suas postulações sobre a gênese do autismo como um mecanismo de defesa e análogo às experiências em um campo de concentração (Bettelheim, 1987).

Bruno se tornou professor na Universidade de Chicago e um intelectual renomado. Em 1967, publicou seu livro *A fortaleza vazia* nos Estados Unidos, país para onde emigrou em 1939 por ocasião de uma anistia (Bettelheim, 1967). Na obra que se tornou internacionalmente conhecida, baseada na hipótese de Kanner e constituída por três estudos de caso, sustentou que o autismo era uma patologia de cunho emocional originada pelo sentimento de desamparo da criança, causado por aqueles com quem ela convivia. De forma reativa, a criança se recolhia a uma "fortaleza vazia" e se alienava a um estado de não existência. Convicto, realçou a frieza e insensibilidade das mães, a ausência do pai e a inabilidade quanto aos cuidados com a criança como agentes causadores desse recolhimento denominado autismo. No intuito de salientar a responsabilidade da figura materna, reservou o capítulo "A mãe no autismo infantil" para tal análise. Em suas palavras:

> Gostaria de fazer mais uma digressão, pois a razão pela qual começamos por imputar o colapso de Laurie à ambivalência das figuras maternas parece ter importância teórica considerável, sobretudo pelo fato de, na literatura, **as atitudes da mãe serem consideradas como fator etiológico do autismo infantil**. Ao longo deste livro mantenho minha convicção de que, em autismo infantil, o agente precipitador é o **desejo de um dos pais de que o filho não existisse**. [...] Nas crianças destinadas a se tornarem autistas a sensibilidade aos afetos da mãe pode ser tão intensa que as leva a se fecharem, defensivamente, em uma experiência que é muito destrutiva para elas. [...] Portanto, essas histórias sobre a ausência de reações de crianças autistas desde o nascimento não indicam, em minha opinião, um distúrbio inato, porque essa ausência de reação pode ser, por sua vez, **uma reação muito precoce à mãe**, desencadeada nos primeiros dias ou primeiras semanas de vida (Bettelheim, 1987, p. 137, 545, 546, grifos meus).

Várias das teorizações de Bettelheim foram consideradas relevantes no tocante ao autismo durante mais de 20 anos, além de terem trazido diversas contribuições para a popularização da psicoterapia em um cenário drástico pós--guerra, carente de uma visão humanista. Contudo, sua exacerbação apregoada sobre mulheres que não conseguiam cumprir adequadamente sua função de amar e acolher seus filhos a ponto de não se desenvolverem dentro de um padrão considerado normal sob o ponto de vista médico, asseverando serem elas "mães-geladeira" e responsáveis pelo autismo de seus filhos, começou a cair em descredibilidade no final dos anos 1980. Acusações de desqualificação profissional, maus-tratos a pessoas com deficiência (maioria no autismo), ausência de comprovações científicas para suas proposições, pseudoinformações acerca de suas titulações e descoberta de que ele nunca teria se encontrado com Freud foram duramente tributadas a Bettelheim. Aos 86 anos, viúvo, comprometido em sua mobilidade em razão de um acidente vascular cerebral, decidiu por sua morte, asfixiando-se, com a cabeça envolta num saco plástico (Konder, 1991).

No cenário do período dos anos 1960 aos anos 1990, as hipóteses sobre a origem do autismo se centraram tanto na perspectiva biológica e ambiental defendida por Kanner e Asperger, que também não absolviam por completo as mães do trono da culpa, como na suposição de Bettelheim de que mães frias e pais ausentes eram os responsáveis pelo desencadeamento do autismo. Como consequência dessas explanações tempestuosas que acabaram por ser delegadas à psicanálise em sua totalidade, a abordagem sofreu duras críticas, e um considerável ressentimento social ainda paira sobre os psicanalistas de hoje. Contudo, apropriadas são as palavras de Barroso, referentes à psicanálise contemporânea:

> A psicanálise se posiciona hoje, decididamente, do lado da pesquisa do autismo. Ela tem muito o que aprender com o autista também para elucidar a subjetividade contemporânea, pois nesta encontramos traços de um autismo generalizado, evidenciado nos impasses do laço social de nossa época. **A interlocução com outros saberes é bem-vinda**. Abre novas parcerias de trabalho (Barroso, 2019, p. 1244, grifos meus).

Para além da conflitiva questão da origem do autismo, a instauração da cultura da doença e da medicalização da sociedade como estratégia e nicho de mercado e política (biopoder/biopolítica) tornou-se um poço sem fundo no *modus operandi* do sujeito se conduzir diante da realização ou não de seus desejos.

Nesse contexto, o prometimento dos pressupostos psicanalíticos ao sujeito da sociedade contemporânea vai se des-vitalizando diante da expectativa de consertos e intervenções imediatistas propostas pela medicina moderna aliada à indústria farmacêutica e a outras intervenções terapêuticas normalizadoras, cedentes à monstruosidade capitalista; os ditados "para tudo se tem remédio" e "todo problema tem solução" são representativos dessa coisificação das pessoas e banalização das complexidades que as afetam.

A supervalorização do diagnóstico fundamentado na doença e no déficit rastreia explicar tudo pela genética, desde violências, homoafetividade, transtornos mentais, dependências químicas, dificuldades no processo de aprendizagem e tudo mais que possa perpassar o indivíduo. À medida que se espiga a cultura da patologização e da medicalização da vida e da sociedade, é desconsiderada brutalmente a subjetividade do sujeito, suas vivências experienciadas, seu sofrimento psíquico, seu modo singular de ser e estar no mundo, com o mundo e com as outras pessoas, sendo diferente, sendo quem é.

Essa cultura que predomina em nossa sociedade adoecida, principalmente pelas relações sociais insalubres, simplifica a experiência humana, mensura e quantifica o que é incomensurável na subjetividade do sujeito, ignora os sentimentos humanos (de falta, de não pertencimento, de incompletude, de excesso, de des-prazer...), mostra-se des-interessada, cada vez mais, com a genuína constituição do desejo do sujeito e, por isso, não atentando ao desejo, supervaloriza o diagnóstico da *coisa* em detrimento do sujeito. Apesar das críticas aos postulados da psicanálise, algumas pertinentes, outras não, há que se considerar as palavras de Freud que trazem à tona o processo de des-humanização no qual vivemos, um segmento denso que a tudo superficializa sem adentrar a fundo nas questões humanas, abarcando opressão e repressão, metricamente a todos normalizando, naturalizando a coisificação do indivíduo e a banalização do mal.

> Assim como transformamos o indivíduo em nosso inimigo, desvelando o que nele se acha reprimido, também a sociedade não pode responder com simpatia ao implacável **desnudamento de seus danos** e deficiências; pelo fato de **destruirmos ilusões**, acusam-nos de **pôr em perigo os ideais** (Freud, 1910/2013, p. 226, grifos meus).

A psicanálise em seu propósito primeiro sempre terá o desafio de entender a cultura contemporânea como procriadora de sintomas e não se render a arranjos teóricos conciliatórios, reducionistas do psiquismo humano, do sujeito, da vida, a uma concepção apequenada e refém de identidades fixas e estáveis produzidas pelo agrupamento das diferenças e sua classificação pelo dispositivo diagnóstico. Deveras, é adverso aportar a peste.

Kanner (de base organicista) e Bettelheim (base psicogenicista) tiveram aproximações hipotéticas acerca da culpabilidade da mãe, sem dúvida, geradas, principalmente, pelo machismo imperativo da época em que viveram, na qual a mulher era massacrada de todas as formas inimagináveis pelo que lhe faltasse, pelo que manifestasse em excesso ou pelo fato de ser autônoma, simplesmente, por não ter um pênis.

Essa dívida político-patriarcal com as mulheres está presente no modelo médico que continua maltratando-as e subestimando-as cotidianamente nos serviços de saúde, inclusive pelos próprios obstetras e ginecologistas (mulheres e homens), profissionais tão importantes no tocante ao cuidado com a saúde da mulher (Zanardo, 2017). Dívida que também deve ser explicitamente quitada pelos psicanalistas contemporâneos, sem anistias a Freud e aos que vieram depois dele, de maneira que a valiosa abordagem possa contribuir na luta das mulheres contra as inumeráveis formas de violência, discriminação e combate patriarcal-machista ao feminino. Na realidade, é difícil encontrar quem ou o que não esteja em débito com as mulheres, visto que no plano histórico, cultural, educacional, político, religioso, econômico, trabalhista, jurídico, patrimonial, as meninas e as mulheres, lamentavelmente, permanecem em desvantagem abusiva com relação aos homens. A retratação com as mulheres passa por uma questão ética de coragem de se desnudar das vaidades e se purificar das hipocrisias!

Retornando ao autismo, de 1943 a 1963, sua origem esteve explicitamente vinculada à hipótese de uma relação afetiva inadequada entre a criança e seus pais: mães atarefadas demais que se relacionavam friamente com seus filhos, e pais ausentes. O sobressalto às mães entoava um acento crítico-machista àquelas que trabalhavam fora e, por isso, desviavam-se de seu propósito maior que deveria ser o cuidado para com a família (Kanner, 1943). Por volta de 1955, Kanner dá indícios de revisão de suas afirmativas sobre a hipótese da mãe-geladeira por não encontrar evidências científicas a respeito. De 1963 a 1983, a base de causa passou a ser amarrada aos distúrbios neurobiológicos.

Em 1969, em uma reunião da Associação Nacional de Crianças Autistas dos Estados Unidos (Autism Society), Kanner reconheceu que se expressou mal e que, por isso, foi equivocadamente interpretado, tendo contribuído para que autores como Bettelheim, entre outros, prosseguissem com a culpabilização das mães baseados tanto nas palavras do "pai do autismo" quanto nos excessos de psicanalistas da época. Com viés contraditório ao longo de seus estudos e discursos publicados, Kanner perdurou até meados dos anos 1960 patinando, escorregadiamente, entre a biologia e a culpabilização dos pais. Em seguida, decidiu se afastar totalmente do pressuposto da mãe-geladeira, não obstante, os danos ainda seguem reverberando.

> Fui mal-interpretado muitas vezes. Desde a primeira publicação até a última, falei dessa condição em termos inequívocos como "inata". Mas porque descrevi algumas das características dos pais como pessoas, fui erroneamente citado como tendo dito que "é tudo culpa dos pais". Aqueles de vocês, pais, que vieram me ver com seus filhos sabem que não foi isso o que eu disse. De fato, tentei aliviar a ansiedade dos pais quando se tornaram ansiosos por causa dessa especulação. Com isso, especialmente, eu os absolvo como pais (Feinstein, 2010, p. 34-35, tradução minha).

Apesar do moroso pedido de desculpas de Kanner e do perecimento da credibilidade of Bettelheim na comunidade científica, as muitas penas espalhadas para o alto jamais poderão ser todas, uma a uma, recolhidas. Esse é o peso que as palavras têm, principalmente, quando lavradas pela escrita. O espólio são os estigmas socioculturais que assombram o autismo; estes, sim, são espectros. Na ausência explícita do uso da expressão mãe-geladeira encontra-se sorrateira a alusão de que elas deveriam abdicar de suas profissões para se dedicarem ao ideal da função materna; de que o luto sentido e vivido pelo nascimento de um filho com deficiência é espelho da falta de aceitação e amor incondicional à criança; de que por não terem suficiente paciência para cuidar do filho com autismo é que se entregam facilmente à medicalização; de que se utilizam do diagnóstico do autismo para receberem subsídios do governo; de que foram escolhidas pela divindade para cuidarem de anjos; de que têm que dar conta da maternagem e da casa, já que não trabalham fora. São inúmeros os julgamentos e condenações às mães. As crianças, os adolescentes, os jovens e os adultos que são filhos no autismo de uma mulher-mãe precisam, fundamentalmente, de assistência à saúde e à educação. Não obstante, essas mães também precisam ser cuidadas, apoiadas, acolhidas, amparadas por todas as instâncias sociais para que estejam bem consigo mesmas, para que tenham tempo para cuidar-se e amar a si mesmas, para cultivar, também, sua vida laboral, social e amorosa, da mesma forma que cuidam de seus filhos com autismo e os amparam da maneira que lhes é possível fazer. O ato de maternar, seja qual for a idade dos filhos, não deve prevalecer romantizado e idealizado conforme as bordas patriarcais, porém, (re)inventado por cada mulher que se torna mãe dia a dia na vivência com seus filhos.

O trono à culpa nunca está vazio!

Entre as descobertas da ciência dos últimos anos, a genética ocupa o trono aparelhado pela medicina à responsabilização pela origem do autismo, seguida dos fatores ambientais. Destaco alguns estudos:

- o maior estudo até então realizado sobre as causas do autismo mostrou que os fatores ambientais são tão importantes quanto os fatores genéticos para seu desenvolvimento. Os resultados discutidos contrastaram com as estimativas que atribuíam à genética cerca de 80% a 90% do risco para autismo (Sandi et al., 2014);

• um estudo sobre sequenciamento genético abrangendo sete países relacionou 38 novos genes ao autismo ou ao atraso no desenvolvimento e deficiência intelectual (DI); destacaram que o autismo, a DI e o atraso no desenvolvimento compartilham diversos e diferentes genes de risco. Uma das hipóteses é que o autismo pode ser, em determinados casos, uma forma de atraso no desenvolvimento. Sugerem que o autismo é distinto do atraso no desenvolvimento e também da DI; alguns genes podem ser significativos em apenas uma condição, de maneira que o autismo e o atraso no desenvolvimento não se configuram a mesma coisa (Stessman et al., 2017);

• vários metais pesados (tóxicos) têm se apresentado como um risco à etiologia do autismo. Estudos apontam que a concentração de antimônio e chumbo se mostram significativamente mais elevados nos indivíduos com autismo do que nos indivíduos do grupo de controle. Os casos de autismo apresentaram níveis mais elevados de chumbo eritrocitário e mercúrio, bem como níveis mais elevados de chumbo no sangue (Saghazadeh & Rezaei, 2017);

• em um robusto estudo realizado na Dinamarca, Finlândia, Suécia, Israel e Austrália, a associação de fatores genéticos e ambientais estão presentes no autismo e a herdabilidade se encontra estimada em cerca de 80% dos casos (Bai et al., 2019);

• estudos evidenciam uma taxa de aproximadamente 70% a 90% em gêmeos monozigóticos, de cerca de 30% em gêmeos dizigóticos e de 3% a 19% entre irmãos de modo geral. O índice de recorrência quando uma criança tem um irmão com autismo é de aproximadamente 2,2%, podendo ser diagnosticada uma causa genética em cerca de 35% dos casos. Fatores genéticos e ambientais são apontados como possíveis agentes (Bailey et al., 1995; Guinchat et al., 2012; Lin et al., 2021; Parner et al., 2008);

• mais de 130 genes foram destacados com algum vínculo ao autismo (Trost et al., 2022).

Não há uma causa elegida como principal para a origem do autismo, o que se pode afirmar é que há fatores de risco como associação a alterações genéticas (síndrome do X frágil, esclerose tuberosa, fenilcetonúria não tratada, distrofia muscular de Duchenne, síndrome de Down, neurofibromatose tipo I, entre outras) e mutações genéticas que podem modificar o desenvolvimento cerebral, alterar a forma como as células se comunicam ou estabelecem o padrão de potência dos sintomas produzidos que podem afetar o desenvolvimento e a vida da pessoa como um todo (Al-Beltagi, 2021). Dessas mutações genéticas, há aquelas que podem ser herdadas ou acontecer de modo natural. É percebível certo foco nas pesquisas com relação a fatores de risco materno para o desenvolvimento do autismo, no entanto, não há suporte de evidências que conclua que a responsabilidade pela origem recaia nos efeitos maternos, mas sim na própria variação genética aditiva (Lu et al., 2022; Yip et al., 2018). E, ainda, segundo estudos recentemente publicados:

> O TEA, geneticamente, é altamente heterogêneo e pode ser causado por doenças hereditárias e novas variações genéticas. Na última década, foram identificadas centenas de genes que contribuem para os graves déficits de comunicação, cognição social e comportamento que são frequentemente experimentados pelos pacientes. No entanto, **eles representam apenas 10% a 20% dos casos do TEA**, e pacientes com variantes patogênicas semelhantes podem ser diagnosticados em níveis muito diferentes do espectro (Rylaarsdam & Guemez-Gamboa, 2019, p. 1, tradução minha, grifos meus).
>
> O transtorno do espectro do autismo (TEA) **afeta mais de 1% das crianças, e não há agente farmacoterapêutico viável para tratar os sintomas centrais do TEA**. Estudos têm mostrado que crianças com TEA apresentam alterações em seus níveis de moléculas de resposta imune. Nossos estudos anteriores mostraram que o TEA é mais comum em crianças com autoanticorpos do receptor de folato. Também descobrimos que crianças com TEA têm função imune intestinal anormal, caracterizada por um aumento significativo no conteúdo de imunoglobulina A e um aumento na diversidade de epítopos associados à microbiota intestinal. Esses estudos sugerem que o mecanismo imunológico desempenha um papel importante na ocor-

rência de TEA (Cai et al., 2022, p. 1, tradução minha, grifos meus).

Crianças com autismo também são mais propensas a uma variedade de distúrbios neurológicos, incluindo epilepsia, macrocefalia, hidrocefalia, paralisia cerebral, enxaqueca/dores de cabeça e anormalidades congênitas do sistema nervoso. Além disso, os distúrbios do sono são um problema significativo em indivíduos com autismo, ocorrendo em cerca de 80% deles. Distúrbios gastrointestinais são significativamente mais comuns em crianças com TEA; ocorrem em 46% a 84% deles. Os problemas gastrointestinais mais comuns observados em crianças com TEA são constipação crônica, diarreia crônica, refluxo gastroesofágico e/ou doença, náusea e/ou vômito, flatulência, inchaço crônico, desconforto abdominal, úlceras, colite, doença inflamatória intestinal, intolerância alimentar e/ou déficit de crescimento. Várias categorias de erros inatos do metabolismo foram observadas em alguns pacientes com autismo, incluindo distúrbios mitocondriais, distúrbios do metabolismo da creatina, distúrbios de aminoácidos selecionados, distúrbios do metabolismo do folato ou B12 e distúrbios de armazenamento lisossômico selecionados. Uma proporção significativa de crianças com TEA apresenta evidências de neuroinflamação persistente, respostas inflamatórias alteradas e anormalidades imunológicas. Os anticorpos anticérebro podem desempenhar um importante mecanismo patoplástico no autismo. Os distúrbios alérgicos são significativamente mais comuns em indivíduos com TEA de todas as faixas etárias. Eles influenciam o desenvolvimento e a gravidade dos sintomas, podem causar comportamentos problemáticos em pelo menos um subconjunto significativo de crianças afetadas. Portanto, **é importante considerar a criança com autismo como um todo e não negligenciar possíveis sintomas como parte do autismo** (Al-Beltagi, 2021, p. 1, tradução minha, grifos meus).

Pesquisas indicam que fatores ambientais como infecções virais, teratogenia causada por alguns fármacos durante o desenvolvimento fetal, esteroides sexuais, fatores pré-natais, perinatais e neonatais, exposições a toxinas, poluentes e pesticidas diversos podem ser potencializadores do risco de autismo (Castro, 2021; Ferri et al., 2018; Fluegge, 2016; Shelton, 2014). A nutrição precária com falta de vitaminas durante a gestação também tem sido associada ao risco bem como a obesidade materna, diabetes gestacional, pré-eclâmpsia, insuficiência placentária, problemas no sistema imunológico, infecção por toxoplasmose, rubéola, idade avançada (principalmente da mãe), neuroinflamações que podem alterar a forma e o funcionamento dos neurônios (Kong et al., 2020; Martynowicz, 2019; Mawson & Croft, 2019; Meltzer & Water, 2017; Russo et al., 2018; Walker et al., 2015; Wang et al., 2018; Zhong et al., 2020).

A realidade é que não é possível, até o momento presente, a ciência certificar com clareza uma resposta sobre a etiologia do autismo. O que é possível sustentar é sua característica multifatorial, diversa, múltipla, plural e densamente complexa.

Na atualidade, a Associação de Psiquiatria Americana define o autismo como um transtorno do neurodesenvolvimento que se caracteriza por dificuldades de interação social, comunicação e comportamentos repetitivos e restritos que podem se manifestar em três diferentes níveis de comprometimento que demandam suporte: nível 1 (leve), nível 2 (moderado), nível 3 (grave) (APA, 2013, 2022). A divisão de níveis de comprometimento tem causado confusões e sofrido críticas por parte da comunidade pró-autismo em razão de discursos capacitistas que prejulgam e invalidam as dificuldades, os desafios como também as habilidades e os potenciais das pessoas com autismo, independentemente do nível de suporte em que se encontram. Declarações constrangedoras e apedeutas que associam o autismo em sua manifestação mais profunda à ausência de sentimentos, inteligência e total incapacidade. Em outro extremo, equivocadamente supõem que a pessoa com autismo em sua manifestação leve não tem dificuldades ou não necessita de alguma forma de apoio.

Nível de comprometimento e suporte		
Comprometimento e apoio	Linguagem e comunicação	Comportamento social
N1 (leve) Necessidade de apoio para o favorecimento da comunicação,	Há dificuldades para iniciar e manter comunicação e	Presença de alguns comportamentos inflexíveis e apego a determinadas

interação social e autonomia.	interação social. São percebidas respostas inadequadas em situações de interação social. Observam-se dificuldades na construção social de relacionamentos.	rotinas ou padrões estabelecidos de conduta. São percebidas dificuldades de organização e autonomia que podem comprometer a capacidade de planejamento.
N2 (moderado) Necessidade de apoio terapêutico substancial para o favorecimento da comunicação, interação social e autonomia. Recursos para comunicação alternativa no auxílio à comunicação podem se mostrar eficazes.	Presença de déficits mais acentuados na comunicação social oral e não oral. São percebidas maiores dificuldades para iniciar e manter situações de interação social. Comunicação prejudicada para a emissão de mensagens. No caso de comunicação não oral, costuma se apresentar de modo mais incomum e inadequado aos padrões sociais estabelecidos.	Presença de comportamentos inflexíveis, apego a determinadas rotinas ou padrões estabelecidos de conduta. Resistência a mudanças. Presença de sentimentos de angústia ao necessitar alterar rotinas ou pontos de interesse e apego. Dificuldades acentuadas de organização e autonomia que comprometem a capacidade de planejamento.

N3 (grave)		
Necessidade de considerável apoio terapêutico para o favorecimento da comunicação, interação social e autonomia. Recursos para comunicação alternativa no auxílio à comunicação podem se mostrar eficazes. Costuma haver presença de apoio médico com prescrição de medicamentos.	Graves prejuízos na habilidade e capacidade de comunicação social e oral. Há predominância da condição de ausência total de oralização. Interação social severamente comprometida e limitada. Costuma haver o uso muito limitado e restrito de sinais, gestos, balbucios, sons e palavras na tentativa de comunicar algo ou responder a alguma necessidade muito específica. Os vínculos e referência sociais costumam focar uma única pessoa, em geral, aquela que passa a maior parte do tempo como cuidadora.	Comportamentos notoriamente inflexíveis. Dificuldade excessiva de lidar com mudanças e desapegos a objetos específicos e padrões restritos de comportamento. Comportamento social gravemente transtornado pelo quadro sintomático. Presença comum de sentimentos de angústia que levam às crises acentuadas com ou sem agressividade/ autoagressividade.

Fonte: Elaboração própria com dados do DSM-5 (APA, 2013).

Em 11 de fevereiro de 2022, a Organização Mundial da Saúde (OMS) publicou sua 11ª revisão da Classificação Internacional de Doenças (CID-11), que se encontra em vigor com um conjunto de 55 mil códigos para lesões, doenças, condições clínicas e causas de morte, e oferece aos profissionais da saúde um banco de dados robusto para a classificação clínica padronizada no âmbito global. A nomenclatura da CID-11 (WHO, 2022)[7] classifica o autismo pelo código 6A02 – Transtorno do Espectro Autista – e traz as seguintes subdivisões:

> 6A02 – Transtorno do Espectro Autista
>
> 6A02.0 – Transtorno do Espectro Autista sem Transtorno do Desenvolvimento Intelectual e com comprometimento leve ou ausente da linguagem funcional
>
> 6A02.1 – Transtorno do Espectro Autista com Transtorno do Desenvolvimento Intelectual e com leve ou nenhum comprometimento da linguagem funcional
>
> 6A02.2 – Transtorno do Espectro Autista sem Transtorno do Desenvolvimento Intelectual e com comprometimento da linguagem funcional
>
> 6A02.3 – Transtorno do Espectro Autista com Transtorno do Desenvolvimento Intelectual e com comprometimento da linguagem funcional

---

7. Tradução minha a partir da versão oficial da CID-11 disponível no idioma espanhol (WHO, 2022). Na versão final publicada em fevereiro de 2022 não consta o código "6A02.4 – Transtorno do Espectro Autista sem Transtorno do Desenvolvimento Intelectual e com ausência de linguagem funcional", anteriormente disponibilizado na primeira versão do documento.

6A02.5 – Transtorno do Espectro Autista com Transtorno do Desenvolvimento Intelectual e com ausência de linguagem funcional

6A02.Y – Outro Transtorno do Espectro Autista especificado

6A02.Z – Transtorno do Espectro Autista, não especificado

Semelhante ao DSM-5 (APA, 2013), a CID-11 (WHO, 2022) traz a nomenclatura Transtorno do Espectro Autista (TEA), bem como a supressão da síndrome de Asperger, do transtorno desintegrativo da infância, do autismo infantil e demais subcategorias antes presentes na CID-10 pelo código F84 – Transtornos Globais do Desenvolvimento (OMS, 1993), de modo a reuni-los nessa última versão em um único diagnóstico.

É perceptível que a CID-11 propõe atenção à presença ou não do transtorno do desenvolvimento intelectual (deficiência intelectual) e do comprometimento (prejuízo) da linguagem funcional junto ao diagnóstico de transtorno do espectro autista. Essas subdivisões têm o propósito de evitar erros e facilitar o diagnóstico a ser realizado pelo médico como modo de oferecer à população um serviço de saúde multidisciplinar com melhor qualidade de atendimento e atenção no tocante ao transtorno do espectro autista.

Apesar de minhas críticas à rotulação de pessoas pela supervalorização do diagnóstico médico, a conciliação da comunidade médica e científica sobre a lógica dos níveis de comprometimento presentes na complexidade e amplitude do "espectro autista" é fundamental para a garantia de que em todas as localidades as pessoas com autismo tenham acesso ao diagnóstico e tratamento amparados nos mesmos princípios conceituais.

A grande questão que paira é que a definição do autismo tem sido ampliada cada vez mais pelo DSM-5, DSM-5-TR (APA, 2013, 2022) e pela CID-11 (WHO, 2022) para se acomodar os diversos transtornos do espectro ao mesmo tempo que os pesquisadores buscam isolar os possíveis e diferentes mecanismos genéticos para cunhar o autismo em um arrimo genético cada vez mais particular. Para os autores da Universidade de Genebra, Ariane Giacobino (médica geneticista) e François Ansermet (psiquiatra e psicanalista), há um movimento contraditório que precisa ser percebido e discutido:

> Há nisso uma contradição que não parece de forma alguma ter sido ressaltada nem considerada nos debates atuais, o que é um tanto surpreendente. De um lado, se reagrupam os sinais cada vez menos específicos de síndromes sempre mais amplas que constituem o muito abrangente "espectro autista"; de outro, analisa-se os mecanismos genéticos cada vez mais sutis e específicos, na esperança de identificar as variações em porções do DNA – fixas ou variáveis – passíveis de serem responsáveis pelos transtornos estudados. Nesse movimento de ioiô entre a especificidade e a expansão inclui-se também a hipótese das bases genéticas comuns a vários distúrbios, como o autismo, a esquizofrenia, o transtorno bipolar e a hiperatividade, assim como o

transtorno depressivo maior. Assim, vemos desenvolver-se um duplo movimento na ciência, em duas vias contraditórias: de um lado, uma ciência que vai em direção ao todos iguais, associando uma série de informações muito diferentes e correndo o risco de perder todo o acesso à clínica onde se encontra o inevitável encontro com a singularidade; de outro, uma ciência que isola a diferença e a unicidade. [...] Apesar dos resultados que acumulam, essas pesquisas encontram sempre um limite: o determinismo biológico que escapa de certas afecções. O enigma persiste, ainda que se leve em conta o impacto dos múltiplos fatores ambientais – ligado ou não a uma suscetibilidade individual resultante dessas mutações e dessas variações do DNA. Este é particularmente o caso do autismo, a propósito do qual se passa de uma hipótese genética a outra (Ansermet & Giacobino, 2018, p. 160-162).

Em outra perspectiva, Mottron (2016), em seu estudo para uma compreensão diferenciada do autismo, afirma que após ser considerado um transtorno mental por anos e, depois, uma deficiência no neurodesenvolvimento, o autismo está sendo considerado, cada vez mais, como uma variante humana que às vezes envolve intensas vantagens e, em outras, consideráveis desvantagens adaptativas. Em outras palavras, em vez de se compreender o autismo como algo a ser consertado no indivíduo, ele seria um atributo humano, uma outra forma de se conectar ao mundo. Para o autor, essa perspectiva decorre, em parte, pelo fato de que algumas pessoas no autismo executam certas tarefas no mesmo nível e, em alguns casos, até melhor do que pessoas que não se encontram na condição do autismo (neurotípicas). Além disso, executam essas tarefas utilizando estratégias cognitivas e alocações cerebrais diferentes da maioria dos humanos. O estudo aponta que:

> A perícia visual beneficia as pessoas com autismo nas mais altas manifestações de inteligência, seja cálculo, raciocínio ou leitura. As áreas de especialização [**hiperfoco**] dependem intimamente da exposição a classes específicas de materiais, sendo essas classes os elementos que compõem os interesses particulares (como no caso da hiperlexia). Pode-se concluir que em uma pessoa autista a possibilidade de exposição a materiais desse tipo representa a porta de entrada para a perícia. Os "interesses especiais" são a manifestação comportamental visível da aquisição dessa expertise e sua implementação (Mottron, 2016, p. 430-431, tradução minha, grifo meu).

Contudo, há que se ter cautela e ponderação quanto às afirmações generalizantes e universalistas sobre o autismo, pois isso é extremamente nocivo às próprias pessoas com autismo, seus familiares e para a sociedade de maneira geral. É realidade que há pessoas com autismo independentes e autônomas; que têm uma memória notável; que impressionam com sua inteligência e capacidade de abordar situações a partir de uma forma distinta de pensar; com capacidade excelente de sistematizar e analisar informações em suas áreas de interesse (hiperfoco e eixos de interesse); que expressam sua criatividade por meio da arte e da literatura; que têm habilidades distintas em música, matemática, idiomas, escrita; que apresentam atenção analítica aos detalhes acima da média; que se expressam bem oralmente; que constituem família e se destacam em sua área de atuação profissional (Orrú, 2016). Mas também é necessário ter muita clareza de que há casos de pessoas com autismo nível 3 (autismo grave, profundo), com extremo comprometimento nas mais diversas áreas de seu desenvolvimento e que estão encerradas dentro de suas casas, esquecidas, invisibilizadas, desamparadas pelo poder público. Pessoas com um nível crítico de dependência e dramático de apoio. Pessoas que não oralizam e demonstram profunda dificuldade de se expressar mesmo com apoio visual ou gestos; que sofrem com automutilações e agressões; com insônia grave; desconfortos gastrointestinais intensos; deficiência intelectual, entre outras condições clínicas acentuadas (Orrú, 2020b).

Há que se cuidar com a mídia contemporânea estadunidense que força o retrato do autismo, na maioria das vezes, como uma representação extraordinária, a partir de personagens fictícios como os aludidos nos programas de TV (*Atypical*, *Touch* e *The good doctor*). Nesses programas os protagonistas são todos do sexo masculino, brancos, héteros, de condição socioeconômica favorável, todos com a manifestação mais branda do autismo. A mídia também expõe déficits e vulnerabilidades vinculados ao autismo de forma descontextualizada, sem a responsabilidade de oferecer informação e conhecimento crítico aos espectadores. É importante que os educadores e profissionais da saúde fiquem atentos para não se iludirem com uma interpretação única e inautêntica das manifestações do autismo nas pessoas. A mídia não é movida por neutralidade, muito menos por compaixão. Ela sempre tem seus interesses muito bem estabelecidos, e nunca sem estar atrelada aos neurônios selvagens do capital, do colonialismo que nunca acabou e do patriarcado, submersa em um paradigma da distorção que é brutal, sensacionalista e bárbaro, por meio das imagens estáticas e em movimento que pela comoção cativam as pessoas (Orrú, 2020a).

O autismo não é um tipo de pessoa, um tipo de gente, uma filosofia de vida, uma doença, uma deficiência, uma genialidade, uma escolha, uma bênção ou maldição hereditária, tampouco uma manifestação sobrenatural divina ou demoníaca. Não é uma coisa legal ou ruim. O autismo é uma condição que se manifesta de modo não igual nas pessoas por todo o planeta (independentemente de sexo, gênero, cor, raça, etnia, geografia, crenças, condição socioeconômica, *status* social), porque as pessoas são únicas e não se repetem, cada uma tem sua própria vivência no autismo.

Apesar das incansáveis explorações científicas e algumas evidenciações, pouco se avançou sobre as melhores formas e métodos de diagnosticar, acolher, educar, atender, tratar e medicar a pessoa com autismo a partir de suas demandas, quando necessário. A complexidade do autismo ainda nos embaraça a visão da fronteira que precisa ser atravessada para as explicações a tantas interrogações que todos temos. As pessoas com autismo são heterogêneas e o conhecimento construído até agora, mesmo depois de um século de sua descrição, é incerto, diverso, incompleto e inconclusivo. A supervalorização do diagnóstico (instrumento) em detrimento da pessoa (ser humano) permanece sendo o espelho dos valores transtornados de nossa sociedade tão adoecida, tão insalubre, tão tóxica, tão isolada dos valores humanos da diferença e das liberdades de ser e estar no mundo, com o mundo e com as outras pessoas, sendo diferente.

Um trono à culpa pela causa do autismo não torna a vida das crianças, dos adolescentes, dos jovens, dos adultos e dos idosos que por ele são constituídos mais fácil ou melhor. Milhões de moedas têm sido investidas no planeta em pesquisas obcecadas por uma resposta sobre a origem ou causa do autismo. Todavia, quanto tem sido investido para a promoção de uma substancial qualidade de vida para essas pessoas e seus familiares? Enquanto uns disputam o uso do termo autismo como substantivo ou adjetivo, colado ao gene, ao ambiente ou à psique, milhares de mães precisam abandonar suas carreiras para cuidar de seus filhos e filhas com autismo, muitas delas suplicam subsídio do governo, sendo este irrisório diante de tantas expensas para as intervenções necessárias.

> Segundo Buesher et al. (2014), o custo do apoio a um indivíduo com TEA e DI durante sua vida foi de 2,4 milhões de dólares nos Estados Unidos e de 1,5 milhão de libras no Reino Unido. O custo de apoiar um indivíduo com TEA sem DI foi de 1,4 milhão de dólares nos Estados Unidos e de 0,92 milhão de libras no Reino Uni-

do. Os principais elementos de custo foram serviços de educação e perda de produtividade dos pais. Durante a vida adulta, os cuidados residenciais ou alojamento de suporte e a perda de produtividade individual contribuíram com os custos mais elevados. Os custos médicos foram muito mais altos para adultos do que para crianças. De acordo com Järbrink (2007), o custo do atendimento ao longo da vida pode ser reduzido em 2/3 com diagnóstico e intervenção precoces. No Brasil não há estimativas a respeito (Orrú, 2020b, p. 14).

No Brasil de 2018, uma pesquisa com 81 participantes (80,2% eram mães de filhos com autismo) mostrou que, em relação à renda familiar, 58,8% recebiam entre 1 e 5 salários mínimos com referência nominal de R$ 954,00 mensais referentes a maio de 2018, e 87,6% dos participantes compartilhavam com outros familiares de uma única fonte de renda, entre 1 e 3 salários (Orrú, 2020b).

Um viva à ciência que nos livra do obscurantismo, que nos conduz a outras possibilidades de vida e esperança de mais tempo na Terra. Contudo, até quando as pessoas de carne e osso sofrerão com a (in)diferença estruturada pelos ilustres dominados pela ganância e pelo poder? Até quando serão ignorados e invisibilizados pelo des-amor e cupidez daqueles que ocupam lugares e posições capazes de transformar o mundo em um lugar melhor para todas as pessoas viverem? Até quando forjar e adornar um trono à culpa será mais atrativo do que zelar pelo bem-estar das pessoas com autismo e de seus familiares?

Isto COM aquilo

> *Ou isto ou aquilo: ou isto ou aquilo...*
> *e vivo escolhendo o dia inteiro!*
> *[...]*
> *Mas não consegui entender ainda*
> *qual é melhor: se é isto ou aquilo.*
> Meireles (2002, p. 38)

O poema *Ou isto ou aquilo* de Cecília Meireles (*2002*), publicado pela primeira vez em 1964, transparece o quanto nem sempre é fácil fazer escolhas. Quando fazemos a escolha de algo, muitas vezes isso significa abrir mão de uma outra coisa, geralmente, um outro desejo deixado de lado, provisória ou definitivamente. Barry Schwartz, nascido nos Estados Unidos em 1946, é um psicólogo especializado na confluência entre a psicologia e a economia que aponta importantes informações ao campo ardiloso do *marketing* e da publicidade. Segundo o autor, quanto mais oportunidades de escolha um indivíduo tem, mais chances há de ele se tornar infeliz e ansioso. Assim, suprimir as opções de escolhas do consumidor pode ser bastante útil aos caçadores de consumidores (Schwartz, 2004).

Acontece que a vida é feita de escolhas, não sendo assim tão incomuns as oportunidades que temos de escolher mais de um elemento. É possível fazermos mais de uma escolha! É possível conciliarmos ideias, tirarmos proveito de perspectivas de vida e de mundo diferentes. É viável a construção de possibilidades para que não precisemos nos restringir à austeridade de um trilho inflexível. É possível sermos mais do que disseram que somos. É possível conciliarmos em várias ocasiões *isto* COM *aquilo* e estarmos felizes, em gratidão, com nossas escolhas.

Por agora, ninguém tem posse de uma verdade única ou resposta sobre a origem/causa do autismo. Os duelos entre as duas correntes teóricas sobressaltadas desde antes de Kanner até os nossos dias evidenciam que precisamos aprender com as pessoas com autismo que sabemos muito pouco sobre nós mesmos, os humanos, e que minguadamente aprendemos sobre agregar conhecimentos a partir do *isto* COM *aquilo*, e não restritivamente, tão limitados a *isto* OU *aquilo*. Parcamente progredimos em nossa habilidade de convivermos de modo salutar com o nosso próximo, com suas diferenças e com suas hipóteses sobre os mais diversos e distintos saberes, incluindo o autismo.

Importante considerar a atenta análise feita por Bosa e Callias acerca das contribuições e descuidos das abordagens teóricas sobre a etiologia do autismo, bem como sobre a urgência de não se focar uma única interpretação:

> Quanto às teorias afetivas, suas limitações repousam evidentemente no estabelecimento de prioridades causais na determinação do autismo. Críticas têm sido feitas ao argumento de que os déficits sociais decorreriam de problemas no sistema afetivo cujas bases seriam inatas, pois seriam preexistentes à capacidade de metarrepresentar. A evidência para esse argumento estaria nas dificuldades da criança autista quanto à expressão de comportamentos sociocomunicativos

não verbais e afetivos, ainda no primeiro ano de vida da criança (ver Bosa, 1998). Contudo, segundo os teóricos da mente, tais habilidades já poderiam ser consideradas indicadores precoces da capacidade de desenvolver uma teoria da mente (Baron-Cohen, 1995). Dessa forma, disfunções na área da comunicação e do reconhecimento e expressão da emoção poderiam ser explicados tanto por fatores afetivos quanto cognitivos. De qualquer forma, **um dos grandes méritos das teorias afetivas foi o de chamarem a atenção para a falha dos teóricos da mente em considerar o componente afetivo na representação de estados mentais**.

Sobre a teoria da mente aplicada ao estudo do autismo, Bailey, Philips e Rutter (1996) ressaltam que as pesquisas nessa área possibilitaram um grande impulso no conhecimento dos mecanismos cognitivos envolvidos nessa síndrome, cujos resultados têm se mostrado suficientemente robustos nas replicações. Entretanto, chamam eles a atenção para **os pontos nevrálgicos que ainda persistem**, tais como: a) explicações a respeito da pequena percentagem de crianças autistas que "passam" nos testes da teoria da mente, mas que a despeito disto apresentam déficits sociais na sua vida cotidiana; b) a relação entre teoria da mente e comportamentos estereotipados ou, ainda, ilhas de habilidades.

A respeito do papel do déficit na função executiva na origem do autismo, o estabelecimento de uma relação causal é controverso, sendo que uma relação recíproca entre ambos não pode ser descartada (McEvoy e cols., 1993). Além disso, contra a corroboração da noção de que o déficit na função executiva seria primário no autismo, estão os estudos demonstrando que **problemas nessa área não são específicos dessa patologia**, sendo também encontrados em outros transtornos, tais como nos de Déficit de Atenção e Hiperatividade – TDAH (Chelune et al., 1986).

Finalmente, sobre a teoria da coerência central, pode-se dizer que esta encontra-se num estágio muito inicial e que diversas questões precisam ser examinadas, tais como: a) a sobreposição com a teoria da função executiva, considerando-se que ambas apontam a existência de um déficit na capacidade de integrar partes em um todo como central à síndrome (Kelly e cols., 1996); e b) a investigação de crianças situadas em diferentes pontos do espectro autista e daquelas com outras patologias, através de estudos comparativos. Além do mais, **essa teoria não explica, de forma direta, como o déficit de coerência central se relaciona com as dificuldades no comportamento social**. Por outro lado, as teorias de processamento da informação têm um papel fundamental em termos de intervenção, uma vez que o conhecimento a respeito das formas particulares com que crianças com autismo apreendem o mundo circundante tem revertido em estratégias de ação, por exemplo, na prática psicopedagógica com essas crianças.

Em suma, tem havido uma expansão considerável de pesquisas sobre os aspectos sociais e cognitivos na área do autismo. Entretanto, uma interpretação única e final do conhecimento acumulado ao longo dos anos permanece impossível por várias razões. Primeiro, os diferentes achados ainda não cobrem toda a extensão de diferenças individuais ao longo do espectro, embora tenham contribuído para desmistificar, em parte, a ideia caricaturizada de um indivíduo com autismo. São necessários mais estudos que investiguem não somente as deficiências, mas também as competências sociais destes indivíduos. Pensa-se que o conhecimento acerca dessas diferenças possa ter implicações para a identificação precoce da síndrome, visto que as crianças autistas mais "competentes" são as que mais demoram a receber tal diagnóstico. Segundo, a questão do diagnóstico diferencial ainda apresenta-se controversa. Finalmente, esse campo tem sido dominado pela polêmica em torno de prioridades causais (afetivas, cognitivas, biológicas) na determinação da síndrome. Ainda que a interação desses diferentes processos tenha sido proposta e reconhecida em termos teóricos, a sua operacionalização ainda constitui um grande desafio aos futuros estudos. Esforços devem ser concentrados na desafiadora **tarefa de integrar-se os achados das diferentes áreas** a fim de compreender-se os mecanismos através dos quais diferentes facetas do comportamento combinam-se para formar o intrigante perfil que caracteriza o autismo (Bosa & Callias, 2000, p. 12-13, grifos meus).

Relevo também os dizeres de Ansermet e Giacobino (2018), de cujo livro *Autismo: A cada um, o seu genoma* recomendo a leitura:

> A crise que se precipitou em torno do autismo, das teorias e das práticas relacionadas a ele, parece, portanto, levar a convergências completamente inesperadas entre campos heterogêneos e sem medida comum, como a genética e a psicanálise. Para além das polêmicas, das apropriações políticas que as acompanham e da explosão de conhecimentos que acarretam, apostamos no novo que poderia surgir. **Pensa-se em esmagar a psicanálise com a genética, e eis que os impasses da genética provocam o redescobrimento das questões da psicanálise e sua necessidade**. O autismo, certamente, ainda não parou de nos surpreender! E se a psicanálise se tornasse um dos futuros da genética? (Ansermet & Giacobino, 2018, p. 756, grifos meus).

É indispensável investirmos em saberes mais conciliadores, que não reduzam o ser humano a determinações biológicas/genéticas nem o algemem a estruturas psíquicas, muito menos o definam por um diagnóstico médico pautado no déficit, naquilo que falta. Não se é possível universalizar o autismo, tendo em vista sua complexa multiplicidade. Todos somos mais que um diagnóstico, muito mais do que uma condição clínica, seja ela qual for!

Particularmente, permaneço resistindo ao chamamento "criança autista", "aluno autista", "adulto autista" e correlatos. O diagnóstico e o próprio autismo não definem quem é a pessoa, quem é o aprendiz. Em Deleuze, vale a reflexão sobre o manuseio dos termos no tocante ao aniquilamento do outro: de seu silenciamento, de sua cala, de sua insuportabilidade, de seu Ser múltiplo e mutável:

> Dissociação, **autismo**, perda da realidade são, antes de tudo, **termos cômodos** para que os esquizofrênicos não sejam escutados. [...] "Autismo" é uma palavra muito ruim para designar o corpo sem órgãos e tudo aquilo que se passa sobre ele, que nada tem a ver com uma vida interior apartada da realidade. **Perda da realidade, como dizer isso de alguém que vive próximo do real a um ponto insuportável** ("essa emoção que dá ao espírito o som reviravolteante da matéria", escreve Artaud no *Le Pèse-Nerfs*)? [...] Em vez de compreender a esquizofrenia em função das destruições que ela introduz na pessoa, ou dos buracos e lacunas que ela faz aparecer na estrutura, é preciso aprendê-la como processo (Deleuze, 2016, p. 31, grifos meus).

Essa forma de expressão me soa fixa e estática, superestimando o autismo como um adjetivo batizador, ela interpõe a deficiência/transtorno à frente da pessoa em um sutil processo des-humanizador. Para além do autismo, fenômeno descrito e denominado pelos que vieram antes de nós em uma tentativa de explicar um conjunto de sintomas que eles vincularam à anormalidade, o que deve ser compreendido, aceito e respeitado na multiplicidade e pluralidade de suas diferenças singulares é o ser humano.

Compreendo que, com o advento da Primavera Autista na última década, o autismo foi apreendido como uma particularidade cêntrica e constituinte da identidade de indivíduos que se encontram nessa condição que, agora, é descrita e majoritariamente percebida como um transtorno do neurodesenvolvimento. Todavia, não somos seres restritos a uma única identidade fixa e estática, somos múltiplos, somos plurais, somos singulares. O autismo, como qualquer outra condição, deve ser, sem dúvida, respeitado e valorado, não subestimado, mas a condição em si não torna uma pessoa nem melhor nem pior, simplesmente faz parte de sua constituição subjetiva, assim como a ascendência de nossos antepassados, os preceitos do grupo social ao qual pertencemos, as crenças que abraçamos, as vivências que experimentamos ao longo da nossa vida, as relações sociais genuínas com o outro, aquilo que é único e tão singular em cada um e que não pode ser universalizado ou explicado em sua complexidade.

Os críticos da expressão "pessoa com autismo" asseguram legitimidade na defesa do uso de uma linguagem que não seja imbuída de estigmas e capacitismos. Compreendo seus motivos e, absolutamente, considero seus argumentos e creio que, a depender do cenário, essa seja a mais adequada expressão a ser adotada. Não obstante, penso que sobressaltar, exclusivamente, o autismo como identidade não parece menos preocupante na resistência e luta contra as discriminações, os estereótipos, os mecanismos de subestimação. O autismo não é a única marca, característica, atributo de quem respira nessa condição humana. Independentemente de sua associação a genes, à neurodivergência ou a estruturas psíquicas, a realidade é que as pessoas são PESSOAS, elas não são aquilo que a comunidade médica e científica decidiu dizer (em consenso corporativo, baseado ou não em evidências científicas) que elas são, seja na época que for.

Por décadas o movimento internacional e nacional pró-inclusão lutou bravamente para des-colar a deficiência, recalcada pelo paradigma médico, do corpo, da mente, da personalidade do indivíduo (Brasil, 1996, 2008, 2009, 2015; Congresso Internacional, 2001; OEA, 1999; ONU, 2007; Unesco, 1990, 1994). Mais que isso: desbravou árduos caminhos para que os próprios médicos e a sociedade em geral compreendessem que não se tratava somente de indivíduos, mas de pessoas com distintas singularidades que deveriam ter o direito de ser sujeitos, protagonistas de suas próprias histórias. Talvez, por essa razão, eu me coloque reservada sobre aderir à expressão "aluno autista", "mulher autista", "o autista", pois me é muito cara essa luta engrenada pelo paradigma inclusivo de não supervalorizar o rótulo do diagnóstico, seja no tocante ao autismo, seja à síndrome de Down, à deficiência auditiva, às diversas deficiências e aos transtornos listados e descritos nos manuais médicos.

> Importante esclarecer que, **para entender o que é incluir, é preciso se desfazer do que nos fez excluir ao longo do tempo**. A inclusão é compreendida como algo para além de sua descrição "tradicional" presente no conjunto de legislações que a dissertam, superando a relação óbvia com categorias como: necessidades especiais, deficiência, transtornos, dentre outras. À frente, concebe-se a inclusão como um conjunto de ideias e de ações que se combinam e produzem a materialização do ato consumado sem exceções, discriminações ou esquivos, e ainda, a inclusão é o movimento que provoca e gera um espaço onde as diferenças não são

acentuadas, porém, compreendidas como próprias da espécie humana, como parte do que é vital, a diferença é a própria novidade, do mesmo modo que invoca a produção do novo, da re-invenção (Orrú, 2017, p. 69, 76, grifos meus).

Nessa perspectiva do paradigma inclusivo, o diagnóstico é um instrumento de informação para a própria pessoa que o recebe, bem como para os profissionais que lhe trarão apoio multidisciplinar. Contudo, no paradigma médico da deficiência, o diagnóstico é potente dispositivo iatrogênico de poder médico e judiciário, nem sempre utilizado a favor da pessoa, apesar de suas claras demandas de ordem física, mental ou social em toda a amplitude conceitual que se possa pensar (Orrú, 2013). Quando sobrelevada a doença, a deficiência, o déficit, é o "paciente" – aquele que segue calmo, resignado, literalmente paciente sob os cuidados e decisões do profissional que dele "cuida" – que emerge como passivo diante de tudo o que já se encontra posto na sociedade sobre ele. Esse é um dos motivos pelos quais não aceito ser tratada como paciente pelos profissionais da saúde que me atendem quando necessito, prefiro antes a condição de cliente desse prestador de serviço, e minha expectativa é, simplesmente, que sejam competentes, respeitosos, educados, empáticos e eficientes em me auxiliar, apoiar, tratar, medicar. A relação é esta, a de sujeito que escolhe o profissional que melhor lhe cabe em situações de cuidado com a saúde física e mental e, COM ele, decide o mais favorável tratamento e abordagem para si. Nesse prisma, essa não é uma relação de expropriação da saúde, da vida, do corpo, já advertida por Ivan Illich (1975).

Entretanto, nossa cultura superestima, principalmente, os médicos, de maneira tal que ainda no contexto de estagiários do curso de medicina já são chamados de doutores e doutoras pelos "pacientes" que lhes servem ao aprendizado nos postos de saúde pública. Ao concluírem a faculdade, são aclamados doutores, recebem naturalmente um título para o qual não estão qualificados, visto que doutor, doutora é quem tem doutorado, e não são poucos os investimentos de estudos e pesquisas em anos e dedicação para fazer jus a essa referência. Logo, um médico é doutor quando ele defendeu uma tese de doutorado. A nota é a mesma para advogados, juízes, dentistas etc.

Sob suspeita de ser julgada como implicante, assevero que enquanto médicos e juízes são vistos e sentidos como semideuses em nossa sociedade, a professora que trabalha 20 horas de manhã e 20 horas à tarde é avocada de tia na escola. Os simpatizantes, inclusive médicos aclamados de doutores que não abrem mão do Dr. em seu cartão de visita e que conduzem seus filhos pequeninos à escola, alegam que esse é apenas um termo fofo, carinhoso, que não veem nenhum problema na terminologia. Pior, são os próprios professores que se permitem ser chamados de tia, tio como um jeitinho familiar de se relacionar com a criança.

Com todo o respeito e sinceridade, afirmo: professora não é tia! Somos professoras e professores, na maioria das vezes desvalorizados em todos os sentidos, desrespeitados, desconsiderados, altamente subestimados e subalternizados como cuidadores dos filhos dos outros. Não somos cuidadores nem assistentes sociais, somos professores da Educação Infantil, do Ensino Fundamental, do Ensino Médio! Digo mais: essa percepção não se atém ao contexto escolar, pois, lamentavelmente, dentro das universidades, a falta de respeito e valorização para com o professor é uma constante, tanto por parte dos estudantes, da sociedade como por parte do governo, que é o maior responsável por essa cultura de indiferença, desvalorização, descredibilidade e subalternização do professor. Professores formam, constroem uma nação. Valorize os professores de seus filhos, da Educação Infantil à pós-graduação! No combate a essa crise de valor atribuído aos professores, recomendo a leitura do livro *Professora, sim; tia, não: Cartas a quem ousa ensinar*, do querido Mestre Paulo Freire (1997).

Retomando a questão sobre a nominação alusiva ao autismo, em consonância com outros parceiros de luta pró-inclusão, de todas as pessoas em nossa sociedade assolada pelo paradigma da distorção que se alimenta de todas as formas de exclusão, marginalização, segregação, silenciamento e aniquilamento, é que, por enquanto, na necessidade de se nomear para fazer a existência ser escutada, optarei pela expressão "pessoa NO autismo, COM autismo" em um propósito teórico-histórico-cultural-psicossocial de insistir pela des-patologização do autismo elevando a pessoa como sujeito de direitos, de respeito, de consideração, de orgulho por quem ela é enquanto ser humano, distante da cola do diagnóstico que supervaloriza o déficit, seja ele arraigado à organicidade, seja à psicogenicidade. A pessoa COM autismo é um sujeito de direitos e respeito, assim como qualquer outra na sociedade planetária. A luta incansável por esses direitos e respeito POR TODAS AS PESSOAS deve ser de todos nós!

Adotarei nestas linhas que se seguem a expressão "pessoa, criança, mulher, homem, aprendiz...COM ou NO autismo"[8], mesmo que essa forma ainda não seja a mais adequada, visto que, na realidade, o que fundamentalmente deve importar à sociedade diz respeito aos direitos dessa pessoa, desse ser humano. E, quando falo de direitos humanos, implico que NINGUÉM deveria precisar de um laudo médico de deficiência/doença para ter acesso a direitos constitucionais nas áreas da saúde (física e mental), assistência social, educação, trabalho, moradia, transporte, previdência... Deveria ser suficiente o fato de Ser Humano para ser acolhido em TODAS as suas demandas. No desespero frente às crueldades das relações sociais insalubres e des-humanizadas, das indiferenças políticas, dos desdéns do Estado, das injustiças do judiciário, das ganâncias por dinheiro e poder dos mais abastados, da manutenção da opressão tanto pelos opressores como pelos próprios oprimidos, muitos se des--esperam e buscam em um rótulo de papel o instrumento validador de suas carências para conseguir admissão às mi-

---

8. Citarei Transtorno do Espectro Autista (TEA), pessoa autista, pessoa não autista, autistas e termos similares quando forem estas as terminologias utilizadas pelos autores referenciados nos textos publicados.

galhas jogadas de má vontade pelo poder público bestializado pela perversão capitalista.

A diferença é um atributo próprio da espécie humana. Somos todos, igualmente, diferentes! Esse atributo deve ser suficiente para a aceitação, o respeito, o reconhecimento, a valoração, o acesso e a garantia de direitos, o acolhimento à diversidade em toda a sua diferença. Ser Humano deve ser o suficiente! Ser parte e filha/filho da Mãe Natureza deve ser suficiente para ser cuidado e respeitado, assim como devem ser prezados os animais, os rios, os mares, as matas, o ar, a Terra, nossa graciosa e generosa Casa Comum.

O *isto* COM *aquilo* nos constitui, realça em nós a mutabilidade de quem somos, do que somos, daquilo que desejamos ser, das travessias que escolhemos facear e daquelas que temos que fazer querendo ou não. O *isto* COM *aquilo* nos mobiliza para outras possibilidades de compreendermos o ser humano e tudo aquilo que nos rodeia. O *isto* COM *aquilo* nos oportuniza nos libertarmos de imposições, descrições, nomeações e explicações que os outros fazem de nós sem uma escuta sensível sobre aquilo que temos a dizer sobre nós mesmos.

O autismo não se trata *disto* ou *daquilo*, mas de algo muito mais complexo que não pode e não deve ser determinante acerca de uma pessoa, acerca de um sem-número de indivíduos massivamente diagnosticados tanto quanto são largados à própria sorte após o rótulo, vítimas de um mercado brutal no qual tem atendimento quem pode pagar.

Não cativar a pessoa com autismo ao desígnio do *isto* ou *aquilo* teórico que COMUNICA o que ela é por meio de manuais e teorias universalistas, seja do paradigma da psicogenicidade, seja o da organicidade, é compreender de maneira humanizada e consciente que esse sujeito deve ser visto, sentido e ouvido em sua subjetividade. O olhar e a escuta sensíveis para esse sujeito nos campos da saúde e da educação chacoalha os redutos normalizadores e normatizadores da sociedade acerca da pessoa com autismo, pois o que deve sobrelevar é a própria pessoa e não aquilo que o outro, o tempo todo, profere sobre ela, sobre seus atos, sobre a sua forma de estar no mundo.

Há um autista que o tempo todo é enunciado pelo "outro sociocultural" que está impregnado pelas tradições e normas sociais amargas e ácidas do paradigma da normalidade/anormalidade, de um modelo comparativo entre o que é aceitável no padrão social já posto na sociedade e aquilo que foge e incomoda a hegemonia tão conveniente aos que dominam. Há um autista declarado pela psiquiatria que é colado na glosa de reparo da psicologia e da pedagogia, em especial, seguido pela fonoaudiologia e terapia ocupacional. Ao se colarem no discurso universalista pautado na doença e no déficit, generalizam o conceito e as características do autismo e o imprimem no indivíduo como uma marca d'água que não sai dele, apenas ora está mais, ora menos sombreada. Se a pessoa necessita de suporte menos ostensivo à comunidade, muito provavelmente ouvirá a frase: ah, mas não parece autista! Esse tipo de comentário é capacitista e reducionista da complexidade do autismo, das dificuldades e dos desafios que a pessoa e seus familiares encaram em seu cotidiano. Por esse cunho é que diversas pessoas com autismo optam por não compartilhar sua condição. E ao fazerem essa escolha, ainda sofrem com o julgamento de alguns ativistas com autismo que não economizam críticas aos que andam mais à margem do Movimento do Orgulho Autista. No fim, é a vaidade que impera no humano.

Diante dessa formulação do "autista" pelo outro, urge-se necessária a escuta por parte do profissional da educação e da saúde daquilo que a própria pessoa com autismo (criança, adolescente, jovem, adulto) tem a enunciar sobre ela mesma, quer em palavras faladas, escritas, quer por outras formas de expressão lançadas por ela. Essa sensibilidade é pele da humanidade em seu sentido pleno que precisamos ter com o outro, seja ele quem for. Há que se resistir às formulações universalistas e cabais sobre as pessoas com autismo, pois cada uma é constituída por diversos e distintos atributos e vivências que amalgamadas a revelam como sujeito singular.

Vozes nos entretons

Não há nada na vida que seja fixo e permanente. Então, por que razão há quem queira fixar a pessoa com autismo em um lugar onde ela não cabe? Já não é mais passível de pauta o autismo enquanto doença. Autismo não é doença, portanto, não cabe cura. Autismo não é contagioso, nem é culpa da mãe, muito menos é uma maldição espiritual por pecados cometidos, em que o indivíduo precisa ser exorcizado por um padre, pastor, guru, ou seja lá quem for. O autismo não necessariamente está acompanhado de uma deficiência ou de uma condição clínica. Também não é um erro genético que determina indivíduos como iguais em sua maneira de estar no mundo. O autismo talvez possa estar relacionado a uma estrutura à parte da psicose e da neurose. Talvez possa realmente ser uma variação natural nos seres humanos de maneira a nos provocar criticamente ao entendimento da existência e potência neurodivergente.

Sabemos muito mais do que não se trata o autismo do que daquilo que realmente o constitui e faz presente nas pessoas que com ele convivem em seu corpo e sua mente. Assim, conhecer um pouco sobre o autismo é entender que ele pode se manifestar de diferentes maneiras na vida das pessoas e, a depender de múltiplos fatores, revela um modo de ser e estar no mundo, com o mundo e com as outras pessoas, de um jeito singular, que não é igual para todos, mas que bordeia algumas peculiaridades em comum, nos entretons que nos tornam seres humanos, cujo maior atributo é a diferença que se diferencia em sua própria diferença.

Seja qual for a resposta que o futuro nos trará, o que temos certeza é da necessidade de se combater duramente e sem concessões todas as formas de preconceito, discriminação e violência às pessoas com autismo. O que temos por veracidade é que as pessoas com autismo devem ter acesso a todos os direitos fundamentais e sociais para seu bem-estar, tal qual todo e qualquer ser humano na face da Terra, e isso é uma questão que altamente se relaciona a políticas públicas.

Nessa perspectiva da diferença, uma pessoa com autismo pode necessitar de mais ou de menos suporte em sua vida cotidiana. Uma pessoa com autismo nível 1 (leve), por exemplo, embora seja falante e não apresente os sintomas daquilo que a sociedade caracterizou como autismo clássico (dificuldades mais acentuadas na interação social, comunicação e presença de comportamentos tipificados), pode demandar apoio psicológico na busca de compreender e lidar com suas próprias emoções diante de seu cotidiano; ou pode ter bem mais dificuldade na compreensão de discursos irônicos e dúbios que uma outra pessoa sem essa singularidade; também é passível de incômodos sensoriais e apego a rotinas e rituais que podem se manifestar de maneira menos perceptível aos outros ao derredor.

Nesse sentido, o autismo deve ser compreendido como uma condição que é permanente na pessoa, contudo, também é flutuante dentro de seus próprios níveis que foram estabelecidos pela comunidade médica. Isso quer dizer que a pessoa que se encontra em um nível 2 (moderado), em razão das dificuldades e inabilidades que apresenta, pode vir a desenvolver essas habilidades parcial ou totalmente e necessitar de menos suporte, o que a des-locaria, processualmente (não automaticamente), para o nível 1 (leve) de autismo. No entanto, uma pessoa com diagnóstico de autismo N1 pode ter dificuldades e habilidades diferentes de outra pessoa com o mesmo diagnóstico, ou seja, não existe nenhuma pessoa com autismo igual a outra. O investimento no apoio psicológico, por exemplo, pode ser altamente benéfico à pessoa com autismo nível 1 para que tenha a oportunidade de desenvolver habilidades para lidar com suas dificuldades no âmbito emocional e, não menos importante, para descobrir outras possibilidades de resolução de suas questões específicas e singulares. Nesse sentido, a flutuação sempre está presente, de modo que não é criterioso afirmar que as pessoas com esse diagnóstico sempre terão em si as mesmas e fixas dificuldades. Por isso é tão importante que todas tenham acesso aos serviços de apoio conforme suas demandas singulares.

Em janeiro de 2022, foi publicado um artigo pela comissão da *The Lancet*, uma das mais antigas e prestigiadas revistas científicas sobre medicina, fazendo uso pela primeira vez do termo "autismo profundo" (Lord et al., 2022). O termo diz respeito a crianças a partir dos oito anos de idade e adultos com autismo cuja singularidade demanda que tenham cuidadores ao longo das 24 horas do dia por não terem condições de se cuidarem sozinhas, inclusive, com risco de se machucarem. Na maioria dos casos (há exceções), suas demandas se associam à deficiência intelectual com considerável comprometimento cognitivo e linguagem muito restrita para conseguir se comunicar de maneira compreensível. Também é possível estar relacionado a adversidades complexas como automutilação, agressividade consigo mesmo e/ou com outras pessoas, além de crises convulsivas. Nesse modo de manifestação do autismo, as pessoas sofrem demasiadamente com deficiências pronunciadas e necessitam de acesso a serviços e tratamentos especializados para suas demandas. No autismo nível 3 (grave), ou nessa condição ainda mais intensa dentro do próprio nível 3, nominada de autismo profundo conforme a *The Lancet*, muitos se encontram completamente segregados em suas casas e, por isso, também sofrem por serem invisibilizados na sociedade.

Muitos ativistas da comunidade pró-autismo rejeitam a ligação do autismo à deficiência, entendendo-o como um modo de ser e estar no mundo, conforme o paradigma da neurodiversidade. Acredito que estejam certos até o limite em que não desconsiderem que há um autismo de extremo comprometimento que necessita de políticas públicas que não o negligenciem. É preciso considerar que em determinados contextos o autismo arrasta consigo condições que causam grande sofrimento e que, na possibilidade interventiva de controle dessa situação, a pessoa e seus familiares podem experimentar uma vida com mais qualidade e bem-estar. Negar que o autismo é motivo de considerável aflição na vida de determinadas pessoas a título de orgulho identitário é ser insensível, indiferente e austero quanto às questões alheias. Em 2020, publiquei o artigo "Singularidades e impacto social do autismo severo no Brasil", compartilho um trecho:

> A classificação de autismo severo (AS) relacionada ao TEA caracteriza-se por **déficits profundos, considerados graves no tocante às habilidades de comunicação social, tanto oral como não oral, comumente,**

com pouca ou nenhuma oralidade, além da dificuldade na compreensão das emoções e expressões faciais (APA, 2013). Neste contexto, torna-se extremamente difícil e comprometida a interação social, de modo que a criança, adolescente, jovem ou adulto com AS encontra-se gravemente limitado para expor e expressar suas necessidades, seus desejos, suas dores, seus pensamentos. Nesta condição, apresentam inflexibilidade de comportamentos, dificuldades significativas em suportar mudanças de rotina e adaptabilidades sociais. Os comportamentos individuais e sociais se mostram substancialmente afetados com restrições, repetições e manifestações de estereotipias diante de determinadas atividades, contextos ou interesses específicos (Lampreia, 2004; Wing & Gould, 1979).

Estudos evidenciam que é comum haver comorbidades junto ao TEA, sendo as mais comuns a epilepsia, distúrbio do sono, transtorno de atenção e hiperatividade, ansiedade, comportamento infrator e DI (Zanolla et al., 2015). A DI é a mais comum, cerca de 30% dos casos, é "[...] um agravo relevante e derivado de variados fatores causais. [...] é bastante debilitante e desafiadora aos profissionais da saúde, que ainda não possuem respostas suficientemente eficazes na reabilitação da gama de quadros que a configuram" (Bianchini & Souza, 2014).

O alto nível de estresse costuma estar permanentemente presente, podendo se manifestar por **frequentes colapsos e crises nervosas por meio de autoagressão, automutilação, agressão** a outras pessoas. Os motivos para a autoagressão podem ter sua gênese em distintos fatores, incluindo: desequilíbrio químico, infecções que causam dores e desconfortos, cefaleias, insatisfações diversas, forte desejo de se comunicar e se fazer entender e não conseguir, estresse por acúmulo de informações sensoriais simultâneas. **Mal-estar físico ou emocional** que, pela ausência da capacidade de se expressar e de se fazer compreendido, acabam não sendo resolvidas pelo familiar ou cuidador. **Sensibilidades sensoriais** no âmbito da visão, audição, tato, paladar, olfato e equilíbrio que medeiam os acontecimentos do mundo físico para o domínio da mente, de modo a gerar percepções subjetivas do derredor, que de alguma forma podem desencadear grandes **desconfortos e crises autolesivas** na pessoa com AS. As crises também podem se manifestar a partir da labilidade de humor, ansiedade, pânico, transtornos alimentares e gastrointestinais, depressão, insônia, indisposição e fadiga (Holingue et al., 2017; Nunes & Bruni, 2015; Schreck et al., 2004; Yang et al., 2018) (Orrú, 2020b, p. 7, grifos meus).

Os entretons do autismo exigem de nós que não nos descuidemos dos casos de grave comprometimento (nível 3) em razão dos êxitos notáveis daqueles na condição de um autismo considerado de nível 1 de suporte (leve), que costumam encantar a muitos leigos no assunto com seus talentos e hiperfocos. De modo similar, que não nos fixemos na polaridade dos níveis 1 e 3 e venhamos a nos esquecer dos modos mais moderados de manifestações do autismo. Necessário reforçar o conhecimento de que uma pessoa com autismo nível 3 pode apresentar diversos comprometimentos de interação social, linguagem e comportamentos repetitivos, contudo, não ter nenhuma associação à deficiência intelectual. Não romantizar o autismo é uma forma de combater os sutis e mais velados dispositivos de exclusão social.

Há diferença na diversidade do autismo! Sua diversidade se constitui na e pela diferença. Nessa lente, há pessoas com autismo:

- com inteligência considerada alta, assim como há aquelas com deficiência intelectual;
- com vocabulário rico e boas habilidades verbais, assim como com pouca ou nenhuma habilidade verbal;
- com excelente apropriação de informações, como com muita dificuldade de reter alguma informação e fazer uso dela;
- com distinta clareza e exploração de seu eixo de interesse, como aquelas sem esse desenvolvimento;
- que se concentram por longos períodos em áreas de interesse, como aquelas com extrema dificuldade para concentração;
- com apegos distintos e de diferente intensidade a objetos, rotinas e rituais;
- que gostam de receber um abraço, como aquelas que sofrem com qualquer forma de toque;
- que têm hipersensibilidade e/ou hipossensibilidade sensorial a depender do estímulo;

- que executam tarefas com precisão, bem como as que não desenvolveram essa habilidade;
- que precisam de muita medicação, outras de pouca medicação e as que não precisam;
- as que necessitam de muito apoio psicológico, fonoaudiológico e terapia ocupacional e aquelas que precisam de menos apoio;
- aquelas que se organizam melhor com intervenções cognitivo-comportamentais para o desenvolvimento de habilidade e aquelas que melhor se acolhem na abordagem psicanalítica, entre outras.

Esses são alguns exemplos para ilustrar a complexidade das manifestações do autismo, todavia, não é possível abarcar todas as nuanças, pois cada pessoa é única, é singular, tem sua própria história e experiência com o autismo. Algumas receberam apoio terapêutico, educacional e tratamento médico desde bem pequenas, outras não tiveram nenhum acesso, e isso também faz muita diferença na qualidade do desenvolvimento dessa pessoa. Algumas tiveram acesso a terapias e intervenções apropriadas para suas demandas, outras foram tratadas por profissionais incompetentes e insensíveis que impuseram suas convicções teóricas e práticas acima das necessidades do sujeito.

Por isso, nunca é demais advertir: se as pessoas com autismo são diferentes, elas também percebem e reagem ao mundo de formas diferentes, têm inteligências, habilidades e dificuldades diferentes, modos de ser e de estar no mundo, com o mundo e com as outras pessoas, diferentes. Exatamente por essa razão é que nenhuma abordagem terapêutica, educacional ou medicamentosa é suficiente para suprir as demandas de todos esses sujeitos. Assim, é importante compreender que a abordagem comportamental por meio de ABA (Análise Comportamental Aplicada) ou TEACCH (Treatment and Education of Autistic and Related Communication Handicapped Children) poderá ser eficaz para alguns, enquanto para outros pouco ou nada contribuirá. Enquanto alguns se encontrarão no apoio psicológico pela psicanálise, outros responderão melhor à terapia cognitivo-comportamental, e assim por diante.

O autismo não é partidário nem fanático de nenhum referencial teórico, pois são as pessoas que devem ser colocadas acima dele, que devem ser escutadas, que devem ter acesso a diferentes formas de intervenção e oportunidades para descobrirem o que lhes faz bem, o que lhes é mais eficaz e acolhedor. As evidências científicas estão sendo construídas todos os dias por profissionais competentes e dedicados das diversas áreas e distintas abordagens, portanto, é insano alguns aficionados teóricos perpetuarem disputas discursivas intervencionistas. Intervenções goela abaixo não exprimem respeito à pessoa com autismo em toda sua subjetividade e complexidade. Não menos importante é o processo de pensar e analisar o tamanho das garras do capital que gerem os tentáculos da ganância e do poder manipulatório por parte de alguns profissionais mercenários e nada éticos que se encontram fantasiados em nome de diferentes abordagens de intervenção.

Nos entretons do autismo, Naoki Higashida nos fala: "Nós que temos autismo nunca usamos palavras suficientes, e são essas palavras perdidas que podem fazer toda a diferença (Higashida, 2014, p. 29). É preciso afinar uma escuta e um olhar sensíveis para o que a pessoa com autismo tem a dizer e tudo aquilo que ela pode ser:

> Um mapa mental é uma imagem mental que eu formo, que eu espero enfrentar no processo de eventos, para que então eu não seja surpreendido ou chocado com nenhuma situação repentina. Situações repentinas, que invadem meu mapa mental, são como meteoros batendo um canto sublime de um planeta pacífico. E como os impactos de meteoros no planeta, a contingência de uma situação desconhecida cria um efeito desprazeroso na minha mente. Isso cria ansiedade, e, como uma corrente de reações de uma fissão nuclear, continua explodindo tudo ao redor da minha mente, de modo que ao invés de um processo pacífico de pensamento tomando lugar, o que acontece é a destruição combinada de uma explosão depois da outra (Mukhopadhyay, 2008, p. 191).

> Sei que era quarta-feira porque para mim essa data é azul, e as quartas-feiras sempre são azuis, como o número nove e o som de vozes discutindo (Tammet, 2007, p. 7).

> Este mundo precisa simplesmente saber como é estar enterrado vivo. A solidão de um autista é como uma massa de barro que prolifera na alma (Sellin, 1993, p. 111).

> Fujo de mim mesmo todos os dias. Se sou alegre ou triste, distante ou próximo, afetuoso ou insensível, nem mesmo eu sei. Mas de tudo isso e dentro disso tudo existo. E uma coisa eu digo: sou autista e isso é tudo (Lucena, 2018, p. 13).

Restringir a pessoa com autismo àquilo que decidiram ser o autismo por meio de consensos impressos nos manuais médicos precisa ser severamente combatido, entendendo que o diagnóstico é uma forma de não escutar o que essa pessoa tem a revelar sobre si mesma. Supervalorizar resultados de ferramentas diagnósticas e de maquinarias com inteligência artificial para a identificação do autismo em indivíduos é massificar ainda mais seu diagnóstico a proporções elevadas sem um compromisso claro com as demandas singulares do sujeito. Essa massificação se atrela às perversões neoliberais que se posicionam a léguas das reais necessidades das pessoas, pois, na verdade, não se interessam em saber ou conhecer sobre a pessoa com autismo e sua complexa subjetividade. Pela diferença eles agrupam os que identificam como divergentes, no entanto, ao mesmo tempo, forjam como suprimir as diferenças com as quais não querem lidar junto ao corpo social.

Contudo, é inescusável que os profissionais da saúde e da educação, bem como toda a sociedade, parem para ver e escutar o que a pessoa com autismo tem a revelar sobre si mesma. É primordial considerar uma escuta sensível para com seus desejos, por mais discretos ou basilares que sejam. É medular que a escuta e o olhar sensíveis estejam atentos aos desejos, às implicações, às demandas singulares que não se encontram reveladas no discurso pela fala. É fundamental dar espaço para que a pessoa, independentemente de sua idade, seja respeitada, vista e ouvida como sujeito de desejos e direitos, e não como um "corpo-mente autista" a serviço da pesquisa e do descarte social.

O autismo em meninas e mulheres

> *Ser "neurodivergente", como eu, é ter uma neurologia que diverge da maioria. Isso significa que existem diferenças em minha cognição que afetam como eu experimento o mundo ao meu redor; como penso, raciocino, compreendo, processo, expresso, percebo, comunico e sinto.*
> Kate Benson

Durante anos os protocolos de diagnóstico têm se debruçado majoritariamente nas informações masculinas sobre o autismo, o que tem gerado uma considerável negligência acerca das singularidades próprias das meninas e mulheres com autismo em pesquisas e espaços da clínica. Para adentrar um pouco mais nessa questão específica do autismo e suas manifestações no feminino, é preciso (re)visitar a história do determinismo biológico e seu impacto social na vida das mulheres.

O determinismo biológico se encontra enraizado em inúmeros estudos e pesquisas no campo da genética e da neurociência, buscando calcar explicações sobre as diferenças entre homens e mulheres. E à medida que essas descrições e explicações foram tomando corpo por meio do poder médico, as fixações do biologicismo desenharam as representações sociais dos homens e das mulheres na sociedade. E tais representações, por sua vez, sempre retornam ao lanço da base genética inculcada como determinante para (des)vendar os obscuros nexos de gênero relacionados ao desenvolvimento cognitivo e comportamental, frequentemente desconsiderando os acontecimentos e processos históricos ocorridos na sociedade e perpetuados pela cultura conforme os interesses da roda dominante.

Richard Charles Lewontin (1929-2021), matemático e biólogo evolucionista estadunidense, professor da Universidade de Harvard, foi reconhecido como um dos principais geneticistas da história e combatente do racismo científico, além de opositor ao determinismo genético, principalmente na perspectiva dos defensores da genética do comportamento. Seu livro *Biologia como ideologia: A doutrina do DNA* (Lewontin, 2000) traz uma visão crítica e contrária aos princípios do determinismo biológico, a saber: que os indivíduos são diferenciados em suas habilidades básicas em razão das diferenças inatas que são biologicamente herdadas; e que o biológico presente na natureza humana é suficiente na garantia da formação de uma sociedade de base hierárquica. Essa perspectiva saliente do século XIX permanece colada em nossa cultura até os dias atuais, por vezes de modo explícito e, permanentemente, de maneira camuflada e sorrateira. De acordo com o autor:

Não somos determinados pelos nossos genes, embora certamente sejamos influenciados por eles. O desenvolvimento depende não apenas dos materiais que foram herdados dos pais, ou seja, os genes e os demais materiais dentro do esperma e do óvulo, mas também da temperatura, umidade, nutrição, olfato, visão e sons (incluindo o que chamamos de educação) que impingem o desenvolvimento do organismo. [...] As diferenças, que podem ser atribuídas às diferenças genéticas e que aparecem em um ambiente, podem desaparecer por completo em outro. **Embora possam existir biologicamente diferenças médias na *psique* e na força entre um grupo aleatório de homens e um grupo aleatório de mulheres (e essas diferenças tornam-se rapidamente irrelevantes e desaparecem** dentro da visão prática num mundo de guindastes eletronicamente dirigidos, volantes hidráulicos e controles eletrônicos). Portanto, a proporção da variação nos genes não é uma propriedade estável, mas sim uma que varia de ambiente para ambiente, ou seja, a magnitude da diferença entre nós é resultado das diferenças genéticas entre nós, que por sua vez depende do ambiente. [...] Os problemas que a ciência trata, as ideias que ela usa na investigação desses problemas, mesmo os chamados resultados científicos que surgem da investigação científica, são todos profundamente influenciados pelas predisposições que se originam da sociedade na qual vivemos. Afinal, **os cientistas não começam a vida como cientistas, mas como seres sociais** imersos numa família, num Estado, numa estrutura produtiva, e eles enxergam a natureza através de lentes que foram moldadas pelas suas experiências sociais. [...] As forças sociais e econômicas dominantes na sociedade determinam em grande parte o que a ciência faz e como faz. Mais do que isso, essas **forças têm o poder de apropriarem-se das ideias da ciência que são particularmente adequadas para a manutenção e prosperidade contínua das estruturas sociais das quais fazem parte**. Portanto, as demais instituições sociais apresentam uma entrada na ciência em termos do que é feito e de como é pensado, e elas **tiram da ciência conceitos e ideias que depois as sustentam e as tornam aparentemente legítimas e naturais** (Lewontin, 2000, p. 7-36, grifos meus).

Entre o final do século XIX e início do século XX, estabeleceram-se duas correntes de pensamento acerca da determinação do sexo; em síntese, uma que defendia a influência de fatores hereditários e outra que se opunha, reforçando que eram os fatores ambientais que influenciavam na diferenciação sexual. A partir do estabelecimento da teoria cromossômica do geneticista estadunidense Thomas Morgan (1866-1945), compreendeu-se que a presença ou ausência de cromossomos sexuais específicos seria determinante para o desenvolvimento fisiológico e metabólico do indivíduo no tocante à sua caracterização biológica geneticamente configurada pelo sexo masculino (XY) ou pelo feminino (XX) (Morgan, 1913). Ao longo do tempo, a ciência foi selando a sociedade com suas descobertas e determinações, entre elas, a diferenciação e identificação do masculino e do feminino.

A identificação do indivíduo pelo sexo marca a ferro na sociedade as relações de gênero e a construção social do perfil identitário do outro. Esse processo chamado de alterização (Grove & Zwi, 2006) equivale à identificação, nomeação, rotulação e idealização do outro que definimos como sendo diferente de um "nós" hegemônico, construído no corpo social. Ao definir quem é o outro, atribui-se a ele visões e perspectivas que podem lhe ser favoráveis, desfavoráveis ou isentas dessas expectativas. Com relação ao determinismo biológico e à construção social das relações de gênero, a mulher se tornou o outro, todas "elas" são o outro da identidade masculina claramente fortalecida pela sistemática do patriarcado. Logo, o outro do homem, a mulher é subalternizada e condicionada sistematicamente a ciclos mecanizados de opressão, submissão, inferiorização, aniquilamento de sua identidade, apagamento de sua voz, segregação, exclusão, marginalização e, inclusive, extinção.

Essa alterização consolida e concretiza a legitimação das hierarquias sociais que se materializam na história a partir das violências de gênero e se perpetuam pela cultura patriarcal-machista presente nas estruturas sociais, especialmente por meio da educação, da religião e da política. Pelo sexo se estabelece a natureza da relação social, bem como aquilo que se deve expectar dele. No caso dos homens, espera-se naturalmente que ele seja dominador e provedor (a imagem e semelhança de Deus na Terra), enquanto das mulheres se espera a submissão pelo entendimento que sua essência é frágil, sensível, duvidosa, prestativa e inferior, logo, cabe-lhe ser tutelada pelo macho (Orrú, 2023).

É evidente que a ciência sofreu influência dos preceitos patriarcais uma vez que, majoritariamente, eram os homens que falavam sobre tudo, nomeavam, decidiam e registravam tudo, inclusive em relação a: o que é ser mulher; como funcionam seus corpos e mentes; suas (in)capacidades cognitivas, físicas e psicológicas; como devem ser tratadas para controle de seus comportamentos; seu sexo e seu (des)prazer. Os anatomistas não perderam tempo em nomear as partes de nossos corpos e colocar seus nomes em nossos órgãos reprodutivos. Aliás, as palavras do biólogo britânico, Charles Robert Darwin (1809-1882), publicadas em 1871, ainda envenenam as relações (des)humanas:

> **O homem supera a mulher tanto nas qualidades físicas como mentais** e no estado selvagem ele costuma mantê-la numa **condição de escravidão mais dura do que o macho de qualquer outro animal** mantém a sua fêmea; por conseguinte, não é de surpreender se ele detém a faculdade de selecionar (Darwin, 1871/1974, p. 687, grifos meus).

Na filosofia da Grécia Antiga, séculos antes da ascensão da perspectiva do determinismo biológico, Aristóteles (384 a.C.-322 a.C.) esbanjou um machismo grosseiro que por certo viria a sugestionar os cientistas com a ideia da inferioridade feminina. Para ele, as mulheres eram como homens defeituosos, uma espécie imperfeita da natureza, acreditando que o ventre materno não teria aquecido devidamente os fetos femininos e, por isso, estes não chegaram a se tornar masculinos. No tocante à reprodução, o filósofo cria que no sêmen do homem é que se encontrava a força divina e racional responsável pela gênese da vida, enquanto o sangue menstrual seria um sêmen impuro no qual a alma não poderia ser encontrada. Objetivamente, a mulher teria o ventre conceptivo tão somente para albergar o esperma masculino já com todas as propriedades do ser que estaria por vir. É impossível trazer em poucas linhas todo o pensamento defeituoso de Aristóteles sobre a mulher.

> Pertence também ao **desígnio da natureza que comande quem pode, por sua inteligência**, tudo prover e, pelo contrário, que obedeça quem não possa contribuir para a prosperidade comum a não ser pelo trabalho de seu corpo. [...] A natureza ainda subordinou um dos dois animais ao outro. Em todas as espécies, **o macho é evidentemente superior à fêmea**: a espécie humana não é exceção. [...] Quanto ao sexo, a diferença é indelével: qualquer que seja a idade da mulher, **o homem deve conservar sua superioridade**. [...] A força de um homem consiste em se impor; a de uma mulher, em vencer a dificuldade de obedecer. [...] Um modesto **silêncio é a honra da mulher** ao passo que não fica bem no homem. [...] Os escravos e as mulheres nada tramam contra os tiranos e até, se tiverem a felicidade de ser bem tratados por eles, afeiçoam-se necessariamente à tirania, ou à democracia, pois o povo também pode ser um tirano. [...] A despreocupação com a conduta das mulheres não é menos nociva à prosperidade do Estado do que à felicidade das cidades. [...] Não é sem razão que a fábula associa Marte a Vênus, pois

todos os povos guerreiros são dados tanto ao amor dos jovens quanto ao amor das mulheres. **Este mal manifestou-se ainda mais na Lacedemônia, onde, desde a origem, as mulheres se envolveram em tudo.** Pois o que importa que as mulheres mandem ou que os que mandam sejam comandados pelas mulheres? É a mesma coisa. [...] Dizem que Licurgo tentara sujeitar as mulheres às suas leis, mas a resistência delas fez com que abandonasse a tentativa. Daí toda a desordem que se seguiu. Nossa intenção não é de modo algum decidir quem se deve desculpar, mas apenas examinar o que está bem ou mal estabelecido. Se **as mulheres são indisciplinadas**, trata-se, repito, não somente de uma indecência para o Estado, mas também de um germe de cobiça e de corrupção (Aristóteles, 2019, p. 6, 15, 19, 20, 118, 136, grifos meus).

Cláudio Galeno, conhecido como Galeno de Pérgamo, possivelmente nascido em 129 d.C., na cidade de Pérgamo, importante centro cultural da época, hoje território da Turquia, veio a falecer em Roma, Itália, provavelmente por volta do ano 216 d.C. O médico investigativo e filósofo romano de origem grega, que viveu no século II, é reconhecido como um dos mais antigos a preconizar a perspectiva de Aristóteles acerca do que ele pensava sobre o mundo e as mulheres. Considerado tão importante quanto o médico Hipócrates (Grécia, 460 a.C.-377 a.C.), nomeado "pai da medicina", Galeno teve suas ideias plenamente apoiadas pela Igreja, sendo entendidas como infalíveis e irrefutáveis até o século XVI. Suas teorias registradas em dezenas de livros admitidos como sendo de sua autoria influenciaram sobremaneira o desenvolvimento da ciência médica ocidental por quase 2 mil anos (*Neufeld, 2018*).

Galeno, influenciado pelos princípios aristotélicos, acreditava que a superioridade biológica dos homens sobre as mulheres se dava pelo fato de a temperatura ser mais alta no sexo masculino, o que explicaria a deformação nos órgãos reprodutores internos e externos das mulheres e a incapacidade de originar um animal. Para ele, homens e mulheres tinham exatamente os mesmos órgãos sexuais, como se fosse um único sexo, no entanto, a fêmea era como um macho mal desenvolvido, imperfeito, que não teve energia suficiente para externar seus órgãos (King, 1998). Ao comparar os órgãos genitais masculinos e femininos, a mulher era entendida como um ser que já vinha ao mundo mutilado, faltando algo, principalmente o pênis, a razão de quase tudo nas mais diversas e possíveis explicações sobre a inferioridade feminina, tanto na filosofia quanto nos livros sacros e, não subitamente, na ciência, o que se seguiu em arrasto até o século XVIII.

Jean-Jacques Rousseau, importante filósofo iluminista nascido na República de Genebra (1712-1778), também permaneceu sob as ciladas patriarcais de sua época e contribuiu para que tais preceitos se mantivessem na instrução das meninas. Para ele, a mulher ideal, curiosamente chamada de Sofia (sabedoria), não deveria ser protagonista de seu pensamento e de sua história, mas seguir seu destino natural para o qual existe: estar subordinada ao homem.

As meninas preferem o que é chamativo e serve de ornamento: espelhos, joias, panos e principalmente bonecas; a boneca é a diversão especial desse sexo. Aqui está obviamente seu **gosto sendo determinado pelo seu destino**. [...] A rigidez dos deveres relativos aos dois sexos não é, nem pode ser, a mesma. Quando a mulher reclama a esse respeito da injusta desigualdade que o homem instituiu, **ela está errada**; tal desigualdade não é uma instituição humana, ou, pelo menos, não é obra do preconceito, mas da razão: **cabe àquele dos dois sexos que a natureza entregou a guarda dos filhos responder por isso perante o outro** [...]. Afinal **onde está a necessidade de que uma menina saiba ler e escrever tão cedo?** Será que tão cedo terá uma casa para governar? [...] De início, é necessário exercitá-las na obrigação a fim de que não lhes custem nada domar todas as suas fantasias para lhes submeter às vontades de outrem. [...] A felicidade de uma moça honesta [*honnête fille*] é propiciar a felicidade de um homem honesto. [...] Um deve ser ativo e forte, o outro passível e fraco. É preciso necessariamente que um queira e possa; basta que o outro resista pouco. Estabelecido esse princípio, **segue-se que a mulher é feita especialmente para agradar ao homem** (Rousseau, 1969, p. 693, 697, 706, 708, 709, 755, grifos meus).

E o que dizer sobre Arthur Schopenhauer? Nascido no Reino da Prússia (1788-1860), o filósofo alemão do século XIX parece ser a encarnação da misoginia e da grosseria.

O amor é o mal. [...] Como defeito fundamental do caráter feminino encontramos a injustiça. Ele se origina em primeiro lugar na falta de racionalidade e de reflexão, mas sustenta-se também no fato de que, na qualidade de mais fracas, elas foram dirigidas pela natureza não para a força, mas para a astúcia: é daí que provém a sagacidade própria de seu instinto e sua incontida propensão à mentira. [...] Desse defeito fundamental e de seus desdobramentos originam-se ainda a **falsidade, a deslealdade, a traição, a ingratidão** etc. [...] **Todas as mulheres**, com raras exceções, têm inclinação para o esbanjamento. Por isso, todo o patrimônio existente, exceto nos casos raros em que ela própria o adquiriu, deve ser seguramente resguardado de sua imprudência. [...] Decisivamente damos preferência ao período que vai dos dezoito aos vinte e oito anos. Fora desses anos, **nenhuma mulher é capaz de nos excitar: uma velha, ou seja, uma mulher que não menstrua mais, desperta nossa repugnância**. A juventude sem a beleza tem ao menos a atração; a beleza sem a juventude, não. [...] **Aos quarenta anos, a mulher não está mais apta para a satisfação sexual.** O instinto sexual do homem dura mais do que o dobro desse tempo. [...] Quando as leis concederam às mulheres os mesmos direitos dos homens, elas deveriam ter lhes dado também um **intelecto masculino**. [...] As mulheres sempre **precisam de um tutor**. Por essa razão, em hipótese alguma elas deveriam obter a tutela de seus filhos. Aristóteles analisou na *Política* (livro II, cap. 9) as grandes desvantagens advindas aos espartanos do fato de, entre eles, se ter cedido tanto às mulheres, na medida em que elas tinham herança, dote e grande independência, e como isso muito contribuiu para o declínio de Esparta. [...] Não é possível manter as mulheres nos limites da razão **senão por meio do medo** (Schopenhauer, 2004, p. 39, 40, 43, 47, 58, 81, 82, 92, 98, grifos meus).

Friedrich Wilhelm Nietzsche (1844-1900), nascido na Alemanha, foi um filósofo ímpar do século XIX. Contudo, folheado à ironia, metáforas e aforismos, assentou a mulher à imagem de dócil e rebelde, sem se furtar de dizer que ela deveria ser controlada pelo homem em razão de ser uma ameaça de possível devastação. Em seu famoso livro *Assim falou Zaratustra: Um livro para todos e para ninguém*, escrito entre 1883 e 1885, explanou, inclusive, a violência a chicote à mulher, além de a objetificar como um brinquedo dos homens e a denotar como perversa e propriedade. A generalização de atribuições a partir do sexo biológico é nefasta à mulher, independentemente de sua etnia ou classe social.

> No amor da mulher há injustiça e cegueira para tudo quanto não ama. E mesmo o amor, reflexo da mulher, oculta sempre, a par da luz, a surpresa, o raio da noite. [...] O verdadeiro homem quer duas coisas: o perigo e o divertimento. Por isso quer **a mulher, que é o brinquedo** mais perigoso. O homem deve ser educado para a guerra e **a mulher para prazer do guerreiro**. Tudo o mais é loucura. [...] Seja a mulher um **brinquedo** puro e fino como o diamante, abrilhantado pelas virtudes de um mundo que ainda não existe. [...] Geralmente a

> **mulher pouco entende de honra**. [...] Tema o homem a mulher, quando a mulher odeia: porque, no fundo, o homem é simplesmente mau; mas **a mulher é perversa**. [...] Acompanhas com as mulheres? Olha, **não te esqueça o látego [chicote]**. [...] Talvez seja má e falsa mulher em tudo; mas quando fala mal de si mesma, é quando seduz mais. [...] O melhor que existe pertence-nos, a mim e aos meus, e **se não no-lo derem, tomamo-lo**: o melhor alimento, o céu mais puro, os pensamentos mais fortes, as mulheres mais formosas! (Nietzsche, 2012, p. 47, 57, 58, 95, 233, grifos meus).

O "pai da psicanálise", Sigmund Freud (1856-1939), colocou a mulher em um lugar generalizado de ressentida, invejosa, inferior, com dificuldades para organizar sua vida amorosa e sexual, carente, dócil, dependente, passiva, submissa, masoquista, frequentemente frígida no sexo..., tudo isso e mais um pouco pela falta do pênis. A destinação biológica da mulher nos textos de Freud (período de 1923 a 1925) é uma constante em que o feminino está atrelado à passividade, o que implica, ainda hoje, representações sociais e relações de poder e saber baseadas no gênero.

> A renúncia ao pênis não é tolerada pela menina sem alguma forma de compensação. [...] Ela nota o pênis de um irmão ou companheiro de jogos, flagrantemente visível e de tamanho notável, reconhece-o de imediato como a superior contrapartida de seu próprio órgão pequeno e oculto, e passa a ter inveja do pênis. [...] O masculino reúne o sujeito, a atividade e a posse do pênis, **o feminino assume o objeto e a passividade** (Freud, 2011, p. 155, 189, 261, grifos meus).

Acerca da citação supracitada, importante compreender o sentido do termo compensação. A compensação é um componente da camuflagem social em que o comportamento observado de uma pessoa é consideravelmente melhor do que a habilidade real de que ela dispõe. A compensação se manifesta muito presente na vida das mulheres como um mecanismo de defesa e sobrevivência em sociedade e, não diferente, faz-se substancialmente presente na vida das meninas e mulheres com autismo, tal como veremos ao longo destas páginas.

Há quem diga que não há um estudioso mais inteligente do que o filósofo, pois ele seria o "amante da sabedoria". Isso pode nos explicar em parte o horror das inúmeras violências contra o feminino. Além dos homens que citei acima, reconhecidos pela história como geniais (história que foi escrita pelos próprios homens), é interminável a lista dos que contribuíram para que a ciência se enrolasse no manto machista e as diferenças entre homens e mulheres se alastrasse como disparidade de gênero na sociedade (Abelardo, Descartes, Dostoievski, Gandhi, Heidegger, Kierkegaard, Oscar Wilde, Pitágoras, Voltaire, Wittgenstein – nenhum deles escapa).

Em suma (porque não é possível dar conta nesta escrita de todas as atrocidades contra o feminino ao longo da história da ciência), até o século XVIII havia apenas um único sexo biológico, mesmo embora muito se discutisse sobre dois sexos de ordem social cujos papéis e funções eram distintos na sociedade. Existia o macho e sexo do macho, enquanto a mulher não existia, era apenas um homem defeituoso, um ser imperfeito cujo pênis não se desenvolveu. Essa concepção perdurou por séculos e séculos e, infelizmente, ainda deixa um ranço social quanto à desigualdade de gênero, à subalternização da mulher na sociedade atual.

Em 1998, a cientista Helen O'Connell, nascida na Austrália em 1962, primeira urologista de seu país e pioneira no estudo anatômico do clitóris, descreveu e explicou em detalhes a anatomia completa do clitóris com todas as suas particularidades e potência. Ela evidenciou que o clitóris jamais se tratou de uma réplica apequenada do pênis, tampouco de um órgão restrito apenas ao que é visível externamente (O'Connell, 1998). Após séculos, finalmente, uma mulher-cientista fala sobre o corpo da Mulher, sobre seu próprio corpo. Helen é uma das principais responsáveis por pontuar que o clitóris é o único órgão humano arquitetado para o prazer, além de dissertar em outras publicações acerca do Complexo do Clitóris, Uretra e Vagina. Helen rompe com o paradigma patriarcal na ciência, que perpetuava a repetição do discurso masculino acerca do corpo das mulheres, e ocupa seu lugar de fala, seu espaço enquanto mulher, médica e cientista para produzir ciência sobre si, sobre a mulher.

> Na medida em que a questão da mulher e da relação entre os sexos – que é mais importante ainda – foi colocada pelas mulheres, o fazer histórico acontece. Os homens tomam a palavra homem no sentido universal. **Os homens não são todo mundo.** Pelas interro-

gações, pelo assunto, há uma interrogação e um ponto de vista feminino de abordar a história (Schvarzman, 1995, p. 33, grifos meus).

Essa ruptura possibilitou que um sem-número de mulheres tivesse acesso ao conhecimento de seu próprio corpo, de sua potência, da experiência do prazer sexual, de sua sexualidade. Provocou a comunidade médica e científica a rever suas abordagens e formas de atuação junto às mulheres. Contribuiu para que os homens (médicos e não médicos) tivessem acesso à informação e compreendessem que a mulher é um ser incrível, é absolutamente fecunda, vigorosa, ativa, é autossuficiente para frutificar e colher seu próprio prazer.

Apesar de Helen O'Connell e todas as pesquisas desenvolvidas nos últimos 25 anos, não é demais re-dizer que o essencialismo apregoado sobre as diferenças entre a natureza masculina e feminina se sustenta pelos fundamentos biológicos abeirados pelo patriarcado desde sempre. Isso é tão forte que ainda em muitas culturas, mesmo estando no ventre materno, se é sabido que a criança a nascer é um menino, os planos para este é que ele seja o que quiser ser, logo, não há um plano predeterminado. Todavia, se for uma menina, seu destino já está traçado: sua virgindade será vigiada, ela será filha, esposa, mãe, avó, cuidará da casa e de sua família em primeiro lugar, com sorte terá alguma profissão que não deverá estar acima de suas responsabilidades domésticas e maternas. O sexo biológico está sublinhado pela representação social que lhe foi atribuída na história e pela cultura.

Os anatomistas reforçam um discurso moralista ao buscar no corpo da mulher uma razão do estatuto social que lhe é imposto, apelando para oposições tradicionais entre o interior e o exterior, a sensibilidade e a razão, a passividade e a atividade, em uma relação circular que transforma a diferença em desigualdade, inscrita em uma objetividade que "necessariamente" remete à subjetividade. **Por outro lado, considerar a mulher como igual ao homem – argumento presente nos discursos feministas – indica a imposição do masculino como medida das coisas**, o que certamente implica em avanços no campo do direito civil. Entretanto, permanece **a dominação simbólica no âmbito da sexualidade**, lugar privilegiado para a incorporação e reprodução das relações de dominação física, econômica, social e política. Colocar-se esta questão é indispensável para quebrar a relação de enganosa familiaridade que nos liga à estrutura do pensamento ocidental, que se baseia nas aparências biológicas e seus efeitos através de um longo trabalho coletivo de **"socialização do biológico" e de "biologização do social" para produzir nos corpos e nas mentes uma construção social naturalizada dos gêneros**. Como homem e como mulher, incorporamos, sob a forma de esquemas inconscientes de percepção e de apreciação, as estruturas históricas da ordem masculina. Portanto, pensar a dominação masculina é dar-se conta de modos de pensamento que são eles próprios produtos da dominação. Significa dizer que a **divisão entre os sexos permanece "na ordem das coisas"** –

como se diz por vezes do que é normal e natural, a ponto de ser inevitável – e termina funcionando enquanto estrutura cognitiva e estrutura objetiva de ação (Santini & Camelier, 2015, p. 102, grifos meus).

Os fundamentos do determinismo biológico estabeleceram relações de gênero hierárquicas na sociedade de modo a pautar o comportamento, a personalidade e o cognitivo a partir do sexo biológico, colocando a mulher em um lugar de inferioridade e subalternidade em todos os âmbitos sociais. Nesse sentido, o corpo da mulher abriga essa natureza que define as mulheres, corpos sem pênis, como seres coisificados, logo, sem voz, sem lugar de fala, uma vez que "eles" já falaram sobre e por elas. Assim, as mulheres são diferentes do homem em sua designação a um lugar de subalternidade e invisibilidade enquanto sujeito protagonista. Nesse lugar sem voz, prevalece o que dizem sobre ela, sem percebê-la, sem ouvi-la, sem conhecê-la.

No *slogan* "somos todos iguais", a diferença é negligenciada, é até mesmo combatida como representação do negativo em nome da defesa de direitos sociais. Entretanto, nas palavras de Gilles Deleuze (1925-1995) que sempre trago comigo: "Queremos pensar a diferença em si mesma e a relação do diferente com o diferente, independentemente das formas da representação que as conduzem ao mesmo e as fazem passar pelo negativo" (Deleuze, 1988, p. 8). Não somos todos iguais, somos todos, igualmente, diferentes! No que diz respeito ao coletivo de uma identidade feminina, até mesmo com relação aos direitos sociais, não somos iguais aos homens e precisamos da conquista de direitos que dizem respeito somente à vida das mulheres e que nada têm a ver com os homens. E no tocante às políticas públicas, há aquelas que dizem respeito a determinados grupos de mulheres e que não são necessárias a outras mulheres, e isso diz respeito à diferença e à interseccionalidade. É preciso compreender a diferença como constitutiva do ser humano, como múltipla e plural.

> **Um vivente não se define só geneticamente pelos dinamismos que determinam seu meio interior**, mas também ecologicamente pelos movimentos externos que presidem sua distribuição no extenso. Uma cinética da população se junta, sem semelhança, à cinética do ovo; um processo geográfico de isolamento não é menos formador de espécies do que as variações genéticas internas e, às vezes, precede estas. Tudo isso é ainda mais complicado se se considera que o próprio espaço interior é feito de múltiplos espaços que devem ser localmente integrados, ligados; se se considera que esta ligação, capaz de fazer-se de muitas maneiras, impulsiona a coisa ou o vivente até seus próprios limites, em contato com o exterior; se se considera que esta relação com o exterior, com outras coisas e com outros viventes, implica, por sua vez, conexões ou integrações globais que, por natureza, diferem das precedentes (Deleuze, 1988, p. 204, grifos meus).

O feminino e a sexualidade feminina foram cativados na humilhação, no constrangimento, na inferioridade, na vergonha, no obscurantismo, na ignorância, na rudeza do machismo, na covardia e insciência do patriarcado desde os primórdios da (des)humanidade, tanto pela filosofia, pela religião quanto pela política e pela ciência masculina (Chassot, 2019). Cabe a cada uma, a cada um de nós, trazer para si a responsabilidade na des-construção dessa cultura abominável e destruidora que é o machismo. Educar as meninas para serem mulheres protagonistas de seus destinos, e educar os meninos para serem homens que respeitem e valorizem as mulheres em toda sua potência, é um dos caminhos mais importantes para transformarmos o mundo em um lugar melhor para todas as pessoas viverem com liberdade de serem quem são, um lugar onde o patriarcado e o machismo sejam combatidos e vencidos a cada dia para que nunca mais o Feminino seja submetido à subserviência e às enumeráveis violências contra todas as pessoas que não se encontram na condição de macho-branco-cisgênero-hétero.

Autismo não tem sexo

Por décadas os consensos da comunidade médica e científica basearam-se de modo imperante em ideias e noções masculinas sobre o autismo, suscitando uma violenta negligência acerca das singularidades inerentes às mulheres com autismo em pesquisas e espaços da clínica. Primeiro, porque até pouquíssimo tempo a ciência nem sequer reconhecia o sexo feminino em toda sua complexidade, singularidade e potência, logo, as pesquisas em torno do masculino eram generalizadas para o feminino inferiorizado e subalternizado. Segundo, porque os estudos e pesquisas sobre o autismo ainda estão engatinhando em conhecimento que possa ser considerado substancial e confiável.

Entre tantos autores que influenciaram robustamente a concepção do autismo de maneira minimizadora em relação às mulheres está o psicólogo britânico Simon Baron-Cohen, nascido em 1958. Apesar de sua dedicação e suas contribuições serem notórias à ciência, o autor de diversos artigos foi um dos responsáveis pela postulação da dicotomia entre o cérebro feminino empático e o cérebro masculino sistematizador, alinhando os cérebros das pessoas com autismo a variações extremas do cérebro masculino de característica sistematizadora. Em 1997, Baron-Cohen e Hammer argumentaram que as diferenças cognitivas entre os sexos são, parcialmente, consequência de diferenças biológicas no desenvolvimento do cérebro de homens e mulheres, produtos de diferenças genéticas e endócrinas. O cérebro feminino teria uma probabilidade de maior vantagem social e relacionada à linguagem. Já o cérebro masculino teria mais probabilidade de vantagem espacial. Autismo e síndrome de Asperger seriam formas extremas dos tipos cerebrais masculinos (Baron-Cohen, 1999; Baron-Cohen & Hammer, 1997). Em 2002, o autor afirmou que o cérebro masculino é definido psicometricamente, apresentando a sistematização significativamente melhor do que a empatia, e que o cérebro feminino é definido como o perfil cognitivo oposto, mais inclinado à empatia. Suas conclusões apontaram para uma "teoria do cérebro masculino extremo do autismo" (Baron-Cohen, 2002).

Em seus artigos, o autor Baron-Cohen negligencia os aspectos culturais centrados no homem, nos quais todos os meninos e meninas são inseridos e aos quais estão submetidos durante toda a vida, e atribui as diferenças à questão biológica, atrelando os casos de diagnóstico de autismo e síndrome de Asperger (hoje abarcado pelo TEA nível 1) a formas extremas de cérebros masculinos. Na realidade, o "cérebro de autistas" é apenas uma versão anormal do cérebro da maioria dos indivíduos considerados "normais" pela ciência médica. E mais, o "cérebro de autistas", conforme seus escritos, é uma expressão generalizadora que se vincula à sua "teoria do cérebro masculino extremo do autismo", ou seja, o feminino (as mulheres com autismo) é engolido e digerido pelo masculino extremo do autor. Mas o que dizer sobre as inúmeras mulheres com autismo com a qualidade da empatia e da análise sistematizadora? O que discutir sobre os homens com autismo com esses mesmos atributos? Por que o *isto* ou *aquilo* é tão eletrizante para ser dicotomizado entre tantos acadêmicos das mais diversas áreas e sobre questões humanas que se mostram altamente complexas?

Nesse contexto em que as discussões são inesgotáveis diante das marginalizações veladas e explícitas do feminino, o determinismo biológico e a (des)representação social das mulheres com autismo necessitam ser amplamente debatidos e desconstruídos de seus preceitos, preconceitos, discriminações e predestinações. O propósito à frente é visitar as informações produzidas pela literatura científica e as bases de dados acerca do autismo na vida das mulheres.

Antes de prosseguir, penso ser importante mencionar que os critérios para diagnóstico do transtorno do espectro autista (TEA) dispostos no DSM-5 (APA, 2013) abarcam uma cadeia de maior amplitude de manifestações sintomáticas em relação às disposições encontradas nos manuais antecessores, fato que eleva os números para um considerável aumento na incidência do autismo em nível planetário. Particularmente, conforme já mencionei em publicações anteriores, interpreto que tal extensão é preocupante e responsável pela conversão do autismo em um dos principais diagnósticos criados pela psiquiatria para o infante a partir da observação do comportamento (Orrú, 2016, 2019, 2020b, 2021).

A falta de estudo e aprofundamento no conhecimento acerca do TEA e de toda sua complexidade constitutiva por parte de profissionais da saúde e da educação, bem como a irresponsabilidade de médicos mal qualificados para a emissão de um laudo diagnóstico de autismo, ainda têm sido motivos da irradiação de uma iatrogenia social e cultural dispersa, banalizadora do próprio autismo e impactante na vida social do sujeito. O autismo não pode e não deve ser implicado como modismo da sociedade contemporânea para explicar todo comportamento que reflete o retiramento social do indivíduo ou sua dificuldade de interagir, comunicar e se entrosar com os outros. É preciso um conhecimento consistente sobre o sujeito e seu modo de existir, perceber, reagir e se colocar no mundo, em toda sua complexidade e subjetividade, para então se confirmar a presença da manifestação do autismo como um componente a mais na constituição subjetiva dessa pessoa. Autismo não é roupa que se veste e se tira quando se quer. O autismo traz questões que podem demandar apoio de diferentes formas e intensidades ao longo da vida.

A percepção do espectro como uma "verdade" absoluta que define o indivíduo e a supervalorização do diagnóstico médico em detrimento da pessoa demarcam uma identidade que, em ilimitados contextos e condições, coisificam o indivíduo, a criança, que de Ana e João tornam-se o autista a partir de um rótulo generalista e universal que castra a mais genuína identidade de todas e todos nós: a de sermos seres Humanos replenos de subjetividade. Por isso insisto: o diagnóstico não define o Ser humano, não define o aprendiz. O diagnóstico não pode ser um dispositivo para a não escuta das pessoas sobre quem elas são e como percebem a si mesmas e o mundo a sua volta.

Diagnóstico e prevalência do autismo em meninas e mulheres

Para Kanner, em seus estudos durante as décadas de 1940 a 1960, o autismo era um fenômeno considerado raro. Ele também estava equivocado acerca da gênese do autismo estar relacionada aos pais, principalmente às mães. Muito provavelmente, o autismo enquanto sintoma sempre permeou a vida das pessoas na história da humanidade, no entanto, só passou a existir formalmente como distúrbio ou transtorno quando foi nomeado pela ciência médica.

Victor Lotter foi o primeiro a realizar um estudo epidemiológico sobre o autismo em crianças de 8 a 10 anos de idade que viviam em Middlesex, em um condado ao noroeste de Londres, na Inglaterra. Ele descreveu no ano de 1966 a prevalência de 4,5 em 10 mil crianças, referente a 32 casos confirmados em uma amostra de 78 mil. A incidência por gênero foi de 2,6, sendo de 23 para o sexo masculino e 9 para o feminino (Lotter, 1966). Em 1970, Treffert, nos Estados Unidos, em uma amostragem de 899.750, com crianças de 0 a 12 anos, registrou a prevalência de 0,7 (Treffert, 1970). Em 1970, Brask realizou um estudo na Dinamarca cuja taxa de prevalência foi de 4,3 em uma amostra de 46.500, com crianças na faixa etária dos 2 aos 14 anos. A proporção com relação a gênero foi de 1,4, sendo de 12 para o masculino e 7 para o feminino (Brask, 1972).

Os estudos citados foram os primeiros a trazer informações epidemiológicas sobre o autismo, inclusive, sobre a proporção relacionada a gênero. Nesse período do final da década de 1960 e início da década de 1970, os estudos na Europa e nos Estados Unidos apontavam para uma prevalência em torno de 2 a 4 casos por 10 mil crianças. O autismo até então era considerado um distúrbio infantil raro e a diferença da incidência entre os sexos era de 4 para o masculino e 1 para o feminino. Entretanto, com a ampliação dos critérios diagnósticos para o autismo no DSM-III e DSM-IV (APA, 1980, 1987, 1994) durante as décadas de 1980 e 1990, os estudos indicaram que a prevalência era significativamente maior (Fombonne, 2003a; 2003b; 2005). Segundo Baird et al. (2006), até os anos 1990 a prevalência era em torno de 5 pessoas por 10 mil, e em 2006 os números apontaram para um aumento de quase 40 pessoas por 10 mil.

Em 2012, um artigo de revisão sistemática sobre a prevalência global do autismo apontou que a média era de 62 casos por 10 mil crianças, sendo mais frequente em meninos (Elsabbagh et al., 2012). Em março de 2022, um estudo detalhado de revisão sistemática considerando o impacto de fatores geográficos, étnicos e socioeconômicos nas estimativas de prevalência global revelou que aproximadamente 1 em cada 100 crianças são diagnosticadas com o transtorno do espectro autista em todo o planeta (Zeidan et al., 2022).

Historicamente, o autismo foi categorizado como uma condição rara, porém, as estimativas de prevalência aumentaram significativamente nos últimos anos, de modo que, atualmente, aproximadamente 1% a 2% da população é diagnosticada com autismo (Maenner et al., 2020). A conscientização sobre o autismo, o acesso a serviços de saúde pública e avaliação diagnóstica encontram-se como as principais razões descritas para o aumento de registro dos casos.

Atualmente, estudos apontam haver variações baseadas no gênero na manifestação do autismo a uma menor distância da prevalência entre homens e mulheres na vida adulta, sendo de 1,8:1 a 2,57:1 (Simcoe et al., 2022). Um dos motivos para a diminuição dessa diferença é que até há pouco tempo a maioria dos estudos científicos priorizava o recrutamento de meninos e homens, mas agora os pesquisadores têm buscado a participação ativa das mulheres para o desenvolvimento das pesquisas.

Em pesquisa realizada com 51 participantes aleatórios com diagnóstico de transtorno do espectro autista nível 1 (TEA N1) ou síndrome de Asperger, de 13 estados brasileiros, equivalentes a 100% dos respondentes, a prevalência de gênero foi de 64,7% para o sexo feminino, 27,5% para o masculino e 7,8% para outros. Quanto à idade de recepção do diagnóstico, a maioria respondeu ter sido entre 19 e 24 anos de idade, os demais tiveram acesso após os 30 anos, o que condiz com a literatura científica acerca do diagnóstico tardio para o TEA N1. Em confluência com a literatura (APA, 2013; Ronzani et al., 2021), os participantes informaram ter recebido o diagnóstico de condições clínicas e patologias em comorbidade com o TEA N1. O transtorno de ansiedade (65,4%) e a depressão (63,5%) se mostram como mais prevalecentes, enquanto 9,6% afirmam não terem sido diagnosticados com outras condições clínicas ou patologias associadas ao autismo (Orrú, 2022).

Assim, a mulher deixa de ser apenas um "detalhe" nas amostragens e passa a ser sujeito da pesquisa. No entanto, ainda há muito o que se avançar no tocante à conscientização dos pesquisadores nos diversos países de todos os continentes, pois a todo tempo inúmeras meninas são ignoradas e esquecidas de serem agregadas às pesquisas.

Os estudos recentes sugerem que os protocolos para diagnóstico se mostram falhos em capturar a manifestação feminina do autismo, tendenciosos no desfavorecimento às mulheres e na desatenção ao diagnóstico diferencial, o que implica diretamente taxas mais baixas de prevalência e crença habitual de que as mulheres se encontram em risco reduzido de estarem na condição do TEA (Cook et al., 2021; Halladay et al., 2015; Kirkovski et al., 2013; Lai et al., 2015; McCrossin, 2022; Ratto et al., 2018; Simcoe et al., 2022). Por exemplo, o estudo publicado por D'Mello et al. (2022) nos Estados Unidos revela que o uso do ADOS (Autism Diagnostic Observation Schedule) como medida diagnóstica afirmativa resultou na exclusão de mulheres com autismo em uma taxa 2,5 vezes maior do que a de homens com autismo. Embora haja esforços para aumentar a representação de mulheres com autismo na pesquisa, os estudos consistentemente registram apenas pequenas amostras de mulheres ou as excluem por completo. Os pesquisadores descobriram que, apesar de representar quase 50% da amostra inicialmente recrutada com base no autorrelato do diagnóstico da comunidade, mulheres com autismo são desproporcionalmente excluídas da participação em pesquisas como resultado de medidas de diagnóstico de autismo comumente utilizadas.

Segundo o estudo publicado por Duvekot et al. (2017), realizado em um hospital infantil na Holanda, há características comportamentais individuais que afetam o diagnóstico de TEA de maneira diferente em meninas com relação aos meninos, o que corrobora a subidentificação do autismo em meninas. Um dos aspectos diz respeito aos sintomas de "comportamento repetitivo e restrito" serem menos pronunciados em meninas. No tocante aos sintomas sensoriais, estes se mostram equivalentes para o diagnóstico do autismo tanto em meninas quanto em meninos e devem ser observados com atenção no processo de avaliação diagnóstica.

O estudo também mostrou que as meninas que apresentavam níveis mais altos de problemas emocionais e comportamentais é que tinham maior propensão de receber o diagnóstico de autismo, sendo este um fator de negligência e exclusão para meninas que não se encaixavam nesse perfil. A falha no processo de identificação do autismo em meninas se mostra aumentada quando não há presença de deficiência intelectual (DI). Os autores apontaram a necessidade de maiores investigações sobre a possibilidade de que meninas que apresentam níveis subclínicos de sintomas do autismo tenham habilidades compensatórias que as impedem de atingir o limiar clínico, de forma que correm o risco de desenvolverem outras dificuldades ao longo do tempo ou sofrerem algum agravamento do autismo; sendo este mais um fator de subidentificação do autismo em meninas. Embora as informações não devam ser generalizadas para toda a população, especialmente por questões de preconceito de gênero que se alteram conforme a região e os costumes, os apontamentos dos autores se mostram relevantes de serem observados para a construção de um suporte para o diagnóstico diferencial.

Em razão desse prejuízo, as mulheres têm sido diagnosticadas com autismo mais tardiamente, já na idade adulta e, consequentemente, sofrem por muito mais tempo a ausência de apoio, suporte e tratamento adequado às suas demandas. O reconhecimento da manifestação do autismo nas meninas é um dos maiores desafios a ser vencido, superando os estereótipos ainda colados no contorno masculino. Esse reconhecimento é complexo, pois diz respeito, principalmente, à informação e à conscientização sobre o autismo nas escolas (junto a professores e profissionais da saúde), onde as crianças se encontram na maior parte de seu tempo; além da clarificação desprendida dos estigmas perante toda a sociedade, de maneira a educar as futuras mães e pais em uma perspectiva conceitual e não machista quanto à manifestação do autismo.

Nesse contexto de uma cultura forjada nos ideais masculinos (consciente ou não), que também se encontra impregnada na pesquisa, o autismo tem sido subdiagnosticado em meninas e mulheres. De acordo com Robert McCrossin, médico e pesquisador australiano, a real proporção entre homens e mulheres para o autismo beira ser de 3:4; a cada 1.000 mulheres, cerca de 60 teriam o diagnóstico de autismo; ainda, 80% das mulheres permanecem sem diagnóstico até adentrarem na vida adulta, o que implica desfechos negativos para a saúde mental das meninas, adolescentes e jovens, em razão da falta de apoio multidisciplinar ao longo da vida (McCrossin, 2022). Em seu relevante artigo, uma jovem de 20 anos lhe narrou: "A quantidade de meninas que não são diagnosticadas porque são mais propensas a se camuflar do que os meninos é muito ruim. Fiquei muito tempo sem ser diagnosticada porque eles não sabiam que eu podia fingir ser normal!" (McCrossin, 2022, p. 1, tradução minha).

O fato é que a sensibilidade sensorial, o comportamento complacente, a camuflagem social e a imitação de interações recíprocas genuínas após avaliação atenta às nuanças do comportamento das pessoas, atmosfera emocional e convenções sociais podem ser fatores presentes para um diagnóstico diferencial do TEA em mulheres (Cook et al., 2021; Simcoe et al., 2022).

Com base no que foi discutido até aqui, para se avançar no estudo, na pesquisa, no conhecimento e na atuação clínica sobre a presença e a prevalência do autismo no feminino é fundamental:

• compreender que meninas e mulheres apresentam peculiaridades que não são contempladas e não se encaixam no desenho diagnóstico usual do autismo conforme enquadrado no DSM-5 (APA, 2013) e na CID-11 (WHO, 2022) e seus antecessores;

• perceber que os atuais instrumentos de avaliação diagnóstica para o autismo, por se basearem nos critérios do DSM-5 (APA, 2013), da CID-11 (WHO, 2022) e anteriores, mostram-se pouco sensíveis às características mais correntes em meninas e mulheres, necessitando de atenção dobrada por parte dos profissionais da saúde e futura reformulação desses critérios e instrumentos;

• apoiar a criação de políticas públicas para o oferecimento de terapias que encorajam a construção e o desenvolvimento de habilidades e possibilidades de enfrentamento dos desafios sociais, para que as pessoas com autismo tenham essa oportunidade em vez de recorrerem à imitação dos comportamentos das outras pessoas (neurotípicos);

• entender que meninas e mulheres têm maior propensão à camuflagem social de suas particularidades é crucial;

• combater o estigma e a subestimação das características do autismo nas meninas por parte dos profissionais da saúde e da educação para que as meninas não passem despercebidas por anos sem terem acesso à atenção e/ou intervenção que venham demandar;

• entender que mesmo havendo fatores biológicos e ambientais que possam resultar em uma maior prevalência do autismo em meninos/homens do que em meninas/mulheres, há inúmeras meninas e mulheres invisibilizadas que estão experimentando brutalmente a indiferença social quanto às suas demandas – ausência de um diagnóstico qualificado e acurado, medicalização exacerbada e tratamento inadequado às suas queixas e necessidades, subestimação por parte da escola, abusos e violências em razão de sua vulnerabilidade;

• compreender que o autismo não é uma doença, não é uma condição psiquiátrica, não é uma deficiência, não é deficiência intelectual e não se restringe apenas a crianças, mas também está presente na vida de pessoas adultas, homens e mulheres;

- aprender que embora existam casos de dificuldades mais acentuadas na capacidade imaginativa, tal como descrito na literatura médico-científica, há diversas pessoas com autismo (sem exclusão das mulheres) que se destacam como artistas, incluindo escritoras e professoras espalhadas pelos mais diversos países. Ler suas autobiografias e produções é um excelente caminho para a desintoxicação dos estigmas e preconceitos capacitistas que pesam sobre as pessoas com autismo;

- estar atento aos estigmas coisificadores, capacitistas e reducionistas que atribuem às pessoas com autismo a frieza, a ausência de sentimentos, a falta de empatia, a incapacidade de se relacionar e de amar outras pessoas, a impossibilidade de trabalhar e construir uma família, o desinteresse sexual. Conforme o estudo de Smith (2009), pessoas com autismo têm sentimentos de empatia emocional intensificados e excessivos;

- ser empático e compreender que as pessoas com autismo, antes de tudo, são pessoas, elas têm sentimentos, têm suas próprias lutas, seus desejos, seus talentos, suas dificuldades, suas habilidades, suas limitações, seus problemas pessoais, sua própria personalidade, seu temperamento, suas preferências (inclusive sexuais), sua própria sexualidade, seus sonhos, suas frustrações... como qualquer ser humano em qualquer parte do planeta;

- conscientizar-se de que diferenças e habilidades entre homens e mulheres não dizem respeito, convictamente, a uma questão de estrutura cerebral, mas, sem dúvida, ao modo como meninos e meninas são educados, ou seja, a cultura patriarcal-machista incide sobremaneira na forma como ambos são percebidos na sociedade e recai cruelmente sobre o feminino como sempre estando em desvantagem com relação às habilidades tributadas ao masculino; em outras palavras: as meninas e mulheres com autismo não são inferiores ao sexo masculino em nada;

• compreender que o cérebro do homem com autismo não é mais sistematizador do que o da mulher com autismo, tampouco o cérebro feminino é mais empático do que o masculino. Uma pessoa, independentemente do sexo biológico ou de sua sexualidade, pode ser mais ou menos empática e sistêmica em seu modo de existir e de ser quem é, onde o isto COM aquilo faz parte dela;

• ter ciência de que nem todas as pessoas com autismo manifestam atraso no desenvolvimento da linguagem quando crianças. E quanto ao desenvolvimento social, a cultura patriarcal-machista se mostra indicativa de que a maioria das meninas será iniciada precocemente na cooperação com os outros, ao mesmo tempo que os meninos são incentivados às atividades de competição e individualismo;

• considerar que pessoas com autismo frequentemente manifestam mais dificuldades na compreensão dos estados mentais de outras pessoas, principalmente diante de situações em que a indicação é não verbal, portanto, busque ser claro, sem ironias ou colocações dúbias;

- considerar que, como qualquer outra mulher, a mulher com autismo, muito provavelmente, foi educada dentro do paradigma patriarcal-machista, logo, destinada a ser sensível, emocional e intuitiva, enquanto os homens são ensinados a serem pragmáticos, analíticos e a não demonstrarem sentimentos. Como se pode notar, não é uma questão de estrutura cerebral dominante pelo sexo biológico, mas o engendramento cultural que pesa na desigualdade de gênero, inclusive na vida das meninas e mulheres com autismo;

- colocar-se à escuta sensível do que a menina/a mulher com autismo tem a dizer à sua maneira sobre ela mesma e o mundo que a permeia; com certeza, você aprenderá muito sobre o autismo no feminino, porém, não se esqueça de que mesmo se tornando um especialista no tema, só uma pessoa com autismo realmente sabe o que é viver nessa forma singular de ser, tão difícil de ser expressa por quem quer que seja, inclusive por si mesma. Respeite.

Nas palavras de Katy Benson (2023):

> Adoto uma visão afirmativa das diferenças neurológicas como autismo e TDAH. Eu os considero variações de valor neutro que se situam dentro de um ambiente saudável e desejável de diversidade neurológica ou "neurodiversidade". Ser "neurodivergente", como eu, é ter uma neurologia que diverge da maioria. Isso significa que existem diferenças em minha cognição que afetam como eu experimento o mundo ao meu redor;

como penso, raciocino, compreendo, processo, expresso, percebo, comunico e sinto (p. 5, tradução minha).

A elaboração de protocolos que atendam às singularidades das meninas e das mulheres que possivelmente estejam em condições de serem diagnosticadas com autismo se faz necessária em nível planetário, tendo em vista que a busca pelo diagnóstico tem aumentado sistematicamente. Especialmente a medicina e a psicologia necessitam do desenvolvimento de um olhar e uma escuta cada vez mais sensíveis quanto aos elementos constituintes de um diagnóstico diferencial para o autismo em meninas e mulheres. Acima de tudo, é imprescindível não perder de vista a pessoa que ali está com toda sua subjetividade e história de vida, uma vez que a principal função do diagnóstico não deve ser, JAMAIS, a de definir o ser humano como *isto* ou *aquilo*, mas de o apoiar com informações que possam contribuir para seu conhecimento, bem como para o acesso a apoio médico, terapêutico, educacional e social para seu bem-estar e melhor qualidade de vida.

Hiperfoco como potência

O hiperfoco é uma das qualidades preponderantes na maioria das pessoas com autismo e também se mostra presente em pessoas com o transtorno do déficit de atenção e hiperatividade (TDAH). Ele se apresenta como uma atividade mental intensa e de hiperexcitação que favorece o aprendizado e o domínio de um ou mais temas de interesse exclusivo da pessoa e pode estar presente nos três níveis de suporte para o autismo (leve, moderado e severo). Pode-se dizer que é o oposto da distração. O hiperfoco já foi descrito na literatura como sendo algo negativo, como uma seletividade excessiva e reflexo de uma falta de adaptação e capacidade de gerir a própria atenção, ou como uma força incapacitante de desistir do que se está fazendo, ou mesmo como um apego a detalhes e obstinação para que tudo seja perfeito, além de absorver a atenção de tal maneira que a pessoa fique por horas fazendo a mesma coisa sem se atentar a outras (Geurts et al., 2009; Isomura et al., 2015; Lovaas et al., 1971).

Não obstante, outros estudiosos afirmam que o hiperfoco possibilita uma atenção aumentada, engajamento maior em uma determinada tarefa, melhor desempenho e capacidade de se concentrar de forma a ter menos consciência sobre o ambiente onde se encontra, como se houvesse um bloqueio do mundo em derredor (Ashinoff & Abu-Akel, 2021). Dupuis et al. (2022, p. 9, tradução minha) apontam que foram encontrados quatro pontos fortes como características bem-estabelecidas nos sujeitos de sua pesquisa: "Manter a atenção em tarefas ou atividades lúdicas, envolver-se em tarefas que exigem esforço mental sustentado, lembrar-se das atividades diárias e dar muita atenção aos detalhes/evitar descuidos, erros".

O hiperfoco costuma ser narrado como algo muito apreciado por adultos com autismo e traz benefícios como: aumento da autoestima, diminuição da ansiedade e do tédio quando estão fazendo o que gostam, dissipação de tristeza e do estresse, possibilidade de abertura para o aprendizado de habilidades sociais, um caminho para o aprendizado de outros conteúdos, encorajamento do desenvolvimento da escrita, da criatividade e da autonomia, uma via para a inclusão na formação universitária e no mundo do trabalho.

O hiperfoco pode trazer prejuízos quando impede que a pessoa dê atenção aos relacionamentos familiares e de amizades, deixe de destinar tempo para se alimentar, descansar, aprender outras atividades, dormir, trabalhar, estudar, quando se torna uma obsessão a ponto de ser uma ameaça, um perigo para si mesma e para os outros. Nesses casos de negatividade, é necessário buscar auxílio com profissional da área da saúde mental.

Contudo, apesar do DSM-5 (APA, 2013) e da cultura que se alastrou em pontuar a rigidez de pensamento em pessoas com autismo, creio que rígida é a própria conceituação restritiva que se faz acerca dessas pessoas e de suas preferências a certas rotinas, organizações, planejamentos e, inclusive, com relação ao hiperfoco, que são, na realidade, modos de amenizar as possíveis sobrecargas emocionais e sensoriais que podem evoluir para crises. Qual o tamanho da rigidez cognitiva das pessoas em geral acerca de suas próprias opiniões e como isso se reflete na vida em sociedade, tão preconceituosa e insalubre nos dias atuais? Pessoas que não estão na condição do autismo, mas que interagem apenas em suas panelinhas sociais, que não toleram crenças e orientações sexuais distintas das suas, que não se mostram flexíveis para (re)inventarem outras metodologias de ensino e processos avaliativos com seus alunos, que não conseguem parar para discutir sobre política sem tentarem se matar de ofensas... Esses exemplos é que me atravessam como pensamentos rígidos que deveriam ser abordados e tratados em atendimentos para a saúde mental de toda a comunidade planetária.

É preciso compreender que a "quebra" de concentração provocada em pessoas com autismo quando estão imersas em seus pensamentos e atividades focadas as atrapalha significativamente e costuma gerar alto estresse. Se não for realmente necessário interrompê-la, respeite esse momento. Uma sugestão é combinar com antecedência as atividades a serem realizadas, deixando claro que a partir daquele momento específico (previsibilidade) haverá necessidade de mudar ou iniciar uma outra atividade.

A literatura disponível em artigos e livros autobiográficos revela que meninas e mulheres na condição do autismo podem ter hiperfoco nas mais diferentes temáticas. Alguns assuntos têm se destacado: animais, música, arte, literatura, ativismo ambiental. Na realidade, não são temas incomuns se comparados aos pares sem autismo; no entanto, o que muda e faz grande diferença é a qualidade e a intensidade da conexão das meninas e mulheres no autismo com seus interesses exclusivos. Em pesquisa realizada em 2022, a maioria das participantes mencionou que seus interesses de hiperfoco se relacionavam a: temas sobre psicologia, psicanálise, psiquiatria, neurociências e saúde em geral, seguidos do interesse sobre a temática do autismo e espiritualidade, além de outros assuntos mencionados pontualmente. Elas relataram que os temas se alteram à medida que seus interesses mudam ao longo da vida (Orrú, 2022).

Na escola e na universidade, o hiperfoco pode ser trabalhado como eixo de interesse abarcando e conectando os vários domínios do conhecimento (arte, exatas, linguística, tecnologia…). Vale ressaltar que a literatura tem registrado que o pensamento por imagens se mostra muito presente na vida de várias (não todas) pessoas com autismo e repercute em seu processo de aprendizagem em razão da concretude que possibilita trazer sentido e significado a algo ou ao contexto (Grandin, 2009, 2015, 2022; Orrú, 2016).

De modo similar, tem sido descrita especialmente em pessoas com nível 1 de suporte a presença de uma memória singular que costuma surpreender as demais pessoas com a descrição de detalhes ricos e pormenorizados (inclusive de sensações sensoriais experimentadas) de fatos ocorridos, até mesmo aqueles relacionados à tenra idade, trechos de livros lidos, datas de eventos importantes, enfim, acontecimentos considerados marcantes ou que são de seu foco de interesse (Klin, 2006; Ullman & Pullman, 2015). Essa memória, principalmente a de longo prazo, pode se assemelhar a níveis parecidos aos fotográficos em toda sua riqueza de minúcias, tal como padrões de cores, números e letras. Não menos importante, a compreensão literal das palavras e seus conceitos impactam tanto as habilidades sociais e comunicativas como o aprendizado das pessoas com autismo, pois há uma dificuldade na compreensão de significados não literais e metafóricos (Frith, 1989).

Nesse sentido, observar a complexa conexão entre temas de interesse como hiperfoco, a imagem como elemento constitutivo do pensamento, a memória de excelência (que também diz respeito a imagens) como um canal de possibilidades diversas e a presença da literalidade nas relações dialógicas e interpretações (dialógicas e textuais) pode ser relevante diferencial nos processos interdependentes de ensinar e de aprender, tanto no que diz respeito ao conhecimento acadêmico, ao conhecimento que embasa as relações e habilidades sociais como ao desenvolvimento do autoconhecimento e da percepção de si consigo mesmo e com os outros. Sem dúvida, isso tudo não é representação de déficit, mas de potência a ser explorada. Logo, essa observação pode ser útil tanto para professores no contexto escolar e universitário como para profissionais da saúde mental, entre outros.

> O eixo de interesse, quando bem explorado, permitirá o conhecimento do potencial e das habilidades do aprendiz com autismo, referendará seu "ponto ótimo" e trará possibilidades de também se identificar e planejar estratégias de desenvolvimento de outras habilidades ainda não desenvolvidas sem, contudo, sempre frisar o que ele não sabe fazer, ou o que não consegue fazer, ou aquilo que nunca será capaz de fazer segundo influência cultural dos critérios diagnósticos. Trabalhar por eixos de interesse como ponto principal de partida e valorizando o "ponto ótimo" do aprendiz com autismo é aproveitar ao máximo aquilo que ele se mostra capaz de fazer, é respeitá-lo em suas limita-

> ções, é promovê-lo sempre a uma próxima etapa mais complexa e procurando integrar novos saberes relacionados ao eixo de interesse que melhor valorize suas formas de expressar seus sentimentos, seus pensamentos, seus desejos, suas preferências, suas habilidades, suas dificuldades, suas descobertas, sua subjetividade (Orrú, 2016, p. 173).

Narrativas de mulheres no autismo revelam que seus temas de hiperfoco foram importantes ao longo de suas vidas em todos os sentidos. Entre seus interesses: leitura voraz de livros desde a infância, videogames, jogos eletrônicos, animais, dinossauros, biologia e meio ambiente, revistas em quadrinho, cinema, personagens, autismo em mulheres, músicas, mundo da fantasia, literatura, coleções (selo, papel de carta, cartão postal, chaveiro etc.), justiça social, política, além de pintura, desenhos realísticos, fotografias, poemas, idiomas, escrita (Orrú, 2016; Silva & Mendonça, 2022). Sugiro a leitura de livros e matérias sobre a vida, o hiperfoco, as composições e atuações de mulheres com autismo, tais como: Alice Casimiro, Aline Provensi, Carly Fleischmann, Carrie Beckwith-Fellows, Daniela Sales, Deborah Santos, Elizabeth Wiklander, Greta Thunberg, Henriett Seth F., Luciana Viegas, Marina Amaral, Nadia Chomyn, Niamh McCann, Raquel Nery, Renata Simões, Sophia Mendonça, Susan Boyle, Tabata Cristine, Temple Grandin, entre outras.

É preciso acolher o hiperfoco como potência.

Sensibilidade sensorial

> *Sou autista, mas isso não me define. Conheça-me antes de me julgar. [...] Nossos cérebros são conectados de modo diferente. Nós absorvemos muitos sons e conversas ao mesmo tempo. Eu tiro centenas de fotos do rosto de uma pessoa ao olhar para ela. Por isso é difícil para nós olhar para alguém.*
>
> Fleischmann e Fleischmann (2012)

Excesso de sensibilidade! Essa é uma das singularidades mais perceptíveis nas pessoas com autismo. Ao contrário do mito adverso que por décadas as acompanhou, as pessoas com autismo não são insensíveis. Elas são hipersensíveis e, constantemente, encontram-se à flor da pele.

Pessoas com autismo podem ser muito sensíveis e reativas a sons, cheiros, visões, sabores e toques. Os aspectos sensoriais são um dos principais indicadores reconhecíveis no autismo e costumam ser percebidos ainda na tenra idade, inclusive em bebês. A literatura tem registrado que as características sensoriais que se apresentam na infância costumam permanecer até a adolescência e seguem na vida adulta, mesmo que de maneira variada. Igualmente, sugerem existir uma relação entre o funcionamento sensorial e o efeito cascata, por exemplo, "crianças extremamente focadas ou sobrecarregadas pelos aspectos sensoriais do ambiente podem ter mais dificuldade em se envolver em atividades que promovam o desenvolvimento cognitivo, adaptativo, motor e social" (Kirby et al., 2022).

De acordo com Orefice et al. (2016), as alterações neurais subjacentes à disfunção somatossensorial contribuem para as características do TEA, mesmo embora ainda não esteja claro como é que o processamento do toque desencadeia o desconforto social e a ansiedade. Cerca de 95% das pessoas com TEA demonstram reatividade exacerbada a estímulos sensoriais, incluindo estímulos táteis. A maioria relata sensibilidade tátil alterada na pele (considerada o maior órgão do corpo humano) e aumento da sensibilidade à vibração e à dor térmica (Blakemore et al., 2006; Cascio et al., 2008; Tomchek & Dunn, 2007). Segundo o estudo,

> indivíduos que são hiper-reativos sensoriais frequentemente experimentam estímulos sensoriais de forma mais intensa em comparação com outros, e **podem considerá-los dolorosos, desreguladores ou esmagadores**. [...] Os adultos autistas identificaram que são comumente hiper-reativos a luzes brilhantes e piscantes (75%), ruídos altos (87,5%), muitas conversas (82,5%), ruídos agudos (77,5%), música (75%), sons de transporte público (70%), roupas (75%), diferentes texturas (62,5%), temperaturas quentes (55%), texturas de alimentos (65%), cheiros fortes (65%) e o cheiro de perfume (60%) (MacLennan et al., 2022, p. 3061, 3065, tradução minha, grifos meus).

Os problemas auditivos são relatados como sendo a dificuldade sensorial mais angustiante (podem se sentir incomodados com algum tipo de som ou mesmo dificuldades em ouvir alguém falando). Nos relatos, a sensibilidade tátil é a mais frequente. Algumas pessoas também relatam sentir aversão a estímulos repentinos, fortes e específicos. Outras disseram se sentir confusas em relação a múltiplos estímulos simultâneos. Dificuldades sensoriais relacionadas a alimentos (sabor) também são mencionadas (Wada et al., 2023).

Para Gomes et al. (2004), é possível afirmar que as pessoas com autismo apresentam uma variedade de sensibilidades, tanto hipersensibilidade quanto hipossensibilidade, e que se apresentam na forma de distorções sensoriais, sobrecarga emocional, receptividade multicanal de informações e dificuldades de processamento. Para Danesh et al. (2021), a hiperacusia (condição caracterizada por uma maior sensibilidade a certas frequências e volumes de som) é altamente prevalente em pessoas com TEA, podendo desencadear reações atípicas que podem impactar a qualidade dos domínios sociais e acadêmicos. Com relação à visão, é comum ficarem angustiadas com luzes ofuscantes.

Problemas relacionados ao tato, olfato e paladar levam a sérias dificuldades, como má adaptação ao ambiente e seletividade alimentar (aquelas com sensibilidade sensorial oral atípica recusaram mais alimentos e comeram menos vegetais do que aquelas com sensibilidade sensorial oral típica) (Chistol et al., 2018). De acordo com Wentz et al. (2005), cerca de 70% das mulheres internadas em uma clínica de transtorno alimentar tinham autismo não diagnosticado. E cerca de 23% das pessoas diagnosticadas com anorexia nervosa são autistas.

Segundo os estudos de Xu et al. (2020), as pessoas com TEA têm prejuízos na função de ordem superior do processamento olfativo, como memória de trabalho olfativa e/ou atenção, e costumam apresentar sensibilidade olfativa exacerbada. Estudos indicam que mais de 50% das crianças amostradas com TEA tinham sensibilidade incomum ao olfato e/ou paladar, e que tais sensibilidades impactavam sua convivência social. Em específico, o odor é uma modalidade sensorial muito poderosa, capaz de provocar fortes reações emocionais em razão da estreita relação entre o processamento de informações olfativas e afetivas, de modo que os odores podem modular o humor, a cognição e o comportamento (Soudry et al., 2011; Xu et al., 2020).

Um outro desafio sensorial das pessoas no autismo é a regulação da temperatura corporal em relação à temperatura do ambiente externo. De acordo com Williams et al. (2019, p. 1, tradução minha), "os limiares perceptivos térmicos são típicos no transtorno do espectro autista, mas fortemente relacionados à variabilidade de resposta intraindividual". A intolerância ao calor, sensação de estar superaquecida quando a temperatura ao redor se eleva, é descrita em estudos sobre a questão sensorial em pessoas com autismo. Manter-se hidratado, com roupas leves, em ambientes mais frescos e seguros, controlar o superaquecimento do corpo com compressas de gelo e toalhas molhadas, atentar para o limite suportável nas atividades físicas, fazer pausas para descansar, observar se há um quadro de anidrose[9] pode contribuir para um maior bem-estar em dias muito quentes.

Há relatos de sensibilidade a temperaturas acima ou abaixo da média. Quando a temperatura se distancia da sensação de bem-estar, irritações, colapsos e diminuição da capacidade de mascaramento do autismo com a ocorrência de crises sensoriais costumam se fazer presentes e trazer prejuízos qualitativos à vida social das pessoas com autismo que são afetadas nessas condições.

> Meu parceiro vai apontar que estou tremendo antes de eu perceber que estou sentindo muito frio. Se meu corpo está doendo, levo algum tempo para perceber, por exemplo, se meu parceiro sentar no meu pé e ele estiver em uma posição estranha, ele perceberá, e eu perceberei que é doloroso assim que for apontado (SE15) (MacLennan et al., 2022, p. 3065, tradução minha).

No entanto, também há relatos de insensibilidade à temperatura em pessoas com autismo, como também hiporreatividade sensorial a dor, fome, cheiros, sabores, bem como a certos sons, entre outros (Chamak et al., 2008; Williams et al., 2019). Especialmente os familiares, profissionais da educação e da saúde devem se manter atentos a essa singularidade, pois não é incomum a falta de conhecimento a respeito e atitudes de indiferença ou críticas às reações e demandas da pessoa com autismo nessas circunstâncias. Em

---

9. Anidrose é a incapacidade de suar. Ela pode ser potencialmente fatal devido a doenças relacionadas ao calor (Harper & Bermúdez, 2022).

suma: esse mal-estar não é frescura! Seja empático, atencioso, solidário.

Importante dizer que a questão da temperatura também se relaciona com o uso de roupas apropriadas. Essas sensações se vinculam à sensibilidade tátil, pois ocorrem na pele. No entanto, nesse caso, é a hipersensibilidade à temperatura que seria o gatilho para os desconfortos com roupas. Pessoas com autismo relatam pouco suportarem certos tecidos, etiquetas, roupas apertadas em seus corpos. Assim, apesar de poderem se sentir mais confortáveis em dias frios do que em dias muito quentes, elas podem se sentir extremamente mal por precisarem suportar mais peças de roupas durante baixas temperaturas, o que também seria um gatilho substancial em crises sensoriais. Essas sensações podem ser extremamente perturbadoras e desencadeadoras de crises de sobrecarga emocional, principalmente quando a tentativa de mascarar o autismo está presente. Ou seja, a sobrecarga sensorial está intimamente relacionada à sobrecarga emocional e vice-versa: "A hiper-reatividade sensorial pode resultar em adultos autistas se sentindo sobrecarregados, e isso pode ser exacerbado quando experimentam estresse elevado e níveis de energia esgotados" (MacLennan et al., 2022, p. 3062, tradução minha).

Em estudo, participantes relataram sentir algum tipo de incômodo, desconforto ou estresse relacionados aos cinco principais sentidos: audição (33,6%), tato (17,7%), visão (15,9%), paladar (15%), olfato (9,7%). A hipersensibilidade ao calor e ao frio foi citada por 4,4% dos respondentes. Dores no corpo e alto estresse foram frequentemente mencionados como alterações impactadas pela via auditiva e pelo tato. O entrelaçamento de dois ou mais fatores de incômodo esteve presente em todas as respostas. Também foram mencionadas: dores frequentes por tensão muscular, incômodo com abraços e apertos de mão, desconfortos com roupas, autolesões em razão dos desconfortos no corpo, dificuldades de lidar com reconhecimento e limite da dor, movimentação inquieta pelos incômodos sentidos no corpo, sensação de sair do corpo em razão de hiperestimulação (Orrú, 2022).

O uso de medicamentos pode ser útil para tratar sintomas diversos, no entanto, eles também podem gerar efeitos colaterais e desencadear crises de sobrecarga sensorial, por isso a importância de se manter sempre em diálogo aberto com o profissional da saúde, entendendo que nem todos os médicos têm experiência e conhecimento sobre o autismo e seus impactos, aliás, alguns chegam a ser rudemente desumanos (Aishworiya et al., 2022; Autism Speaks, 2018; Owens et al., 2021).

Por outro lado, pessoas com autismo também se beneficiam de experiências perceptíveis sensoriais agradáveis, excitantes e tranquilizadoras, a partir de sensações com relação a certas texturas, superfícies lisas e frias, suas músicas favoritas, sabores prediletos, sexo, suas experiências com os vários estímulos produzidos durante o contato com a natureza, a arte, esportes e atividades físicas que lhe são prazerosas, contato com animais, com a água, com seu próprio hiperfoco e eixo de interesse, entre muitas outras coisas que variam de pessoa para pessoa (Jones et al., 2003; MacLennan et al., 2022; Orrú, 2016; Robertson & Simmons, 2015; Weis, 2022). O autoconhecimento é fundamental, pois ele permite que a pessoa se conheça melhor, compreenda-se, encontre caminhos para sua autorregulação, para potencializar o que a faz sentir-se bem consigo mesma.

No tocante às mulheres com autismo, estudos sugerem que o autismo afeta diferentes regiões do cérebro e que estas são percebidas de modo distinto em mulheres e homens com autismo. As meninas estariam mais predispostas a experimentar impactos sensoriais relacionados ao autismo, inclusive as repercussões nas habilidades motoras finas, no funcionamento executivo e na regulação emocional, apesar de frequentemente apresentarem menos diferenças na comunicação e nas habilidades sociais (Cauvet et al., 2019; Jack et al., 2021; Moseley & Pulvermüller, 2018; Supekar et al., 2022; Szalavitz, 2016). Nas palavras de Rudy Simone, estadunidense nascida em 1964, jazzista e escritora diagnosticada com síndrome de Asperger,

> há um milhão de gatilhos à espreita em todos os lugares, esperando para nos detonar, roubar a nossa paz e sabotar a nossa calma. [...] **Nós sentimos coisas demais** (Simone, 2010, p. 35, tradução minha, grifos meus).

Em seu livro, Rudy também compartilha importantes informações e experiências que podem colaborar para a sua melhor compreensão acerca do autismo no feminino:

> [...] Nós só gostamos de **abraços apertados**, mas eles não são apropriados em todas as situações, então va-

mos evitar abraços educados que as pessoas parecem gostar de dar umas às outras. [...] **Somos afetuosas** quando queremos ser e, principalmente, quando podemos controlar a quantidade de pressão física envolvida. [...] **Faça escolhas informadas sobre o que vai fazer e onde vai fazer** [...] você pode gostar da ideia de morar na cidade de Nova York, mas pode não ser capaz de lidar com a constante sobrecarga sensorial disso (Simone, 2010, p. 35, 39-40, 42, tradução minha, grifos meus).

Acerca da sensibilidade sensorial nas meninas e mulheres, a literatura complementa, além de tudo o que já foi dito, que elas se mostram sensíveis à sensação de roupas (etiquetas, meias-calças, rendas, babados, tecidos ásperos, lã, roupas apertadas e com elásticos nos braços e nas coxas, entre outras), maquiagem, certos cremes, e estão sempre optando por roupas confortáveis (roupas íntimas macias, roupas aconchegantes que mantenham o ar gelado distante do contato com a pele e roupas frescas e gostosas em dias quentes) em vez de roupas e sapatos da moda que lhes causem desconfortos (Simone, 2010).

Semelhantemente, costumam mostrar aversão à sensação de substâncias nas pontas dos dedos (como sujeira e aspereza), sentem-se sobrecarregadas em locais como supermercados e lojas onde se concentra um grande número de pessoas, sentem-se incomodadas em serem abraçadas ou beijadas por pessoas com as quais não tenham um relacionamento mais próximo, demonstram interesse pela organização espacial, costumam ter repulsa a ambientes barulhentos, cheiros fortes e certos tipos ou texturas de alimentos (Jack, 2020).

A sobrecarga sensorial e emocional afeta intensamente a saúde das mulheres atravessadas pelo autismo. No desencadeamento desse caos altamente dimensionado pela camuflagem social e em razão do subdiagnóstico, elas recebem menos atenção e apoio de profissionais da saúde. Logo, no processo de internalização dos sintomas, elas sofrem com o aumento do estresse, crises de ansiedade e episódios intensos de depressão (Hull et al., 2020). Assim, embora as mulheres com autismo costumem apresentar menos dificuldades com relação à comunicação e às habilidades sociais em geral, é provável que vivenciem mais situações de depressão, ansiedade, transtornos alimentares, problemas de saúde (gastrointestinais, cardíacos, neurológicos, condições imunes e autoimunes, endócrinos), sensibilidades sensoriais mais intensas, ideação suicida, automutilação e estresse pós-traumático (Sedgewick et al., 2021).

Não menos importante, vale reforçar que, apesar das dificuldades sensoriais acentuadas pelo autismo, é possível desenvolver habilidades sensoriais positivas a partir de atividades sensoriais diversas que estejam dentro do campo de interesse e desejo da pessoa. Como, por exemplo, ouvir uma música, fazer uma caminhada ou prática de esporte, escalada (pode ser *indoor*) ou atividades tranquilas junto à natureza, jogar *videogame* com segurança e limite, aprender um instrumento musical, cozinhar, aprender uma atividade manual (costura, tricô, crochê), balançar ao ar livre, nadar, valorizar o momento do banho para relaxar, escrever aquilo que desejar. São muitas as possibilidades aqui descritas que podem ser realizadas tanto por crianças, adolescentes como jovens e adultos na condição do autismo. O importante é se conhecer e se descobrir naquilo que gosta, naquilo que lhe faz bem, que ajuda em sua organização e harmonia interior, que é preventivo às crises de ansiedade, que ampara no escoamento da dor, da tristeza e da raiva acumulada, que alivia o estresse sensorial e emocional, que beneficia a conexão consigo mesma.

Recentemente os termos *meltdown* e *shutdown* se tornaram comuns nos discursos de influenciadores na condição do autismo que se destacam nas mídias sociais. Todavia, ainda há resistência da comunidade médica e científica em considerar legítimas as narrativas das pessoas no autismo como recurso para a produção de material empírico com importante potencial de análise, reflexão e produção de informações, e são poucos os autores que abordam esses fenômenos (Belek, 2018; Buckle et al., 2021; Higgins et al., 2021; Phung et al., 2021; Raymaker et al., 2020).

No relevante estudo de Phung et al. (2021), estiveram nas narrativas dos sujeitos frases como: "sinto com todo o meu ser" e "me sinto fora de controle" (experiências com colapsos), além de: "minha visão está ficando embaçada", "fico com os músculos tensos e começo a ficar com calor", "respiro rápido", "é como se meu subconsciente ainda estivesse fora do meu controle", "…me forçando para ficar calmo", "quando estou em colapso, não é fácil sair e não estou no controle total, é como se não estivesse pensando com clareza", "chegou ao ponto em que estou tão desmotivado que não consigo nem fazer as coisas que quero fazer", "me sentindo esgotado, como se não tivesse energia para me levantar", "vou congelar completamente, não consigo falar, vou gaguejar, literalmente congelar" (Phung et al., 2021, p. 6-7, tradução minha).

Buckle et al. (2021) inovam trazendo o conceito de "inércia autista", que diz respeito a uma

> dificuldade generalizada e muitas vezes debilitante de agir de acordo com suas intenções. [...] Dificuldade em iniciar, parar e mudar de atividades que não estavam sob seu controle consciente. [...] Dificuldade profunda em iniciar até mesmo ações simples que são mais sugestivas de um distúrbio do movimento. [...] "Inércia" é o termo para a primeira lei do movimento de Newton, que é a tendência de um corpo permanecer no mesmo estado de movimento, a menos que seja influenciado por uma força externa. Isso é usado metaforicamente para descrever as dificuldades de iniciar e interromper atividades, que são comumente experimentadas por pessoas autistas (p. 1-2, tradução minha).

A dificuldade pode se fazer presente nos momentos de transição para o início de tarefas e em situações de retomada de uma tarefa que foi interrompida. A "inércia autista" tem sido relatada como uma dificuldade em iniciar movimentos, seguir instruções e mudar de forma flexível o foco atencional, uma incapacidade de agir devido ao medo de resultados desconhecidos ou indesejáveis. Ansiedade ou falta de motivação devido a quadros de depressão têm sido mencionadas como contributivas para essa falta de iniciativa, bem como a dificuldade de compreender as próprias emoções, imprevisibilidades e pouca flexibilidade de pensamento. Deficiências na função executiva (habilidades envolvidas no planejamento, memória de trabalho, atenção e inibição) e contextos de catatonia também têm sido descritos como vinculados a condições de inércia. Os sintomas presentes durante o estado da inércia se mostram prejudiciais à interação social do sujeito com autismo, além de um sentimento de desconexão entre cérebro-corpo (Buckle et al., 2021; Demetriou et al., 2018; Ozsivadjian et al., 2020; Paterson, 2016; Welch et al., 2021).

Assim, apesar de esses fenômenos não serem abordados oficialmente pela literatura da comunidade médica e científica, entendo que são relevantes de serem acomodados nesta obra; para tanto, resumo seus conceitos resgatando, em primeiro lugar, o sentido de sobrecarga sensorial, seguido do *meltdown* e do *shutdown*, culminando no cúmulo do "esgotamento autista". Acrescento o acontecimento da "inércia autista", pioneiramente abordada por Buckle et al. (2021).

Fenômeno	Conceito	Manifestações
Sobrecarga sensorial	São estímulos sensoriais intensos e excessivos que afetam a capacidade de processamento e enfrentamento por parte da pessoa com autismo. Esforço intenso na tentativa de controlar e lidar com as sensibilidades sensoriais cotidianas que ao longo do tempo se acumulam.	Estímulos em excesso (sons, cheiros, toques, texturas, luzes, cores, sensação de movimento, sabores...). Hiper-reação a um ou mais estímulos. Alterações de rotina, rituais e imprevistos. Frustrações. Estresse/sobrecarga emocional. Fadiga ou ressaca social. Situações que exigem muito raciocínio sob pressão. Canseira demasiada / necessidade de dormir para descansar. Mascaramento do autismo. Camuflagem social.
Meltdown (derretimento)	Reação de crise externa a uma situação ou ambiente altamente angustiante (resposta alta de adrenalina e carga emocional).	Aumento considerável dos níveis de ansiedade e angústia. Colapso na capacidade de gerenciar as próprias emoções e sentimentos. Crises de explosão emocional. Perda temporária do

		controle emocional. Comportamentos repetitivos exacerbados. Sintomas: gritos, choros, enjoos, tremores, dor no corpo, mal-estar. As crises são extremamente angustiantes. Pode haver autoagressão e agressão a outras pessoas.
Shutdown (desligamento ou congelamento)	Reação de crise interna a uma situação ou ambiente altamente angustiante (resultado de alto escape de adrenalina e do acúmulo de carga emocional). A pessoa pode ficar parcialmente ou totalmente desligada ou paralisada, sem responder a qualquer forma de comunicação. É a forma mais	Isolamento/ paralisação. Alto sofrimento psíquico. Podem se sentir incapazes de sair da situação. Sintomas mais discretos, porém, intensos. Sintomas: olhar distante, respiração ofegante ou lenta, podem se deitar no chão ou se retirar em isolamento, entre outros comportamentos que podem se correlacionar.

	comum de crise, muitas vezes não percebida pelas pessoas em derredor.	
Inércia autista	Dificuldade generalizada e muitas vezes debilitante de agir de acordo com as próprias intenções. A dificuldade pode se fazer presente nos momentos de transição para o início de tarefas e em situações de retomada de uma tarefa que foi interrompida.	Dificuldade em iniciar, parar e mudar de atividades que não estavam sob seu controle consciente. Dificuldade profunda em iniciar até mesmo ações simples que são mais sugestivas de um distúrbio do movimento. Deficiências na função executiva (habilidades envolvidas no planejamento, memória de trabalho, atenção e inibição). Falta de controle voluntário e incapacidade de executar tarefas que estavam dentro de sua capacidade. Dificuldade de priorizar um ponto de partida para reagir e sair com autonomia do estado da inércia. Sentimento de desconexão entre

		cérebro-corpo e consciência alterada. Desconexão entre intenções e ações. Fisicamente incapaz de se mover (semelhante à catatonia). Sentimento de exaustão em razão do estresse e sobrecarga emocional e sensorial. Consequência na interação social, na qualidade de vida, no bem-estar, na atividade laboral e em atividades cotidianas (produtividade reduzida e dificuldade em manter relacionamentos).
Esgotamento autista	Esgotamento físico e mental que pode ocorrer a médio e longo prazo. Dificuldade para controlar as emoções.	Pode haver explosões de tristeza e/ou raiva. Diminuição do interesse em atividades que antes davam prazer. Menos habilidade para lidar com as situações estressantes. Adoecimento físico/mental. Alto sofrimento psíquico. Ansiedade intensa. Depressão. Ideação suicida.

Igualmente, considero importante destacar o que os sujeitos no autismo relataram acerca de ações que os aliviam diante das crises: "...ir embora para casa... mas às vezes não é possível ir embora, às vezes você está na aula e não pode ir embora, fica preso lá pelo resto do dia", "fazer uma atividade divertida ao ar livre", "ouvir novos *podcasts* ou músicas que gosto nos fones de ouvido", "...chutar uma bola de futebol é divertido e eu costumo competir contra uma parede e você pode chutá-la com muita força, tipo, você pode chutá-la com toda a sua raiva e pode ser... pode ser útil às vezes", "brincar com meu cachorro", "o que é útil para mim é apenas ficar sozinho", "respirar fundo", "fecho os olhos e conto até 100, e aí... e aí abro de novo" (Phung et al., 2021, p. 8-9, tradução minha).

Cada pessoa com autismo é única, por isso é muito importante ter um olhar e uma escuta sensíveis antes de qualquer atitude. Essas ações podem colaborar no acolhimento e apoio pós-crise de sobrecarga emocional e sensorial:

- afaste a pessoa de locais ou objetos que lhe ofereçam riscos;
- acolha-a em local tranquilo onde possa se deitar, ficar à vontade para descansar;
- evite fazer muitas perguntas ou comentários;
- dê tempo para que ela possa se acalmar e se recompor;
- ofereça água;
- faça uso do hiperfoco ou do eixo de interesse como possibilidade de relaxamento;

- ofereça apoio conforme a demanda e aceitação da pessoa;
- tranquilize-a de que está tudo bem, que você compreende a situação e está ali para a apoiar;
- avise um familiar ou responsável;
- não a julgue nem a subestime, embora em crise, essa pessoa pode estar ouvindo e compreendendo tudo o que está sendo dito perto de si.

No caso de estudantes com autismo no contexto escolar ou universitário, é recomendável um posicionamento institucional consciente e inclusivo para a prevenção de crises:

- aceite o estudante tal como ele é, sem preconceito e discriminação, pois isso machuca o sujeito e é des-humano;
- promova a conscientização sobre a origem do mascaramento do autismo e da camuflagem social para evitar crises de ansiedade e depressão;
- oportunize ações e laços de pertencimento a partir das unidades de estudo e conteúdos ministrados (não custa nada você abordar pelo menos uma vez no semestre temáticas sobre o autismo em suas aulas);
- tenha um lugar calmo para avaliações em separado da turma quando esta for uma demanda do estudante (isso é diferente de sempre o separar por imaginar que ele não consegue fazer as atividades com sua turma);

- tenha uma escuta e um olhar sensíveis às demandas do estudante;
- ofereça mais tempo para fazer as avaliações;
- disponibilize o material das aulas, como textos e *slides*;
- permita que o estudante grave suas aulas, que possa tirar foto do conteúdo registrado na lousa etc.;
- uso de abafadores pode ser necessário no caso de hiper-reação auditiva;
- considere diminuir a intensidade das luzes na sala de aula;
- possibilite o uso de notebook nas avaliações quando o estudante manifestar que esse recurso o ajuda;
- em grupos de trabalho para apresentação de atividades e seminários garanta que o estudante esteja incluído em um grupo de colegas para evitar que fique ansioso e constrangido em ter que procurar um grupo que o aceite;
- outras condições clínicas em conjunto com o autismo podem demandar diferentes intervenções pedagógicas (autismo + dislexia, TDAH, baixa visão...);
- incentive-o a buscar apoio psicológico, realizar atividade física e tempo para lazer como prevenção às crises de sobrecarga emocional e sensorial;
- rotina e previsibilidade são muito importantes no favorecimento de seu desenvolvimento e aprendizado

em qualquer idade e em qualquer nível de demanda de apoio;

• tranquilize-o que está tudo bem se ele sentir necessidade de se ausentar da aula por alguns momentos, sempre que precisar;

• evite qualquer forma de fala dúbia, enunciados sem clareza e sarcasmo, pois pessoas com autismo costumam ser literais;

• importante haver um local destinado ao acolhimento anticrise: tranquilo, acolhedor, com almofadas, acesso à música, sem cores e luzes intensas, com água, próximo ao banheiro, com possibilidade de trocar de roupa etc.;

• toda escola e universidade devem ter uma equipe multidisciplinar de apoio;

• invista no potencial do estudante com autismo e não superestime os critérios de diagnóstico que enfatizam déficits e incapacidades;

• combata o preconceito e toda forma de discriminação em sua instituição;

• cumpra e exija o cumprimento da legislação pró-inclusão;

• compreenda e valorize o hiperfoco/eixo de interesse que potencializa as habilidades do estudante com autismo;

• apoie e incentive a educação e a qualificação profissional do estudante com autismo;

- contribua na evolução da humanidade e compaixão onde você atua, faça o seu melhor pela inclusão plena dos estudantes com autismo e de toda e qualquer pessoa em condições de desvantagem se comparada às outras pessoas.

> Cremos que o aprendiz com autismo deve ter a oportunidade, assim como é seu direito, de frequentar espaços de aprendizagem de natureza heterogênea e ter seus eixos de interesse valorizados para que suas potencialidades possam ser descobertas por ele mesmo, pelos professores, pelos seus familiares, promovendo a reversão do mito das incapacidades e alienações para uma concepção do aprendiz com autismo como um sujeito que aprende (Orrú, 2016, p. 234).

As questões sobre a sensibilidade sensorial são complexas e inesgotáveis. Há muito o que se pesquisar e estudar a respeito. Inclinar-se[10] a escutar o que as meninas e mulheres com autismo têm a dizer sobre suas próprias experiências, preferências, sensações e sentimentos é imprescindível.

Camuflagem e compensação

"Mas você não parece autista" é uma frase muito comum, ouvida, principalmente, por mulheres jovens e adultas diagnosticadas com autismo, especialmente autismo nível 1 (leve). O fato de a imagem do autismo ter sido ma-

---

10. Inclinar-se tem a ver com o sentido etimológico do termo clinicar: *Kliné*, que em grego significa "procedimentos de observação direta e minuciosa", inclinar-se ao leito para observar o paciente. "Inclinar-se" também pressupõe dedicação, atenção, responsabilidade com o outro que demanda cuidado.

joritariamente vinculada a homens e a crianças durante décadas predispôs à negligência quanto à sua presença na vida de meninas e mulheres. A invisibilidade das meninas e das mulheres com autismo é uma realidade por todo o planeta, mas em algumas localidades chega a ser trágica[11], pois usurpa qualquer possibilidade de acesso a intervenções que possam se fazer necessárias, inclusive o acesso ao apoio psicológico, tão vital para a qualidade de vida e bem-estar. Para Hannah Belcher, escritora e pesquisadora com autismo:

---

11. Na Nigéria, por exemplo, nação mais populosa da África, com mais de 200 milhões de pessoas, não há políticas para transtornos do desenvolvimento neurológico, como o autismo. Provavelmente porque o autismo, em muitos casos, se apresenta como uma "deficiência invisível". O preconceito e a não aceitação dos filhos por parte dos familiares também os torna invisibilizados para o acesso à construção de políticas públicas para o diagnóstico e intervenções que possam se fazer necessárias. O mesmo ocorre em muitos outros países do continente africano. Existem poucos dados sobre a prevalência do autismo na África, embora essa região tenha uma população de quase 1 bilhão, 40% são crianças menores de 14 anos. A ausência de estudos e pesquisas sobre o autismo e suas maneiras de se manifestar na vida das pessoas é uma dura realidade (Eze, 2018; Folarin-Ogunde, 2021; Franz et al., 2017). Em determinados países do Leste Asiático, como a Coreia do Sul, por exemplo, ser diagnosticado com autismo é vergonhoso a ponto de as famílias fazerem quase tudo para evitá-lo, o estigma é tão intenso que os médicos preferem fazer o falso diagnóstico de "transtorno de distanciamento reativo", que se refere ao isolamento social causado pelo abuso dos pais (Li, 2018). Em vários países da América Latina, a falta de conscientização sobre o autismo, infraestrutura precária para atendimentos no sistema público de saúde, baixa renda, alto custo para intervenções terapêuticas e educacionais acumulam-se no sentimento de discriminação e desamparo vivenciado pelas famílias de crianças com autismo (Paula et al., 2020). Semelhante a países da América Latina, o mesmo tem acontecido na Rússia (Ustinova et al., 2022). No Irã não há praticamente nenhum nível de conhecimento sobre o autismo que se mostre suficiente na população em geral, o que traz extrema marginalização a crianças e adultos no que diz respeito ao acesso à saúde e educação adequadas (Rafiei et al., 2023). Na Arábia Saudita, o conhecimento acerca do autismo é escasso e necessita de alto investimento para contemplar as demandas da população (Alyami et al., 2022). Outros países do Golfo Árabe como Bahrein, Kuwait e Catar carecem de investimentos em pesquisas e acesso populacional ao conhecimento e à saúde no que diz respeito ao autismo.

> A compreensão de que o autismo pode se apresentar de maneira muito diferente de como imaginado pela primeira vez [foi uma mudança crítica na última década]. Muitos dos primeiros estudos que construíram a concepção de autismo foram baseados em homens jovens e brancos. Compreender como as mulheres podem ser diagnosticadas mais tarde e manifestar suas características de maneira diferente abriu toda uma porta para outras pesquisas sobre interseccionalidade e uma melhor inclusão de todas as pessoas autistas na pesquisa (Belcher, 2023, p. 1, tradução minha).

O acesso à avaliação diagnóstica realizada por um profissional qualificado e competente deve ser um direito de todas as pessoas no tocante a qualquer condição clínica sob suspeita, e deveria estar francamente disponibilizado por sistemas de saúde pública. No caso do autismo em meninas e mulheres, esse alcance pode significar a possibilidade de um encontro consigo mesmas, a compreensão de muitas questões anuviadas que geram conflitos e incendeiam angústias e ansiedades que adoecem a mente e o corpo. Ter a oportunidade de olhar para si com o apoio de um profissional empático e competente em sua área de atuação pode resultar em um processo curativo que não diz respeito ao autismo em si (já que autismo não é doença), mas relativo a condições adoecedoras que podem decorrer de alto estresse surtido por sobrecarga sensorial e emocional, por exemplo. Uma intervenção e apoio apropriados favorecem uma melhor percepção de si mesma, e oportunizam a possibilidade da construção de novas maneiras para o enfrentamento dos desafios cotidianos com consciência e autonomia.

Nas meninas e mulheres, o autismo pode se manifestar distinto do que frequentemente se observa nos homens, principalmente em razão da cultura predominantemente masculina que colabora para o desdobramento do mascaramento social no feminino. Essa maquiagem é um mecanismo de defesa ativado por várias meninas e mulheres como um modo de ocultar as manifestações do autismo, com o objetivo de diminuir sua percepção por parte das outras pessoas. Esse dissimular se organiza por meio da imitação consciente do modo como outra menina ou mulher age, fala, reage, veste-se...

O ato da camuflagem não é expressão de "dupla personalidade" (transtorno dissociativo de identidade), falsidade, má-fé ou inautenticidade, mas um modo de sobrevivência no contexto social, por vezes, quase que desesperado, diante do caos das relações dialógicas complexas, dos discursos não compreendidos, do cenário desordenado que se ostenta. Para Belcher:

> Camuflar e mascarar são os mesmos teoricamente. A camuflagem foi inicialmente usada para se referir a uma série de estratégias, uma das quais era o mascaramento de traços autistas. Outras incluíram a compensação de traços autistas e a necessidade de se assimilar aos outros. Alguns sentiram que o termo "camuflagem" tinha um viés negativo, enquanto muitas pessoas podem estar cientes de seu mascaramento de características. Muitas vezes começa como uma estratégia inconsciente nascida de um trauma social na infância.

> De fato, outros rotularam essa transformação adaptativa (Belcher, 2023, p. 1, tradução minha).

Segundo Helen Hoang (filha de mãe vietnamita e nascida nos Estados Unidos), pseudônimo da autora do *best-seller The kiss quotient* (que narra a vida amorosa de Stella, uma jovem com autismo), a falta de consciência de sua família sobre o autismo e a pressão psicológica sofrida desde tenra idade contribuíram para que ela se tornasse uma especialista em se camuflar. Ela foi diagnosticada na vida adulta, em 2016, aos 34 anos. Para Helen, o diagnóstico do autismo foi libertador, para compreender muitas de suas questões íntimas e para sua autoaceitação (Perry, 2021).

A camuflagem é um mecanismo de defesa que, ao longo do tempo, traz grande angústia e acentua a possibilidade de problemas na saúde mental das meninas e mulheres com autismo, afetando, inclusive, sua própria identidade:

> Descrições autobiográficas e observações clínicas muitas vezes sugerem que a camuflagem, infelizmente, tem um custo: muitas vezes requer esforço cognitivo substancial, pode ser exaustiva e pode levar a respostas de estresse aumentadas, colapso devido à sobrecarga social, ansiedade e depressão e até mesmo um **impacto negativo no desenvolvimento da própria identidade** (Lai et al., 2017, p. 691, tradução minha, grifos meus).

A curto prazo, a camuflagem resulta em extrema exaustão e ansiedade; **embora os objetivos da camuflagem sejam frequentemente alcançados, a longo prazo também há consequências negativas graves** que afetam a saúde mental, a autopercepção e o acesso ao apoio dos indivíduos. Nossos achados demonstram que a camuflagem é um aspecto importante na vida de muitos adultos com condições do espectro do autismo (Hull et al., 2017, p. 2532, tradução minha, grifos meus).

E, ainda, são exemplos de camuflagem social:

> Fazer contato visual durante a conversa, usar frases aprendidas ou piadas pré-preparadas na conversa, imitar o comportamento social de outras pessoas, imitar expressões faciais ou gestos e aprender e seguir *scripts* sociais (Lai & Baron-Cohen, 2015). Pode-se também aprender a falar conscientemente de forma mais silenciosa ou a não ficar muito perto de outra pessoa ou a não fazer comentários pessoais, talvez seguindo o *feedback* de que estes podem ser prejudiciais ou desconfortáveis para outros ou talvez como um objetivo consciente de modelar seu comportamento por um par neurotípico **para obter maior aceitação social** (Lai et al., 2017, p. 691, tradução minha, grifos meus).

Inúmeras meninas e mulheres com autismo sofrem em silêncio e somente chegarão a receber um diagnóstico se forem acometidas por outros problemas que as conduza até o médico. E esse profissional tende a diagnosticá-la pelo motivo pelo qual foi encaminhada ao atendimento, podendo não perceber que sob a ponta do iceberg está o autismo (Happé, 2019). Por isso a importância da qualificação do profissional da saúde sobre a complexidade do autismo no feminino.

Não é novidade para ninguém que as relações humanas têm se mostrado demasiadamente insalubres no dia a dia, basta espiar os noticiários e as redes sociais. Temos perdido muito (ou não desenvolvemos o bastante?) de nossa humanidade (no sentido de compaixão, generosidade, benevolência, longanimidade, aceitação das diferenças...) no trato com os outros e até conosco mesmos – tente imaginar o impacto desse desastre relacional em pessoas que em sua condição subjetiva já apresentam dificuldades de compreender a dinâmica interacional. Dessarte, não julgar, mas buscar acolher e dar apoio a essas meninas e mulheres que buscam na camuflagem social um modo de resistir a tantas pressões é o desejável a ser feito. Oferecer apoio e convívio sincero são atitudes que contribuem para que o mundo seja um lugar melhor para todas as pessoas viverem.

Conforme o estudo de McCrossin, com 100% de respostas das participantes, 88 meninas se comportaram de maneira a buscar a camuflagem social como mecanismo de defesa e sobrevivência em grupos sociais, na escola e em família. As narrativas das meninas se pareiam com as histórias de mulheres adultas, em que 93% afirmam fazer uso recorrente da camuflagem (McCrossin, 2022).

Em um estudo realizado por pesquisadores australianos, Sutherland et al. (2017) relataram que pais de meninas com diagnóstico de TEA descreveram suas filhas como se estas cuidassem esconder ou mascarar as suas dificuldades, mas nenhum dos pais de meninos com TEA descreveu a ocorrência desse fenômeno.

Dean et al. (2017), nos Estados Unidos, descreveram que meninas com TEA fizeram uso de comportamentos compensatórios (como ficar próximo aos colegas, entrar e sair de atividades) como possível forma de mascarar seus desafios sociais na escola. Quando comparadas aos meninos com TEA, a identificação dos desafios sociais dos meninos era de fácil percepção. Conforme os autores:

> Meninos com desenvolvimento típico tendiam a praticar jogos organizados; meninos com TEA tendiam a brincar sozinhos. Os resultados destacam um viés masculino em nossa percepção do TEA. Se os profissionais procurarem isolamento social no *playground* ao identificar crianças com desafios sociais, **nossas descobertas sugerem que meninas com TEA continuarão sem identificação**. [...] Este estudo apoia a hipótese da camuflagem e aumenta nossa compreensão sobre os comportamentos sociais de meninas e meninos com TEA no ambiente social natural da escola. Pesquisas anteriores descreveram uma força relativa em meninas com TEA, que são mais capazes do que os meninos de mascarar seus sintomas de observadores adultos. Estar próximo a grupos de pares ajudou as meninas a terem acesso a oportunidades de interação social, mas um olhar mais atento sugere que meninas com TEA eram menos propensas a ter as habilidades necessárias para usar essas oportunidades para se envolver com sucesso com seus pares (Dean et al., 2017, p. 678, 687, tradução minha, grifos meus).

Também nos Estados Unidos, entre outros autores que pesquisaram o tema, Parish-Morris et al. (2017) publicaram um estudo que explora um novo tipo de camuflagem baseado em diferenças linguísticas:

> Marcadores de linguagem pragmática distinguem meninas e meninos com TEA, refletindo as diferenças de sexo na população em geral. Uma implicação dessa descoberta é que os padrões de disfluência de sonoridade típica (ou seja, produção relativa de UH reduzida levando a proporções de UM mais altas) podem normalizar a maneira como as meninas com TEA soam em relação a outras crianças, servindo como "camuflagem linguística" para um ouvinte ingênuo e distinguindo de meninos com TEA. Este estudo inédito destaca a importância do compromisso contínuo de entender como o sexo e o gênero mudam a maneira como o TEA se manifesta e ilustra o potencial da linguagem natural para contribuir com diagnósticos objetivos de "imagens comportamentais" para o TEA (Parish-Morris et al., 2017, p. 10, tradução minha).

Ainda com relação à linguística, um interessante estudo foi publicado por Cola et al. (2022). Os pesquisadores estadunidenses apontaram que as meninas com TEA usaram significativamente mais palavras sociais do que os meninos durante uma avaliação diagnóstica, mesmo sendo pareadas em idade, QI e gravidade dos sintomas de autismo avaliados pelos pais e pelo médico. Para os autores, as diferenças sexuais nos marcadores linguísticos do fenótipo social no autismo são importantes no tocante aos diagnósticos tardios ou perdidos que afetam desproporcionalmente as meninas com autismo. Especificamente, conversas intensas sobre tópicos sociais podem complicar o encaminhamento e o diagnóstico de autismo quando observadores não clínicos esperam um padrão típico masculino de foco social reduzido, que as meninas com autismo nem sempre exibem.

Outro aspecto que de alguma forma pode se diluir no complexo da camuflagem social são as diferenças encontradas nas meninas com autismo. De acordo com o estudo de Ommeren et al. (2017), crianças com TEA demonstraram limitações claras quanto ao comportamento recíproco em comparação a crianças com desenvolvimento típico. No entanto, diferenças foram encontradas apenas no grupo de meninas com TEA, pois tiveram pontuações de reciprocidade mais altas do que os meninos com TEA. Entretanto, em comparação com meninas com desenvolvimento típico, as meninas com TEA mostraram diferenças sutis no comportamento recíproco. Para os autores, os padrões de resposta específicos do sexo no TEA podem informar e melhorar a avaliação diagnóstica do autismo em mulheres.

Os mecanismos que sustentam a compensação em meninas e mulheres com autismo ainda são pouquíssimo explorados, bem como o impacto causado potencialmente na saúde mental. Estudos sugerem que para compensar suas dificuldades de comunicação social é exigido um esforço cognitivo considerável que tende a levar ao aumento de estresse, ansiedade, depressão e problemas com relação à própria identidade. A exaustão vinculada à "aparência normal" tem sido mencionada em autorrelatos de pessoas com autismo (Hull et al., 2017; Livingston et al., 2019). Acerca de um melhor entendimento sobre a compensação e a camuflagem em meninas e mulheres com autismo, os autores esclarecem:

O fenômeno da compensação pode se sobrepor parcialmente ao da "camuflagem" (Hull et al., 2017; Lai et al., 2017). **A camuflagem refere-se às modificações comportamentais** que os indivíduos autistas podem usar para "misturar-se" ou parecer neurotípicos; por exemplo, vestir-se como um vizinho, suprimir comportamentos repetitivos ou evitar eventos sociais onerosos. **A compensação também resultará em uma apresentação comportamental mais neurotípica, no entanto, vai além do mascaramento/supressão de traços autistas e, em vez disso, envolve cognição alternativa para contornar as dificuldades cognitivas subjacentes.** Por exemplo, embora você possa mascarar uma dificuldade em distinguir mentiras de piadas copiando o comportamento dos outros (por exemplo, rir), **a compensação envolveria o desenvolvimento de uma regra consciente**: quando alguém diz uma declaração não literal e está rindo, provavelmente é uma piada (se não, provavelmente é uma mentira). Além disso, enquanto **a camuflagem tende a descrever como todo o autismo de uma pessoa é disfarçado, a estrutura de compensação sugere que uma única atipicidade cognitiva pode ser "compensada"** (melhorando, por exemplo, habilidades sociais), deixando outros comportamentos atípicos inalterados (Livingston et al., 2019, p. 102, tradução minha, grifos meus).

Em razão desse mascaramento social resultante de comportamentos aprendidos e adaptados para se mover diante das pressões, assédios e abusos sociais, na maioria das vezes, forjado no inconsciente, podem ser atribuídos outros diagnósticos às mulheres com autismo, tais como: transtornos de personalidade, esquizofrenia, transtorno de personalidade borderline, transtorno de ansiedade de separação, depressão ou fobias específicas (Gesi et al., 2021), mutismo seletivo (Steffenburg, 2018), transtornos alimentares (Westwood et al., 2017). Estudos também sugerem que a "camuflagem autista" se associa a impactos significativamente piores na saúde mental (Bulhak-Paterson, 2015; Cook et al., 2021; McCrossin, 2022; Simcoe et al., 2022).

De acordo com os estudos de Bradley et al. (2021), adultos com autismo relataram que a camuflagem pode ter um efeito devastador em sua saúde mental e bem-estar. Um dos perigos descritos é como a quantidade de tempo gasto na camuflagem levava à exaustão, ao isolamento, a problemas de saúde mental e física, perda de identidade e aceitação de si mesmo, percepções e expectativas irreais dos outros e atraso no diagnóstico. Todavia, os "aspectos positivos da camuflagem" possibilitavam um maior acesso a espaços sociais e proteção contra danos. Assim, a camuflagem se torna entendida como algo necessário para sobreviver em um mundo projetado para uma maioria neurotípica. Alguns adultos com autismo também relataram que o recebimento do diagnóstico médico lhes oportunizou serem aceitos como são, não sendo mais necessário o uso do recurso da camuflagem quando estão junto a outras pessoas.

A ausência de critérios claros e autênticos para o diagnóstico diferencial em mulheres pode trazer graves consequências às meninas e às mulheres, especialmente, em razão de tratamentos, medicalizações e intervenções equivocadas que podem intensificar ainda mais os sintomas de desconforto. Nesse sentido, já que a psiquiatria e a psicologia denotam alto préstimo ao diagnóstico médico do TEA, universalizando os critérios do DSM e da CID, faz-se necessário delimitar melhor esses critérios e qualificar os profissionais da saúde para a realização de um diagnóstico diferencial claro no que diz respeito ao autismo no feminino.

Esgotamento "autista" e seus impactos

O esgotamento emocional impacta o desencadeamento de sintomas internalizantes que se caracterizam pela presença de depressão, ansiedade, inquietude, além de retraimento e isolamento social, alterações significativas de humor, entre outros sintomas somáticos que se relacionam à forma como o indivíduo lida com a angústia em seu interior (Ferreira et al., 2018). Costumam ser expressos e associados a sintomas de tristeza, retraimento, fobias, ansiedade. Falhas cognitivas no cotidiano podem ser decorrentes de estresse referente aos sintomas internalizantes e demandam intervenção terapêutica a fim de se evitar um desfecho negativo ao sujeito. Esses sintomas são como uma "doença secreta" frente à complexidade de serem identificados e são constituídos pelos seguintes fatores correlacionados: pensamentos negativos irracionais (nível cognitivo), medo (presença de sintomas de tensão no nível físico) e déficit de habilidades sociais (componente comportamental) (Đurišić & Gajić, 2016; Merrel, 2008; Oliveira, 2018).

Para Oswald et al. (2016), adolescentes do sexo feminino com diagnóstico de TEA apresentam maior risco de desenvolvimento de transtornos internalizantes se comparadas ao sexo masculino. Depressão e ansiedade foram relatadas principalmente em relação ao início da adolescência, enquanto altos níveis de ansiedade de separação e pânico foram relacionados ao período final da adolescência. Adolescentes e jovens na condição do autismo têm mais risco de esgotamento em processos de transição do Ensino Médio para a faculdade, bem como na fase de adaptação entre estudo e trabalho para uma vida mais independente.

A menarca nas adolescentes e o ciclo menstrual ao longo da vida são relatados como sendo experiências esmagadoramente negativas com a presença de gatilhos sensoriais exagerados, dificuldades relacionadas às habilidades cognitivas e de regulação emocional, transtorno disfórico pré-menstrual, de modo a desencadear crises de ansiedade, retraimento e "desligamento", impactando a qualidade de vida social e laboral (Groenman, 2021; Steward et al., 2018).

Em razão das flutuações hormonais, as mulheres de maneira geral costumam enfrentar uma série de desconfortos e desafios em sua vida física, psicológica, sexual e social. Felizmente, há tratamentos que podem colaborar para melhor qualidade de vida, por isso a importância do diálogo franco com o ginecologista, além de investir em alimentação saudável, atividade física regular e possibilidades de descobertas de prazeres e reinvenções de si mesma nas diversas áreas da vida. A menopausa também impacta a qualidade de vida social de mulheres com autismo, e estudos sugerem que há um risco aumentado dos sintomas da menopausa, bem como do aumento dos sintomas próprios do autismo, tal como sensibilidades sensoriais, dificuldades na regulação das emoções, dificuldades cognitivas e sociais, insônia, ansiedade e depressão (Groenman, 2021). A falta de repertório de vocabulário explicativo, conhecimento e conscientização sobre o ciclo menstrual e a menopausa traz conflitos que poderiam ser evitados por meio de prevenção e apoio médico e psicológico. A atenção à mulher com autismo na menopausa tem sido ignorada por profissionais da saúde. É preciso mais estudos, pesquisas, propostas interventivas e informações nessa direção junto a essas mulheres (Moseley et al., 2020).

Adultos com autismo que trabalham há muitos anos e são reféns da camuflagem social e mascaramento do autismo também podem sofrer grande esgotamento em razão do acúmulo dessa sobrecarga ao longo do tempo (Chapman et al., 2022). Segundo relatos, estes são alguns dos impactos do autismo na vida profissional de mulheres adultas e que resultaram no ato da camuflagem e exaustão: demissão por diversas vezes em razão de extrema sinceridade e pensamento pouco flexível; dificuldade de interagir frequentemente com pessoas estranhas; dificuldade no trabalho em equipe; dificuldade de se manter em lugares onde não há opção de sair de imediato quando necessário; dificuldade em responder mensagens instantâneas de imediato; dificuldade em sair de casa para enfrentar transportes e trânsito; dificuldade com sobrecarga sensorial; dificuldade no atendimento ao público com a presença de muitas pessoas de uma vez; estagnação profissional pela resistência a mudanças; apesar de ser considerada excelente profissional, as relações sociais se mostram altamente desgastantes; medo de as pessoas não acreditarem em suas colocações ou dificuldades; muitas horas de trabalho junto a outras pessoas em meio a reuniões e discussões (Orrú, 2022).

> Eu queria honrar meu compromisso. Eu me sentia cada vez mais frustrada e desapontada comigo mesma, até que percebi o que estava acontecendo. **Eu estava exausta.** Como alguém que naturalmente tenta lutar contra obstáculos sem pensar duas vezes, eu simplesmente não havia notado. Em parte, sou ruim em discernir meus próprios sentimentos e sensações. Mas seguir em frente também é como lidei com a vida durante a escola e a universidade, até que praticamente **tive um colapso.** Não costumo perceber que **me esforcei demais** até desmaiar (Emma, escritora do Reino Unido, diagnosticada com síndrome de Asperger aos 26 anos) (Autistic Fatigue and Exhaustion, 2018, tradução minha, grifos meus).

Entre os sinais do "esgotamento autista" (*autistic burnout*), que podem variar de pessoa para pessoa, estão: elevação mais frequente da sobrecarga sensorial; agravo nas habilidades de funcionamento executivo (mais dificuldades para tomar decisões, planejar e se organizar); podem experimentar aumento de energia antes de entrarem em colapso; descuido consigo mesma; alterações na qualidade da memória e do raciocínio; maior inibição e falta de atenção; aumento de episódios de exaustão física e emocional; queixas de dores no corpo e cefaleia; falta de motivação para trabalhar e se cuidar em atividades cotidianas; maior dificuldade para se expressar e se comunicar, podendo recorrer ao mutismo seletivo; maior prejuízo qualitativo nas habilidades sociais e aumento de comportamentos repetitivos; sensação de névoa cerebral (em que as atividades básicas e mesmo de interpretação se tornam mais difíceis de serem realizadas); distúrbios digestivos; letargia; depressão e ideação suicida (Bennie, 2021).

> O esgotamento levou à regressão. A regressão é onde as coisas que antes eram facilmente concluídas agora exigem muito mais energia cognitiva e física. [...] Sempre fui de fazer muito para provar que não sou preguiçoso e para compensar quando sinto que posso ser mal-interpretado como tal. Agora que entendo que há uma explicação por trás dos meus níveis reduzidos de energia, reconheço o que é o esgotamento autista e como ele se apresenta em mim, espero poder seguir em frente de uma forma mais positiva. Farei o possível para fazer mais o que me deixa feliz e menos o que me esgota e me deixa infeliz (Kate, blogueira estadunidense com autismo) (Autistic Burnout & Regression, 2017, tradução minha).

Segundo Mantzalas et al. (2022), em comparação com a população em geral, adultos com autismo estão mais propensos a problemas relacionados à saúde mental em razão de esgotamento emocional e síndrome de burnout. O automonitoramento da linguagem corporal e expressões faciais ao longo da vida como forma de mascarar o autismo é um fator profundamente adoecedor de adultos com autismo (Chapman et al., 2022).

> No esgotamento autista, chegamos ao fim de nossos recursos que nos permitem agir como se não fôssemos autistas para atender às demandas do mundo ao nosso redor. Para mim, essas demandas incluíam coisas como poder criar meus filhos e manter o emprego. Passei por alguns períodos distintos de esgotamento e os gerenciei com sucesso, afastando-me do mundo da melhor maneira possível, enquanto cumpria compromissos diários com os filhos e o emprego. Duas vezes durante minha vida adulta, tive que limitar severamente meu emprego remunerado porque o esgotamento era grande demais para permitir que eu continuasse (Judy Endow, escritora e palestrante internacional sobre temas relacionados ao autismo) (Endow, 2017, tradução minha).

Em contextos de agravamento, o risco de suicídio se mostra presente. O suicídio tem sido identificado como uma das principais causas de morte prematura em "populações autistas". Traços autistas elevados foram relacionados a taxas mais altas de automutilação, ideação suicida e automutilação suicida na população em geral. As pessoas com manifestações mais graves do autismo denotam pior saúde física e mental se comparadas às demais, bem como taxas mais elevadas de eventos de vida traumáticos e distúrbios do sono, o que repercute significativamente em uma menor qualidade de vida em relação à população em geral (Stewart et al., 2022).

Segundo estudos, as mulheres autistas sem DI apresentaram maior risco de automutilação suicida resultando em tratamento hospitalar do que homens autistas sem DI (11,63% vs. 4,18%). As mulheres autistas também apresentam uma probabilidade maior de morrer por suicídio do que mulheres não autistas, e enquanto os homens com autismo tinham 6,5 vezes mais chances de morrer por suicídio, as mulheres com autismo apresentavam 13 vezes mais chances de morrer por suicídio (Hirvikoski et al., 2016). Embora a automutilação seja um fator de risco para o suicídio, aproximadamente 50% das pessoas autistas e 20% das pessoas não autistas se automutilaram por motivos não suicidas, no entanto, as teorias do suicídio colocam a automutilação não suicida como um precursor-chave para o desenvolvimento futuro de comportamentos suicidas. Em adultos autistas, automutilação não suicida, comportamentos autodestrutivos, autoagressão deliberada, camuflagem social, sintomas persistentes de depressão e as muitas demandas de apoio social e suporte não atendidas prenunciam, significativamente, a propensão ao suicídio (Cassidy et al., 2018; Hirvikoski et al., 2016; South et al., 2020; Stewart et al., 2022).

É preciso compreender que os fatores sociais decorrentes de uma cultura de relações humanas insalubres e barbarizadoras do ser humano afetam um grande número de pessoas da população mundial. Em 2019, cerca de 1 bilhão de pessoas, incluindo 14% dos adolescentes do planeta, viviam com um transtorno mental. O suicídio foi responsável por mais de 1 em cada 100 mortes, 58% dos suicídios ocorreram antes dos 50 anos de idade (WHO, 2022).

Lidar com a depressão, com os esgotamentos emocionais e laborais da contemporaneidade não é fácil para ninguém, a pandemia de covid-19 nos jogou isso na cara. Já passou da hora de compreendermos e assumirmos que fazemos mal demais para nós mesmos, para a Terra, nossa Casa Comum, em razão de ganância, poder, preconceito e indiferença. Nós nos adoecemos e adoecemos as outras pessoas com a toxidade de nossas relações. A indiferença com relação ao sofrimento do outro é um retrato de que vivemos um processo hostil de des-humanização de nossa humanidade.

Nesse prisma, o esgotamento e seus impactos, inclusive o suicídio, não é "coisa de autista", mas resulta do sofrimento humano. Todavia, em razão das singularidades das pessoas no autismo que as tornam mais sensíveis diante do caos de nossas relações sociais altamente tóxicas, nota-se uma repercussão profunda que afeta suas vidas, que as marca e, muitas vezes, as lesa de maneira que nem sempre é possível evitar desfechos adversos. A construção de um pensamento acolhedor para a aceitação da pessoa com autismo na sociedade pode ser contributiva para minimizar o sentimento de necessidade dessa pessoa de se camuflar e, ao mesmo tempo, encorajar o sentimento de pertencimento social e familiar, sendo estes elementos importantes de proteção contra o suicídio. Em palavras simples: amor, empatia (para além do "sinto muito…") e solidariedade!

A falta generalizada de conscientização e o estigma em relação ao autismo na sociedade são fatores por detrás do "esgotamento autista". O entendimento sobre o processo de esgotamento emocional no autismo é necessário para que redes de apoio familiar e profissional sejam construídas para o acolhimento da pessoa com autismo e transformações sociais humanizadas sejam viabilizadas.

De acordo com Raymaker (2020), adultos com autismo descreveram o esgotamento autista como: exaustão crônica, perda de habilidades e redução da tolerância a estímulos. O esgotamento seria motivo para o desencadeamento de depressão, impactos negativos na saúde, na capacidade de vida independente e na qualidade de vida. A ideação suicida também se fez presente em autorrelatos. A ausência de empatia das demais pessoas, a necessidade do mascaramento social e altas expectativas consigo mesmo são fatores agravantes para o esgotamento. Para os autores, o "esgotamento autista" é distinto do esgotamento ocupacional ou da depressão clínica. Sua melhor compreensão possibilitaria maneiras mais bem-sucedidas de o reconhecer, aliviá-lo e até mesmo o prevenir. O estudo também destaca a necessidade da conscientização das próprias pessoas com autismo acerca da nocividade potencial do mascaramento social do autismo como desencadeador dessa forma de esgotamento.

Para South et al. (2020), a compreensão acerca dos mecanismos cognitivos e emocionais que ligam as características autistas e o risco de suicídio é um passo imprescindível para a pesquisa e a prática clínica. No estudo realizado com

74 mulheres adultas com autismo consta a percepção delas considerando situações sociais como confusas e/ou exaustivas. Relatam alto índice de pensamentos e comportamentos de autoextermínio, bem como de uma implacável depressão. O sentimento de tristeza e de estar paralisada ou ser incapaz de imaginar outras estratégias alternativas de vida em sociedade é um fator de risco para o suicídio. Assim como em outros estudos, a pressão social e o estigma com relação ao autismo são fatores medulares para o adoecimento dessas mulheres que buscam o mascaramento social como um mecanismo de defesa e sobrevivência social.

Para evitar chegar ao esgotamento ou se recuperar de uma crise é importante reservar tempo para o autocuidado, buscando descansar e se envolver em atividades prazerosas que ajudem a revigorar as forças. Ter tempo para si e evitar interações sociais tóxicas sempre que possível. Fazer uma atividade física regular e uma alimentação saudável para gerar bem-estar e controle das crises de ansiedade. Buscar apoio psicológico para vencer o mascaramento do autismo, reduzir expectativas e exigências, e desenvolver a autoaceitação é primordial.

Percepções sobre sexo e sexualidade

As dificuldades associadas à convivência social, o mascaramento do autismo e o conjunto das questões sensoriais tendem a dificultar o investimento em novas amizades, e nem sempre é simples mantê-las, pois os supostos amigos podem estar indisponíveis para viver esse tipo de relação tão singular por muito tempo. Por isso é comum que mulheres com autismo acabem preferindo não se envolver com parceiros românticos, mesmo embora muitas tenham esse desejo. Seguir sozinhas, às vezes, parece ser mais fácil, menos complicado e dolorido. Não obstante, o desejo de estar com alguém, de construir uma família, de amar e ser amada, bem como o interesse sexual acompanhado ou não de um parceiro ou parceira, também estão presentes na vida das mulheres com autismo. Todavia, as dificuldades já mencionadas podem abalar o viver a sexualidade feminina em toda a sua potência.

Segundo narrativas, em relacionamentos amorosos o que mais predominou foi a dificuldade em expressar sentimentos e emoções como o maior impacto no relacionamento, seguido do mal-estar quanto às impressões de frieza e incompreensões por parte do parceiro ou parceira. Com relação ao impacto do autismo no relacionamento amoroso, foram apontados: dificuldades no entendimento de ironias, brincadeiras e outras expressões (predominância da literalidade); necessidade de rotinas e momentos para estar só; dificuldades sensoriais e interacionais que se estendem à convivência com outras pessoas e em outros espaços; resistência a sair para passeios, viagens e dormir fora de casa; dificuldade para expressar os próprios sentimentos e emoções ao parceiro; conflitos em razão de sincericídio; suscetibilidade a crises de raiva e tristeza por sobrecarga emocional; a insônia que dificulta dormir no mesmo quarto que o parceiro; incômodo com abraços e toques; dificuldade em manter os relacionamentos e demonstrar afeto, embora o sinta intensamente (Orrú, 2022).

De acordo com a Organização Mundial da Saúde, muitas mulheres se encontram em condição de vulnerabilidade (isolamento social, medo de denunciar, vergonha, falta de redes de apoio, dificuldade de acesso a informações, autoestima fragilizada, dependência financeira, restrição da liberdade), o que amplia as ocorrências de violência. As consequências dessa violência são muito amplas e envolvem depressão de longo prazo, transtorno de estresse pós-traumático, abuso de substâncias e suicídio (Cazalis et al., 2022).

> A violência contra as mulheres continua devastadoramente generalizada e começa assustadoramente entre jovens, revelaram novos dados da Organização Mundial da Saúde (OMS), e parceiros. Ao longo da vida, uma em cada três mulheres, cerca de 736 milhões, é submetida à violência física ou sexual por parte de seu parceiro ou violência sexual por parte de um não parceiro – um número que permaneceu praticamente inalterado na última década.
>
> Essa violência começa cedo: uma em cada quatro mulheres jovens (de 15 a 24 anos) que estiveram em um relacionamento já terá sofrido violência de seus parceiros por volta dos vinte e poucos anos.
>
> [...]
>
> As regiões da Oceania, sul da Ásia e África Subsaariana têm as maiores taxas de prevalência de violência praticada por parceiro entre mulheres de 15 a 49 anos,

variando de 33% a 51%. As taxas mais baixas são encontradas na Europa (16%-23%), Ásia Central (18%), Leste Asiático (20%) e Sudeste Asiático (21%).

Mulheres mais jovens correm o maior risco de violência recente. Entre aquelas que já estiveram em um relacionamento, as maiores taxas (16%) de violência praticada pelo parceiro nos últimos 12 meses ocorreram entre as jovens de 15 a 24 anos (OMS, 2021).

No contexto das mulheres com autismo, essa vulnerabilidade é incomensurável, pois além de serem mulheres, também vivem as singularidades do autismo que as colocam em maior suscetibilidade a riscos de violência de toda espécie. Chamo a atenção para dizer que o problema não é o autismo em si e sua complexidade singular, mas sim a maldade (des)humana que se aproveita das pessoas em condições de desigualdade social. E isso é algo repugnante! Quem dera fôssemos todos mais acolhedores de nossa vulnerabilidade, quem dera pudéssemos ser pessoas mais translúcidas, mais sinceras, mais crédulas, mais literais, mais espontâneas, mais singelas em vez de precisarmos nos encapar de malícia, espertezas, ambiguidades para sobrevivermos a nossa própria malevolência e perversidade. Afirmo: não é o autismo que precisa ser temido e extinto, mas tudo aquilo que há de pior em nós em termos de des-humanidades bárbaras e monstruosas, entre essas, o preconceito, a discriminação e todos os mecanismos de aniquilação e invisibilidade do outro, a aversão à diferença.

Muitas mulheres com autismo já foram vítimas de abuso e violência sexual. Estudos apontam que a violência sexual afeta cerca de 30% das mulheres na população em geral e entre duas e três vezes mais para mulheres com autismo (Cazalis et al., 2022). A violência sexual traz traumas a qualquer pessoa, isso é indiscutível. Porém, as vítimas com autismo podem apresentar uma reatividade desdobrada em razão do estresse pós-trauma.

> Dado que estar na condição do espectro do autismo é caracterizado por experimentar dificuldades na comunicação social, como decodificar as intenções e emoções ocultas dos outros, entender a comunicação implícita e os elementos do contexto, espera-se que as mulheres no espectro possam estar em risco considerável de abuso sexual, vitimização, hipótese confirmada por todos os estudos publicados sobre o tema. [...] ser autista significa ter um risco de 10% a 16% de sofrer abuso sexual quando criança e um risco de 62% a 70% de ser vitimizado sexualmente na idade adulta (Cazalis et al., 2022, p. 3-4, tradução minha).

A prevenção e o combate ao abuso e à violência sexual junto a meninas e mulheres com autismo devem se dar, especialmente, pela educação sexual a ser ofertada tanto pelas famílias como nas escolas, bem como por meio de políticas públicas governamentais. Essa educação sexual deve estar ao alcance da pessoa com autismo, de maneira que ela possa ter total acesso às informações e orientações, segundo sua linguagem e modo de melhor compreender e aprender. A educação sexual é um meio de se oportunizar às pessoas (todas as pessoas) relacionamentos mais seguros, uma vez que contém conteúdos que tratam não somente das questões do ato sexual e da reprodução, mas também abordam o perfil dissimulado dos predadores, da cultura do estupro, bem como das maneiras de se colocar com cautela em um relacionamento amoroso, ou mesmo casual, de não se colocar em risco. Muitas meninas e mulheres, não só aquelas com autismo, vivem situações de abusos porque, em muitas circunstâncias, nem sequer sabem que estão sendo vítimas dessa violência, bem como de relacionamentos tóxicos de toda espécie. Para se reconhecer em situações de abuso e toxidade relacional é preciso ter clareza do que se trata, e é pela informação e educação que isso pode ser feito com segurança.

Investir na educação sexual de meninas e mulheres com autismo é relevante para que possam entender melhor os processos de flertes e namoros, o funcionamento de seus corpos, o manejo do desejo sexual, as possibilidades de viver uma relação amorosa e sexual prazerosa com outra pessoa, bem como o conhecimento sobre o autoprazer feminino, que ainda é permeado por vergonha e tabu em nossa sociedade patriarcal e machista. Mais uma vez é preciso dizer: o autoconhecimento é insubstituível para uma vida saudável em todos os sentidos e aspectos.

Além da educação sexual, é basilar promover políticas públicas e normativas sociais que protejam contra a violência, ensinar habilidades de proteção e enfrentamento à violência sexual, criar ambientes protetores e acolhedores para que possam sair das relações tóxicas e violentas, criar redes de apoio às vítimas e sobreviventes, oferecer oportunidades para o fortalecimento das habilidades de comunicação interpessoal, desenvolver estratégias para o empoderamento feminino econômico e social; oferecer serviços de apoio jurídico, social, policial e de saúde às sobreviventes (Cazalis et al., 2022). De modo similar, é preciso educar a sociedade como um todo, desde a infância, para que sejamos humanos humanizados, combatentes a todas as formas de violência, opressão e injustiça social, e defensores de uma sociedade plenamente inclusiva, amorosa para com as diferenças, guardiã das liberdades por um mundo melhor para todas as pessoas viverem sendo quem são.

Para Rosqvist e Jackson-Perry (2021), a experiência da sexualidade é única e, segundo narrativas dispostas em um fórum de discussão *on-line* sueco com pessoas autistas, o processo da sociabilidade, a emocionalidade, as percepções corporais e sensoriais, bem como a sexualidade, são profundamente influenciadas pelo autismo. Ademais, é preciso escutar com atenção e sensibilidade o que as pessoas com autismo têm a dizer sobre sua experiência de gênero e de identidade sexual, sobre a subjetividade de sua sexualidade, sendo estas legítimas e autênticas, dispensando validações por outrem (Jackson-Perry, 2020).

Algumas pesquisas têm se debruçado sobre a questão do sexo em mulheres com autismo a partir de comparações com homens com autismo e a população em geral. E seus resultados indicam que mulheres com autismo tendem a ter menos interesse por sexo do que os demais (Pecora et al., 2019; Stokes et al., 2022). Contudo, conforme exposto acerca da considerável falta de educação sexual agregada às constantes da camuflagem social e sensibilidades sensoriais, claro está que as mulheres com autismo acabam por ser mais afetadas com experiências negativas no sexo do que a população comparativa (Pecora et al., 2020). Obviamente, isso impacta sua percepção sobre o sexo. Ainda de acordo com Stokes et al. (2022, p. 1467, tradução minha), "homens autistas e mulheres autistas expressam um desejo por um nível de sexualidade semelhante a indivíduos não autistas; relatam ter experiências satisfatórias como indivíduos não autistas; e têm algumas dificuldades específicas, incluindo comunicação com outras pessoas".

Inúmeras mulheres fora do autismo relatam uma perspectiva negativa sobre o sexo com seus parceiros. Por décadas a questão se voltava contra as próprias mulheres, eram elas as frígidas. Hoje, sabe-se muito bem do potencial das mulheres para uma vida sexual plena tanto quanto se sabe acerca da falta de conhecimento e sensibilidade de muitos homens no brindar prazeres às suas parceiras. Nesse sentido, seria válido afirmar que as mulheres com autismo simplesmente têm menos interesse sexual que os demais com elas comparados? Seriam seus corpos e cérebros os responsáveis por essa ausência de interesse? Ou será que a falta de informação, de educação sexual, de atenção adequada do parceiro é que interfere na produção desse não desejo? Creio que os pesquisadores devam considerar melhor esses quesitos em seus instrumentos de pesquisa e análise interpretativa das informações produzidas.

> A atividade sexual é fortemente afetada, senão determinada, por questões sensoriais – por causa delas, algumas mulheres com autismo adoram sexo e é uma experiência extremamente intensa e prazerosa. Mas a maioria que entrevistei não gostava de sexo por causa desses mesmos problemas sensoriais – era muito doloroso ou simplesmente irritante. Como resultado, muitas eram celibatárias por opção, enquanto outras faziam sexo, principalmente, porque seus maridos ou parceiros o desejavam (Simone, 2010, p. 84, tradução minha).

Oferecer uma escuta sensível para a compreensão dos processos de interações sexuais e aspectos que influenciam o envolvimento sexual entre pessoas com autismo, especialmente as mulheres, é crucial para a quebra de tabus, produção de conhecimento a partir do discurso e da experiência feminina, bem como para o apoio a essas mulheres no desenvolvimento de sentimentos de autonomia, independência e empoderamento, uma vez que esses sentimentos se implicam na construção dos relacionamentos íntimos. A experiência positiva no sexo é relatada entre pessoas com autismo, tal como indica o estudo abaixo:

> Apesar do estigma sobre a sexualidade das pessoas com deficiência, a sexualidade e os relacionamentos íntimos são uma parte positiva e importante da vida de muitos autistas. Estudos mostram que a maioria das pessoas autistas experimenta sentimentos sexuais e tem relações sexuais satisfatórias, embora algumas possam não querer ou não ter parceiros (Gray et al., 2021, p. 239, tradução minha).

O estudo de Gray e seus colaboradores traz relevantes informações a partir da pesquisa que realizaram junto a pessoas com autismo em relação à influência da sensibilidade sensorial na experiência sexual, sempre respeitando a individualidade dos participantes e evitando a generalização conclusiva.

> Descobrimos que alguns autistas buscam sensações mais intensas em suas atividades sexuais e outros que gostam de uma intimidade que promova a calma e a autorregulação. As pessoas escreveram sobre as estratégias que usam em resposta às suas características sensoriais autistas. [...] Pessoas autistas geralmente experimentam diferenças sensoriais. [...] Evidências sugerem que pessoas autistas podem experimentar limiares altos e baixos e que podem diferir nas modalidades sensoriais (isto é, visual, tátil, auditiva, olfativa, gustativa, vestibular e proprioceptiva). [...] Nossos resultados indicam que os padrões de resposta sensorial em várias modalidades sensoriais diferentes influenciam a sexualidade e os relacionamentos de pessoas autistas de várias maneiras. [...] A autorrevelação aos parceiros sobre as necessidades e preferências sensoriais foi observada consistentemente ao longo das narrativas, enfatizando como a comunicação facilita a atividade sexual agradável e significativa. [...] A educação sexual abrangente, incluindo os efeitos potenciais das características sensoriais, é uma parte importante para atender às necessidades das pessoas autistas. [...] Informações sobre o impacto das características sensoriais na sexualidade devem ser integradas em oportu-

> nidades educacionais abrangentes para pessoas autistas e seus entes queridos (Gray et al., 2021, p. 239, 241, 244, tradução minha).

É fato inquestionável que o sistema sensorial desempenha um papel de destaque na vida das pessoas com autismo e que isso implica a complexidade de sua sexualidade. Experiências altamente negativas acerca do sexo em razão de impactos sensoriais são relatadas por muitas mulheres. Não obstante, esses relatos não expressam uma característica colada a todas as pessoas, a todas as mulheres com autismo, e isso precisa ficar claro à sociedade em geral para que des-construam os preconceitos e não reproduzam informações equivocadas. Também é relevante considerar que outros aspectos podem interferir no alcance do clímax sexual, tais como os efeitos colaterais de medicamentos, histórico de traumas, ansiedade, problemas de saúde, entre tantos outros que atrapalham esse momento de entrega, e que na vida das pessoas com autismo costuma se revelar de modo mais acentuado. A busca pelo prazer e seu alcance em clímax pode ser um desafio para qualquer pessoa, independentemente do autismo. Por isso é tão importante receber uma educação libertadora e apoio psicológico para dar suporte ao processo de invenção de si mesma, de uma "configuração" que possibilite a vivência de boas e regulares experiências sexuais que podem demandar ajustamentos e harmonizações integrativas (principalmente ambientais) que variam de pessoa para pessoa.

As narrativas das mulheres com autismo sobre suas percepções individuais acerca da experiência sexual podem contribuir para o desenvolvimento de pesquisas mais atentas às manifestações do autismo no feminino, bem como para a produção do conhecimento cada vez mais livre da cultura machista e sexista, e para a informação e educação de outras mulheres jovens e adultas com o diagnóstico do autismo ou que se identifiquem nessa condição. A experiência sexual, a sensação de des-prazer ou da chegada a um orgasmo, é sempre única e singular, elas nunca são iguais em intensidade e duração, por isso é preciso ter sensatez e evitar generalizações e conclusões sobre a sexualidade das mulheres com autismo. Escutemos as enunciações de algumas dessas mulheres:

> Não gosto de toque leve. Toque leve quase dói (Hendrickx, 2008, p. 59, tradução minha).
>
> Estou educando meu parceiro sobre o que NÃO fazer. Acho que está funcionando (Gray et al., 2021, p. 243, tradução minha).
>
> Passei por essa fase altamente sexualizada. [...] Simplesmente amei a maneira como os orgasmos me faziam sentir e me conectavam a mim mesma e me centravam. Foi a melhor estratégia de autorregulação que encontrei (Goodall, 2016, p. 108, tradução minha).
>
> Se uma lâmpada é acesa e me chama a atenção, é como se meu globo ocular estivesse queimando. [...] Isso acaba com qualquer paixão e interesse sexual pela pessoa com quem estou (Goodall, 2016, p. 154, tradução minha).
>
> Ao experimentar diferentes toques em diferentes partes do meu corpo [...] descobri que realmente gosto

de ter meu abdome acariciado (Goodall, 2016, p. 226, tradução minha).

Eu tenho orgasmo com muita facilidade e meu parceiro acha divertido tentar garantir que eu tenha orgasmos muito intensos, pois isso parece ser algo que pode realmente me ajudar a me autorregular e ficar mais calma no dia a dia (Goodall, 2016, p. 234, tradução minha).

Meus orgasmos requerem intensa concentração e uma conexão entre minha mente e meu corpo. Descobri que não posso conseguir isso se estiver me forçando a ser alguém que não sou (Said, 2023, p. 1, tradução minha).

Tem sido muito difícil fazer sexo com alguém que não seja eu. Muitas vezes doeu e pareceu rápido, opressor e cheio de sensações que eram assustadoras, e eu não sabia como pará-lo ou mudá-lo ou compartilhar com a pessoa com a qual eu fazia sexo que eu precisava que fosse diferente (Ryan, 2018, p. 1, tradução minha).

Crucial perceber que várias das narrativas das mulheres com autismo não se des-encontram do discurso da maioria das mulheres sobre suas experiências sexuais. Em tons e intensidades diferentes por conta da sensibilidade sensorial aumentada nas mulheres com autismo, o autoconhecimento e a educação sexual, novamente, mostram-se fundamentais para a possibilidade de uma vida sexual satisfatória, cada uma à sua maneira.

É preciso considerar que a sensibilidade sensorial pode ser muito positiva e que, como em qualquer outro relacionamento entre casais, o aprender a tocar e sentir o outro é um aprendizado para a vida toda, pois nossos corpos e mentes estão em constantes mudanças, vivenciamos fases diferentes da vida, a paixão ardente se acomoda ao longo do tempo no amor impassível, nossos hormônios se alteram, frente às adversidades cotidianas o nosso humor desfila como em uma corda bamba, e tudo isso impacta o modo como vivemos nossa sexualidade. Logo, novamente implico a questão da educação sexual e do autoconhecimento como vias de acesso à possibilidade de construção de relacionamentos seguros, saudáveis e, não menos importante, prazerosos para as mulheres com autismo. Entendo que, para tanto, os profissionais da saúde e da educação são imprescindíveis para a atuação e contribuição no espaço da escola e da clínica, ao longo da vida das meninas, das adolescentes, das jovens e das mulheres com autismo.

Diversidade sexual e de gênero

Diversidade sexual e de gênero diz respeito a toda a diversidade de sexos, orientações sexuais, identidades e expressões de gênero em sua multipluralidade. Na cultura ocidental, o sexo é classificado em feminino, masculino e intersexo. A orientação sexual é categorizada em hétero, homo, bi, andro, gine e assexual, enquanto a identidade se relaciona à feminina ou masculina, seja ela trans ou cisgênero, ou não binária. A expressão de gênero é compreendida em feminina, masculina ou andrógina, além das que compõem a sigla LGBTQIA+, que faz referência a lésbicas, *gays*, bissexuais, transexuais, *queers*, intersexuais, assexuais e demais orientações sexuais e identidades de gênero, representadas pela Bandeira do Arco-Íris, criada originalmente em 1979. Em 2022, uma nova versão da bandeira foi lançada, incorporando as cores da luta dos movimentos antirracista, trans e das pessoas intersexo[12]. De acordo com Prince (2005), o gênero não é essencialmente definido pela anatomia física do indivíduo, mas é uma identificação psicológica de si mesmo enquanto homem, mulher, ambos os gêneros, ou nenhum.

A disforia de gênero (DG) é uma condição clínica na qual a pessoa experimenta um sentimento contínuo de descontentamento sobre a desconexão entre sua autopercepção e o gênero que lhe foi atribuído biologicamente (APA, 2013). Esse sentimento de desarmonia gera grande sofrimento à pessoa, substancialmente aumentado pelo preconceito e pela discriminação social que a acompanha desde a infância quando participa de brincadeiras e se encontra em papéis de gênero cruzado.

Em razão da intensa complexidade sobre o tema diversidade sexual e de gênero em mulheres com autismo, as próximas linhas dizem respeito a uma singela passagem por essa temática com referência a alguns dos estudos que têm sido

---

12. As cores da bandeira LGBTQIA+: em 1979, a versão original se compunha das cores rosa para a sexualidade, vermelho para a vida, laranja para a cura, amarelo para a luz do sol, verde para a natureza, turquesa para a magia e arte, azul para a harmonia e serenidade, e violeta para representar o espírito humano. Em 2018, a nova versão incluiu as cores branca, rosa e azul como símbolo do orgulho trans, e as listras, que simbolizam a luta antirracista. Em 2021, foi agregado o círculo roxo sobreposto a um triângulo amarelo para representar as pessoas que se identificam com o intersexo, sendo lançada internacionalmente em 2022.

realizados nos últimos anos. Importante ressaltar que se reconhecer na condição interseccional pode gerar sentimento angustiante de não pertencimento a um determinado grupo em sua totalidade, o que coadjuvaria para situações de isolamento social, depressão, ansiedade e outros adoecimentos na saúde mental da pessoa que se encontra no autismo e que se identifica como LGBTQIA+. Ainda, a condição interseccional se apresenta sempre ampliada e complexa, uma vez que uma pessoa pode ser, a exemplo: uma mulher negra, lésbica, com deficiência, ser mãe e de classe social menos favorecida. Para melhor conhecimento sobre as questões relacionadas a autismo e interseccionalidade, recomendo a leitura do artigo de Mallipeddi e VanDaalen (2022).

Nesse sentido, é fundamental que profissionais da saúde mental se preparem para o acolhimento adequado a essas pessoas que experimentam cotidianamente a marginalização e a exclusão não somente pela sociedade em geral, mas também pela falta de qualificação profissional de excelência que possa apoiá-las no lidar com suas singularidades e subjetividades, bem como informar e orientar os familiares quanto às especificidades presentes no conjunto da interseccionalidade. Criar espaços, ações e condutas inclusivas deve ser propósito de todos nós!

Estudos recentes têm apontado que pessoas no autismo podem se mostrar mais propensas a se reconhecerem como homossexuais e vivenciarem uma identidade de gênero mais espontânea e descolada das normativas sociais (Hillier et al., 2020). Adultos autistas têm afirmado que o autismo não os prejudica na compreensão da identidade de gênero, contudo, alguns familiares e médicos acreditam que o autismo pode impactar o movimento dessa compreensão e seus desdobramentos. Também tem sido percebido que as "características do autismo e da disforia de gênero se entrecruzam de modo particular, por exemplo, por meio de uma interação entre disforia corporal e sensibilidades sensoriais" (Cooper et al., 2022, p. 274, tradução minha). Em outro estudo, alguns participantes relataram que o autismo se colocava como uma barreira para dar sentido à sua identidade de gênero e que o ambiente social era fator impeditivo para a compreensão e expressão dessa identidade, bem como dificultador e desafiador para o processo de transição de gênero (Coleman-Smith et al., 2020).

George e Stokes (2018) apontam que pessoas com autismo apresentam mais diversidade em suas identidades de gênero do que a população em geral (cerca de duas a três vezes mais) e que as mulheres com autismo experimentam mais disforia de gênero do que homens com autismo e a população em geral. Segundo os autores:

> Limitar uma construção tão complexa quanto a identidade de gênero a fatores biológicos seria excessivamente reducionista. A identidade de gênero de um indivíduo é provavelmente uma interação de sua constituição biológica e psicológica, e certas características psicológicas específicas do TEA podem aumentar o risco de desenvolvimento de expressões disfóricas de gênero. Consistentemente, este estudo constatou que, à

medida que os traços autistas aumentam, há uma relação moderada com os traços de DG (George & Stokes, 2018, p. 978, tradução minha).

O mesmo estudo revela que pessoas com autismo se mostram menos preocupadas com as regras sociais e por isso nem sempre se ajustam ao protocolo de costumes, igualmente, mostram-se mais indiferentes quanto ao gênero de seu parceiro romântico ou sexual (George & Stokes, 2018). Em Butler, encontra-se a reflexão:

> Se não desejo ser reconhecido dentro de um certo conjunto de normas, segue-se que meu senso de sobrevivência depende de escapar das garras daquelas normas pelas quais o reconhecimento é conferido. Pode ser que meu senso de pertencimento social seja prejudicado pela distância que tomo, mas certamente esse estranhamento é preferível a ganhar um senso de inteligibilidade em virtude de normas que só me levarão de outra direção. Com efeito, a capacidade de desenvolver uma relação crítica com essas normas pressupõe um distanciamento delas, uma capacidade de suspender ou adiar a necessidade delas, mesmo que haja um desejo de normas que permitam viver (Butler, 2004, p. 3, tradução minha).

Se comparadas à população em geral, há um maior número de mulheres com autismo que narram sentir atração sexual por parceiros do mesmo sexo e do sexo oposto. Elas também se mostravam mais propensas a se sentirem atraídas por ambos os sexos como por nenhum dos sexos. Aproximadamente 57% das mulheres com autismo relataram ser heterossexuais e cerca de 22% disseram ter alguns sentimentos de não conformidade de gênero (Dewinte et al., 2017). Segundo Qualls et al. (2018), pessoas com "fenótipo ampliado do autismo (FAA)"[13] demonstram maior propensão a se sentirem atraídas por aquelas do mesmo sexo. De acordo com a Commission on the Future of Autism Care and Clinical Research (Comissão sobre o futuro do cuidado e pesquisa clínica em autismo), da revista *The Lancet*:

> Essa diferença pode ser parte de um conceito diferente de si mesmo, menos confiança ou referência a normas sociais, ou parte de uma experiência neurodiversa vivida e visão do mundo. Para alguns indivíduos, a inconformidade de gênero em combinação com uma autoidentidade autista é um exemplo de interseccionalidade social e cultural (Lord et al., 2022, p. 299, tradução minha).

Estudos apontam que mulheres com autismo e pessoas com aparência feminina têm melhor consciência social, são mais inclinadas a se envolverem em conversas recíprocas, têm mais motivação social para amizades, participam de mais atividades em grupo, usam mais gestos não verbais e linguagem pragmática, têm menos comportamentos repetitivos e restritivos, manifestam mais problemas de internalização (como ansiedade, depressão e distúrbios alimentares), são mais motivadas socialmente e mais inclinadas a

---

13. O fenótipo ampliado do autismo (FAA) se refere a características subclínicas que configuram a expressão fenotípica de uma suscetibilidade genética para o desenvolvimento do transtorno do espectro autista (TEA), mas não preenchem os requisitos mínimos para serem diagnosticados com o transtorno (Davidson et al., 2014).

camuflar suas dificuldades sociais (Dean et al., 2017; Lundin et al., 2021; Wilson et al., 2016). Essas características relacionadas às mulheres com autismo se mostram menos semelhantes ao histórico conceitual do autismo pautado nas informações masculinas, sugerindo a existência de um "fenótipo do autismo feminino" por não se enquadrarem no bojo dos critérios e instrumentos de avaliação diagnóstica, tais como CID-11, DSM-5, ADOS-2 (Bargiela et al., 2016; Belcher et al., 2022; Fusar-Poli, 2022). Contudo, Hannah Belcher, apesar de considerar a teoria do "fenótipo do autismo feminino" um ponto de partida importante para uma compreensão mais ampla e holística do autismo, contesta:

> Discordo do uso da categoria "fenótipo do autismo feminino", porque acho que se encaixa nessa ideia binária de que há um cérebro "masculino" e um cérebro "feminino". Na verdade, muitos homens autistas também mascaram, e muitas mulheres autistas demonstraram traços mais estereotipados quando crianças e foram diagnosticadas quando crianças. Parece ser o caso, porém, que as mulheres são mais propensas a apresentar esse fenótipo, possivelmente por diferenças cognitivas e também pela socialização de gênero, em que as meninas são ensinadas a serem mais empáticas. O que isso nos diz, porém, é que há mais de uma maneira de se apresentar como "autista", e o estereótipo do autismo que dominou a pesquisa não é a única apresentação, nem possivelmente a mais comum (Belcher, 2023, p. 2, tradução minha).

De acordo com Weir et al. (2021), pessoas com autismo são menos propensas a se identificarem como heterossexuais e mais inclinadas a se identificarem com um rol diversificado de orientações sexuais se comparadas com a população em geral. O estudo aponta que adultos autistas mais velhos podem ter mais probabilidade de se identificar como bissexuais, enquanto os adultos autistas mais jovens podem se identificar mais como homossexuais em comparação com colegas de faixas etárias semelhantes. Os pesquisadores também descreveram que adultos e adolescentes autistas são aproximadamente 8 vezes mais propensos a se identificarem como assexuais e "outras" sexualidades do que seus pares não autistas. Acerca de diferenças na orientação sexual, os homens autistas têm 3,5 vezes mais chances de se identificarem como bissexuais do que homens não autistas, enquanto mulheres autistas têm 3 vezes mais chances de se identificarem como homossexuais do que mulheres não autistas. Ao comparar mulheres e homens autistas diretamente, as mulheres autistas eram mais propensas a serem sexualmente ativas, mais inclinadas a se identificarem como assexuais, bissexuais e "outras" sexualidades, e eram menos propensas a se identificarem como heterossexuais. Os autores sugerem que as transformações nas normas sociais ao longo do tempo podem ter afetado a aceitação dos indivíduos de sua orientação sexual específica.

Na qualificada revisão de literatura realizada por Weir et al. (2021), os estudos referenciados indicaram que mulheres autistas são mais propensas a relatar maior diversidade de sexualidade, incluindo menos desejo/libido sexual, maiores taxas de assexualidade, taxas mais altas de comportamentos/fantasias hipersexuais, taxas mais baixas de heterossexualidade e taxas mais altas de não heterossexualidade (incluindo homossexualidade e bissexualidade, especificamente).

Estudos apontam que mulheres com autismo podem não se apresentar como típicas de gênero ou rejeitar convenções sociais de gênero como, por exemplo, escolhas específicas de moda e roupas, rejeição às tendências da moda e parecer rebelde diante da sociedade, podem apresentar mais traços masculinos do que mulheres típicas de modo a evidenciar a incongruência de gênero entre pessoas com autismo (Wood & Halder, 2014).

Tendo em vista a estrutura patriarcal constituinte da maioria das sociedades, existir fora das normativas dominantes é ser alvo de preconceitos, discriminações e todo tipo de desaprovação. Essa realidade é gatilho de muito sofrimento psíquico e requer que os profissionais da saúde mental estejam atentos e criem estratégias e programas de atendimento, tratamento e apoio às pessoas com autismo com o objetivo de que se fortaleçam em sua autoestima, na autoaceitação e no diluir das frustrações e angústias.

Igualmente, é fundamental que profissionais da saúde e da educação façam uso de uma linguagem que afirme e aceite todas as orientações sexuais e identidades de gênero ao promover oportunidades e programas de educação sexual, bem como no atendimento clínico, inclusive quando se trata de exames de rotina e triagem de saúde sexual, tanto para pessoas com autismo como para todas as demais da população em geral. Não menos importante, a falta de orientação e educação sexual adequada é fator de risco para o aumento da probabilidade de contágio de doenças e infecções sexualmente transmissíveis, causadoras de vários problemas de saúde ao longo da vida.

O acesso ao direito à saúde física e mental é indispensável às pessoas com autismo, de maneira que políticas públicas devem ser ampliadas para o alcance aos serviços de saúde pública bem como de assistência social e educacional em prol de seu bem-estar e qualidade de vida.

Ainda há pouca literatura com narrativas de pessoas com autismo sobre sexualidade e gênero. Considero fundamental trazer algumas falas que estão registradas em publicações distintas. Antes, porém, cito Kenneth Plummer (1946-2022), sociólogo britânico que abordou em seu livro os ritos de uma cultura de contar histórias sexuais a partir de histórias de estupro, de revelação e de recuperação:

> Certamente, existem histórias – histórias importantes – que permanecem em grande parte ocultas. Muito do sexual ainda não pode ser dito, e há histórias que podem estar aguardando seu tempo. [...] As pessoas **contam histórias sexuais para criar um senso de si e de identidade**. As histórias sexuais estabelecem rotas para um passado coerente, demarcam fronteiras e contrastes no presente e fornecem um canal e um abrigo para o futuro. Se fizerem bem o seu trabalho, as histó-

rias sexuais nos darão um sentido de nossas histórias – em parte de nossa própria vida e de onde viemos, mas não menos do que um sentido de um passado coletivo e memórias compartilhadas. Fornecerão uma causa, uma sequência, uma história (Plummer, 1995, p. 114, 172, tradução minha, grifos meus).

Plummer (1995) alicerça um entendimento sobre a importância das histórias sexuais e os desafios para que sejam acolhidas e aceitas pelo pensamento comum das sociedades. A contação de histórias é crucial para a compreensão de questões relacionadas à identidade pessoal de maneira que possamos fazer articulações diversas e compreendermos quem somos, de que lugar estamos falando e a que lugar pertencemos. À medida que contamos nossas histórias e também nos disponibilizamos a escutar narrativas dos outros, deparamo-nos com (in)verdades que estão postas na sociedade enquanto também marcamos nosso tempo com outras realidades possíveis de serem percebidas e aceitas pelo corpo social por meio da informação e combate a todos os esqueletos de preconceito e discriminação social. É nesse processo trabalhoso, na maioria das vezes arrastado, que modificamos nossa cultura e (re)inventamos novos saberes, novos modos de proceder, novos jardins e canteiros dentro de nós mesmos, regados de amorosidade e respeito às diferenças para transformarmos o mundo em um lugar melhor para todas as pessoas viverem sendo quem elas são.

Ouça e sinta as vozes de mulheres que vivem no contexto da interseccionalidade não hétero, não cisgênero e do autismo. Seja benevolente! Não faça julgamentos baseados em sua religião, pois sua crença é a única regra de fé para você, mas pode não ser para milhares de outras pessoas. Acolha e não segregue. Livre-se dos estigmas tóxicos da cultura patriarcal-machista que machuca com sua violência misógina e LGBTQIA+fóbica. Não tolere essas pessoas com sentimento de aversão, mas, simplesmente, aceite-as com respeito e amor ao próximo. O planeta não precisa de mais pessoas intragavelmente violentas e cruéis, ele precisa de gente, de humanos humanizados, de pessoas com-paixão e livres de todo tipo de intolerância, pois incluir significa muito mais do que não excluir o outro.

Em um riquíssimo estudo publicado por McAuliffe et al. (2022), mulheres da comunidade LGBTQIA+ enunciam suas vozes:

> Passei minha vida pensando que estava quebrada de alguma forma, e eu apenas não me encaixava. [...] Minha saída [como bissexual] dependia inteiramente de eu ser diagnosticada como autista, decidindo me perdoar por ser quem eu sou e ser exatamente quem eu quero ser. [...] Tive amigos que se tornaram meus amigos porque achavam que eu era *gay* e depois pararam de ser meus amigos porque perceberam que sou bissexual (Adele, 47 anos, bissexual).

> Eu tinha ouvido falar de autismo quando era mais jovem... [os recursos que existiam eram] voltados para homens... eu não conseguia me identificar com isso (Julie, 46 anos, *queer*).

> Embora precisemos nos aceitar, por nós mesmos, acho que é importante para a maioria de nós ser aceito por outras pessoas, e a comunidade é uma grande parte disso. [...] alto funcionamento... isso não significa que eu não tenha muitas dificuldades, apenas significa que sou muito boa em mascarar (Marianne, 39 anos, bissexual) (McAuliffe et al., 2022, p. 12, 13, 16, 18, 19, 36, tradução minha, com adequações textuais).

Muitas outras narrativas apontam para a realidade de que a diversidade sexual e de gênero constituem a subjetividade de mulheres com autismo e que elas têm ocupado seus lugares de fala, revelando a emergência da (re)construção de sociedades que se (re)conheçam complexas e diversas, acessíveis e sensíveis à diferença, esse atributo maravilhoso e inerente à espécie humana.

> À medida que fui crescendo, ainda não achava os meninos tão interessantes, mas presumi que fosse porque eu era autista. Eu costumava dizer aleatoriamente aos caras da escola que gostava deles, mas minha primeira paixão real só aconteceu anos depois (Eva Gibbs, lésbica) (Gibbs, 2023, p. 1, tradução minha).
>
> Ser autista para mim significa que eu experimento o mundo de maneira diferente das outras pessoas. Para funcionar, preciso de uma rotina clara, todos os dias. Gosto de planejar minha semana com antecedência, e se meus planos mudarem, principalmente de última hora, posso ficar muito angustiada e achar difícil superar aquele momento. Em termos sensoriais, adoro cores vivas. Elas me fazem sentir feliz e conectada com

o mundo, e é por isso que costumo usar roupas de cores vivas. No entanto, ambientes movimentados, sons altos e luzes brilhantes podem me causar sobrecarga sensorial. Eu sabia que não estava romanticamente interessada em homens, mas continuei me forçando... Parecia que algo estava "quebrado" dentro de mim porque eu realmente não entendia como as pessoas podiam se interessar romanticamente por homens. Não houve representação positiva de pessoas LGBTQIA+ na mídia. Acho que essa falta de representatividade me impactou porque eu não sabia que era normal ser lésbica. A escola reforçou muito isso. Palavras como "lésbica" e "*gay*" foram usadas como insultos. Levei muito tempo para me ouvir e me aceitar e começar a viver minha vida (Cheryl, lésbica, diagnosticada aos 22 anos) (Cheryl, 2023, p. 1, tradução minha).

Eu me sentia cada vez menos confortável em minha própria pele, sentia-me cada vez menos confortável falando enquanto minha voz diminuía e me sentia cada vez menos capaz de ser eu mesma. Essa enorme desconexão que surgiu durante a puberdade foi o que me disse que algo estava errado. [...] Tenho orgulho de ser uma pessoa trans em uma indústria competitiva, visivelmente exposta e indo bem, vivendo uma vida feliz e bem-sucedida, posso oferecer esperança a outras pessoas (Laura Kate Dale, mulher trans, *gay*, escritora) (Purkis, 2019, p. 3, 10, tradução minha).

Pessoas neurotípicas e cisgênero, heterossexuais muitas vezes operam sob a suposição de que nosso sofrimento é causado por nossas diferenças, e não por um

> mundo que não foi construído para pessoas como nós. Mas por que eu deveria querer gostar de homens? Por que eu deveria desejar que meu cérebro funcionasse como o de todo mundo? (Lauren Harsh, lésbica, escritora e ativista) (Harsh, 2017, p. 9, tradução minha).
>
> O psiquiatra chegou a literalmente rir na cara da minha mãe. Disse que era tudo coisa da minha cabeça. Eu sabia que não, mas isso me travou por muito tempo, porque eu sempre era invalidada pelos profissionais de saúde, até o início da fase adulta (Sophia Mendonça, mulher trans, jornalista, escritora e pesquisadora) (Mendonça, 2022, p. 1).

Os movimentos sociais pleiteiam e lutam por uma aceitação social plena a qualquer forma de ser em respeito à diversidade sexual e de gênero, bem como ao acesso a direitos fundamentais, sociais e liberdades de ser e estar no mundo, com o mundo e com as outras pessoas, sendo diferente do padrão social predominante. Não são pequenos os desafios dos movimentos que integram os direitos humanos, pois o preconceito, a discriminação, a marginalização, a exclusão, a aniquilação, e até a extinção, estão presentes nas sociedades que odeiam as pessoas da comunidade LGBTQIA+, influenciadas pela cultura patriarcal-machista.

Ser uma pessoa LGBTQIA+ com autismo é (re)desenhar todos os dias novas fronteiras para além da cultura patriarcal hegemônica que se encontra, hoje, posta em nossa sociedade. É se arriscar e afrontar as normativas sociais vigentes que controlam o que se pode ou não ser, conforme seus padrões culturais, religiosos, médicos que estão presentes na biopolítica.

> A "biopolítica": eu entendia por isso a maneira como se procurou, desde o século XVIII, racionalizar os problemas postos à prática governamental pelos fenômenos próprios de um conjunto de viventes constituídos em população: saúde, higiene, natalidade, longevidade, raças... Sabe-se o lugar crescente que esses problemas ocuparam desde o século XIX e que desafios políticos e econômicos eles vêm constituindo até hoje (Foucault, 2008, p. 431).

Ser uma pessoa LGBTQIA+ com autismo é cruzar a diferença, de novo, com ela mesma em sua multiplicidade; é amalgamar o dúbio com o literal, o híbrido com o uniforme, o humano com o divino, o isto com aquilo, o tudo com todos, e franquear que não há limite para a diferença e as possíveis interseccionalidades que integram as pessoas, as mulheres, e como essas conexões as afetam e as constituem em sua subjetividade.

A interseccionalidade deve ser encarada como um dispositivo de análise que possibilita a investigação pormenorizada e o entendimento integralizado de acontecimentos que foram inobservados no sujeito e que, por consequência, originaram toda espécie de sofrimento físico e, principalmente, psíquico. Não obstante, a interseccionalidade deve ser base categórica de transformações nos processos de pesquisa, nas formas de produzir informações, análises e interpretações, bem como no modo de operar na popularização da ciência para dirimir preconceitos, discriminações e escassez de informações sobre o autismo e todas as possíveis nuanças de interseccionalidade.

Maternidade, maternagem e autismo

A maternidade e a maternagem são conceitos distintos entre si. A primeira diz respeito à relação consanguínea entre a mãe e seu filho ou filha. Já a maternagem constitui-se na conexão afetiva da mãe ao acolher e cuidar do filho ou da filha, ação possível na vida de mães biológicas e adotivas. A maternagem costuma ser romantizada por nossa cultura patriarcal-machista, principalmente quando a mãe se dedica integralmente às demandas domésticas. Entretanto, quando essa mãe é uma mulher em atividade profissional, a maternagem se encontra posta com grande cobrança social, como se a mulher estivesse terceirizando o cuidado com os filhos. Gradvohl et al. (2014) trazem contribuições acerca da história da maternidade e da maternagem, cuja leitura muito acrescenta.

A realidade é que ser mãe tem seus encantos, mas também seus colossais desafios, suas incomensuráveis alegrias tanto quanto suas dores e frustrações. Ser mãe pode ser uma dádiva como um pesadelo. Nem sempre é uma escolha e muitas vezes é uma obrigação. Ser mãe na Idade Média não é a mesma coisa que ser mãe nos dias atuais e tem consideráveis diferenças a depender da cultura geopolítica na qual a mulher está inserida. Exercer a maternagem com afeto de acolhimento é sempre uma escolha, mas nem sempre é a mais fácil, muitas vezes cansa para além da conta. Amamentar pode ser uma experiência deliciosa para muitas mães, horrível para outras e ambas as coisas para algumas. O ato de cuidar e educar não é sinônimo de acolher. Quando nasce uma criança, nem sempre nasce uma mãe. Tornar-se mãe é um processo complexo, diário e está sempre aquém da cria que se desenvolve mais rápido do que podemos alcançar e nos demanda mais acolhimento do que supúnhamos ser o suficiente – para todas as idades há uma maternagem a ser escolhida e doada à cria, que, para a mãe, nunca envelhece. Maternagem é doação e doação não tem preço, quem recebe a doação não deve nada a quem doou, não há dívida a ser paga. Pode parecer linda e romântica a frase anterior, mas não é! A escolha pela maternagem é renúncia, é alta responsabilidade não valorada pela sociedade, é solidão em muitas ocasiões, são lágrimas de exaustão que ninguém vê nem fala sobre isso, é o puerpério dolorido, é a ansiedade e o medo de não saber ser uma boa mãe.

A comunicação não violenta também deveria estar sempre plugada com a maternagem, mas... quem de nós nunca gritou com sua cria? Somos filhas de uma sociedade altamente adoecida em suas relações sociais, que pouco ou quase nunca nos acolheu e, como consequência, nem sempre temos a oportunidade de desenvolvermos a qualidade de maternar. Noutras palavras: nenhuma menina nasce pronta para ser mãe, nenhuma mulher está programada para ser mãe, e a maternagem não é uma capacidade inata do feminino. Tornamo-nos mulher, tornamo-nos mãe, aprendemos a maternar. É um aprendizado processual e repleto de complexidades.

Mães de crianças com autismo enfrentam um turbilhão de desafios, e há uma literatura específica que tem se dedicado a tais questões. Mas e quando uma mulher com autismo se torna mãe?

Vimos que o autismo impacta consideravelmente a vida das mulheres, que a sobrecarga emocional e sensorial pode desencadear crises marcantes e perturbadoras. Uma mãe no autismo espelha uma relação interseccional intrincada. Essa interseccionalidade pode contemplar diversas e distintas conexões, a exemplo: ser mulher no autismo + ser mãe + ser lésbica + ser negra + ser favelada + ser operária. Pode-se ainda ter essas intersecções agregadas ao pertencimento a uma religião com base fortemente patriarcal, ao analfabetismo, a estar na condição de migrante, refugiada, entre tantas outras possibilidades de reconhecimento identitário.

O autismo definido por Kanner (1943) foi descrito há 80 anos. No Brasil de 2023, temos os primeiros jovens adultos com autismo atravessando as fronteiras do universo acadêmico. Até 1997, não encontrávamos nenhuma criança com diagnóstico de autismo nas escolas da rede pública ou privada, elas estavam nas instituições especializadas ou restritas às suas casas. Faz pouco tempo que as temáticas relativas ao autismo começaram a ser estudadas pelas mais diversas áreas da academia e faz menos tempo ainda que a sociedade em geral passou a ouvir com mais frequência sobre esse termo nas redes sociais e na mídia, mesmo que de modo superficial e até mitológico. Não faz uma década que os primeiros estudos mais substanciais começaram a sugerir que o autismo se manifesta de modo diferente no feminino e que a sua prevalência é bem maior do que se imaginava. É recente que mulheres adultas se descubram atravessadas pelo autismo, tendo sido equivocadamente diagnosticadas com transtornos diversos e medicalizadas até a alma para se manterem equilibradas na corda bamba da sociedade-padrão na qual quase ninguém dá conta de ser feliz sendo quem se é. Ainda é escasso o conhecimento sobre como as mulheres no autismo vivenciam a maternidade e a maternagem.

Dugdale et al. (2021) trazem ricas informações sobre as experiências de mães no autismo:

> Sete das nove mães tinham um filho autista oficialmente diagnosticado. [...] As participantes experimentaram a maternidade como alegre, gratificante e agradável, embora o gerenciamento das necessidades das crianças tivesse um profundo impacto pessoal. [...] também falaram de laços fortes, sentimentos de conexão intensa e uma série de experiências compartilhadas com seus filhos. Ficou claro que a maternidade autista está associada a uma série de desafios improváveis de serem vivenciados por mães não autistas, incluindo a necessidade de negociar mal-entendidos de outras pessoas. [...] As alterações e questões sensoriais associadas à parentalidade eram de dificuldade particular, consistentes com os critérios diagnósticos para autismo. Isso apareceu mais

prevalente e mais difícil durante a gravidez. Apesar dessas dificuldades, as participantes relataram se adaptar às mudanças para atender às necessidades de seus filhos, demonstrando assim sua dedicação e resiliência diante dos desafios (Dugdale et al., 2021, p. 1973, 1981, tradução minha).

Os autores tiveram uma escuta e análise sensíveis a partir das narrativas de suas entrevistadas, compartilho alguns trechos:

> Eu me sinto mal por ela se sentir tão ansiosa a maior parte do tempo. [Choro] e me sinto mal porque eu costumava me sentir assim… Eu não quero que ela se sinta do jeito que eu me senti. […] Tive que parar de trabalhar com seis semanas porque meu corpo estava em sobrecarga sensorial (Sofia) (Dugdale et al., 2021, p. 1977-1978, tradução minha).

> As pessoas autistas não são famosas por lidar bem com a mudança, mas você sabe, as coisas são como são e você só precisa se ajustar conforme avança e aprender à medida que avança (Alice).

> Não sou uma pessoa muito sentimental, mas […] tive que me acostumar a não me importar […] se meu filho gosta de subir em cima de mim […] no começo isso me pegou […] mas uma vez que me acostumei com isso, sabe, eu simplesmente sigo em frente (Zoe) (Dugdale et al., 2021, p. 1979, tradução minha).

> Você meio que se apaixona por essa criança em sua cabeça antes mesmo de conhecê-la (Alice).

> A primeira vez que a vi foi a sensação mais incrível [...] e eu olhei em seus olhos e era como se eu a conhecesse para sempre [...] foi lindo (Sophie) (Dugdale et al., 2021, p. 1980, tradução minha).

Dugdale et al. (2021) clarificam que apesar das dificuldades próprias da maternagem e do impacto do autismo no cotidiano, as mães colocaram as demandas de seus filhos em primeiro lugar e se dedicaram à superação dos muitos desafios. Estresse e conflitos diversos se apresentaram desafiadores. Segundo as pesquisas, mães no autismo se encontram mais propensas a desenvolverem problemas relacionados à saúde mental (estresse, depressão e ansiedade), muitas relatam dificuldades com as responsabilidades domésticas e se sentem incompreendidas pelos familiares e profissionais da saúde, além de relatarem a maternidade como uma experiência de isolamento e solidão na criação dos filhos. Ao contrário do que se apregoa sobre as pessoas com autismo não terem sentimentos, as mães demonstram intensa empatia e amor pelos seus filhos, muitas vezes referindo-se a este como sendo um sentimento esmagador (Dugdale et al., 2021; Hampton et al., 2022; Pohl et al., 2020; Smith, 2009).

A realidade é que mães sempre são julgadas e, infelizmente, há profissionais da saúde que são cruéis, propagadores de barbáries e violências contra mulheres. A violência obstétrica é um exemplo de barbárie, mesmo já sendo nomeada em nível internacional e tendo leis para a proteção da mulher. Imagine as demais áreas médicas cujas violências contra mulheres nem sequer foram denominadas (só existe o que é nomeado). Logo, é preciso investimento na qualificação de profissionais da saúde de todas as áreas médicas, bem como dos profissionais da psicologia e do serviço social no tocante às demandas das mulheres que se encontram na condição do autismo, especialmente, das mães com autismo.

> Há evidências de uma cultura de culpa institucional dos pais nos serviços sociais de deficiência infantil do Reino Unido (Clements & Aiello, 2021). Considerando as evidências de preconceitos sociais de longa data em relação a mães com deficiência (Fitzmaurice, 2002) e mães de crianças com deficiências "invisíveis" (Blum, 2007), não é difícil ver como as interações com os serviços estatutários podem ser um terreno particularmente traiçoeiro para mães autistas de filhos autistas (Benson, 2023, p. 8, tradução minha).

Várias mulheres se descobriram no autismo após o diagnóstico de seus filhos. Muitas decidem ocultar sua condição com temor de perder a guarda dos filhos ou de serem altamente subestimadas pela família, escola e outros conhecidos. Não menos significante, elas também demonstram receio de serem acusadas como responsáveis pelo autismo de seus filhos.

> Meus filhos estão felizes e indo bem na escola. Que outra medida pode haver de que sou uma boa mãe? Mas por causa do meu autismo, vivo com medo. A sociedade pensa que as mães autistas são, antes de mais nada, uma questão de proteção. Estou com medo de que os serviços sociais os tirem de mim. [...] Sei que

meu autismo me ajuda a ser uma boa mãe: os autistas têm obsessões, e minha obsessão é ter certeza de que estou fazendo tudo o que posso para dar aos meus filhos tudo de que precisam, amá-los, lutar por eles e conquistá-los para a vida adulta saudável e feliz (Nicola, mãe de dois filhos com autismo) (Hill, 2017, p. 1, tradução minha).

Depois que comecei a lidar com meu autismo, muitos dos meus problemas se resolveram. Dois dos meus filhos estavam em idade universitária na época e meu filho mais novo estava no terceiro ano do Ensino Médio. Passei pela maternidade sem perceber como o autismo estava me afetando. Pensava que todas as mães estavam passando pelas mesmas coisas que eu, mas descobri que após o diagnóstico foi possível obter muitas respostas. [...] Quando se trata de maternidade, meus filhos não me veem como uma mãe autista. Eles me veem como mãe. A sociedade coloca rótulos nas mães o tempo todo – mãe solteira, mãe que trabalha, mãe que joga futebol, mãe adolescente, mãe que fica em casa. Agora, mãe autista. Estranhamente, as pessoas mais afetadas por nossa maternidade – nossos filhos – não se importam com os rótulos usados para descrever as mães. Eles só querem a mamãe (Anne G., diagnosticada com autismo aos 49 anos) (Autism Speaks, 2021, p. 1, tradução minha).

O jornal *The Guardian* publicou um artigo que aborda as mulheres autistas que correm o risco de ter seus filhos adotados à força, pois os assistentes sociais interpretam erroneamente os traços autistas como indicando possíveis danos à criança. Alarmante de ler, mas na realidade é muito verdadeiro. Muitas mães autistas têm um alto nível de inteligência. Como a grande maioria dos homens e mulheres autistas, também temos uma natureza altamente inquisitiva e uma necessidade de conhecimento. Isso pode significar pesquisar o autismo não diagnosticado de nossos filhos e apresentar informações abrangentes e usar o jargão médico com os profissionais. Infelizmente, conforme mencionado no artigo do *The Guardian*, a maioria dos profissionais desconhece essa possível apresentação do autismo nas mães. Isso pode levar as mulheres a serem acusadas de síndrome de doença fabricada (FIS) [síndrome de Münchausen]. Obviamente, proteger as crianças é responsabilidade de todos os profissionais e esta deve ser a principal preocupação. No entanto, a síndrome é bastante rara e geralmente envolve sintomas físicos exagerados e resultados de testes manipulados. Esta não deve ser a primeira conclusão a se chegar. Não sou acadêmica ou pesquisadora, sou mulher autista, mãe, esposa e profissional. Não estou preocupada com o que causa o autismo; preocupo-me com o apoio prático para a comunidade autista e suas famílias (Lana Grant, consultora e defensora das pessoas com autismo, diagnosticada com síndrome de Asperger em 2007, aos 38 anos) (Grant, 2017, p. 1, tradução minha).

Realmente não sei como é não ser autista! Para mim, ser autista pode ser uma coisa positiva e negativa. Sou realmente apaixonada pelas coisas que me interessam e tenho um forte senso de justiça. Vou lutar pelas coisas em que acredito. Ser autista significa que sou única, o que pode ser uma coisa boa, pois significa que às vezes você se destaca de maneira positiva. [...] Do lado negativo das coisas, sou muito sensível e tenho altos níveis de ansiedade – o que acredito ser muito comum em pessoas com autismo. Também luto com problemas de autoestima, o que também é comum em pessoas diagnosticadas mais tarde na vida adulta. Já fui muito rejeitada na minha vida e muito julgada. Como resultado, minha autoestima tende a variar dia a dia e, às vezes, posso me sentir muito mal comigo mesma. [...] Com meus filhos, sou honesta sobre minhas lutas. Por exemplo, se eles me virem tendo um colapso (nunca tive um que os colocasse em perigo), explicarei a eles o que aconteceu, depois lhes pedirei desculpas. Se todos estiverem falando comigo ao mesmo tempo, direi: "Isso está machucando o cérebro da mamãe! Tenho sensibilidade sensorial, então vocês precisam falar comigo, mas um de cada vez". Não sinta que precisa esconder seu autismo de seus filhos. Dessa forma, eles sabem o que está acontecendo e não se preocupam com isso, não se preocupam tanto com seus próprios erros e isso os torna mais compassivos (Purple Ella, blogueira, diagnosticada em 2015, aos 36 anos) (Ella, 2023, p. 1-3, tradução minha).

O simples fato de reconhecer que eu merecia me dar o mesmo apoio que ofereço aos meus filhos me fez sentir que estava atendendo às minhas próprias necessidades e mostrando aos meus filhos que eles são capazes de fazer o mesmo que os adultos e administrar suas próprias vidas. Muitas pessoas ouvem a palavra autismo e imaginam alguém precisando de outras pessoas para estabelecer esses apoios. [...] Aprendi a reconhecer quando estou sobrecarregada antes de chegar ao estágio de esgotamento e aprendi que levo algum tempo para me recarregar (Jessica Benz, mãe de cinco filhos) (Rudy, 2022, p. 8, tradução minha).

Em razão da cultura patriarcal na medicina, que orientou as pesquisas sobre o autismo até o tempo presente, a maioria dos estudos ainda se concentra na manifestação do autismo no sexo masculino, nos meninos e em seus pais. Contudo, a partir de estudos mais avançados, tem sido possível identificar a presença do autismo nas mães das crianças diagnosticadas, uma vez que os profissionais da saúde, quando mais bem qualificados, propõem-se a realizar a investigação diagnóstica tanto com o pai como junto à mãe da criança. Ao compreender a presença do autismo no filho, várias mães acabam por se identificar com habilidades, dificuldades e experiências similares às de seus filhos, buscando uma avaliação diagnóstica para si mesmas.

Importante frisar que os desafios relacionados às habilidades sociais e comunicativas, às sensibilidades sensoriais e emocionais, bem como à autoestima e confiança, fazem parte da vida de mulheres-mães com autismo, mas isso não quer dizer que elas sejam incapazes de criar seus filhos com amor, dedicação e cuidado. No entanto, atividades consideradas básicas para uma mãe que não vive na condição do autismo podem ser extremamente laboriosas para a mãe no autismo, ou seja, frequentar reuniões da escola, festinhas de aniversário, monitorar brincadeiras entre as crianças, oportunizar encontros sociais para os filhos pode ser muito estressante. Quando consciente de suas peculiaridades, essa mãe também pode sofrer com sentimento de culpa e alta cobrança ao perceber que foi austera ou muito direta no trato com outras mães, ou que não foi gentil como acredita que deveria ter sido, ou que interrompeu a conversa e a socialização antes do esperado pelas outras pessoas, conforme os costumes que regem os comportamentos sociais. Angústia e exaustão são sentimentos comumente experimentados pela cobrança do papel de mãe típica que desejam desempenhar no cotidiano, mas que é atravessado pelas particularidades do autismo.

Em muitas ocasiões, as escolas se encontram em dilema por não compreenderem o que está acontecendo ou qual deveria ser a melhor decisão pedagógica junto a um estudante com autismo. Nessas circunstâncias, quando a mãe (ou o pai) também se encontra na condição do autismo, vale o convite para uma conversa sem pressa em momento calmo, local tranquilo, pois essa mãe pode ter uma compreensão mais profunda do que seu filho ou sua filha pode estar sentindo ou querendo expressar. Ela pode auxiliar na construção de ações que favoreçam o aprendizado e o lidar cotidiano com o estudante, evitando e prevenindo estresses e crises. Relevante frisar que essas mães costumam garantir rotinas na vida diária dos filhos, além de desenvolverem com eles um raciocínio lógico sobre como devem agir diante das situações em vez de simplesmente lhes impor obediência. Elas também costumam primar pela aceitação das diferenças e educar seus filhos para não serem preconceituosos.

As mães no autismo estão a todo tempo buscando se ajustar aos consumos sociais da vida diária demandados pelos seus filhos como pelas demais pessoas de seus relacionamentos primário e secundário. Lidar com as emoções dos filhos, com a requisição de atenção e toques diversos, com o acolhimento da maternagem é muito desafiador, no entanto, com uma boa rede de apoio, é possível que essa mãe desfrute de alegres e bons momentos. Faz-se necessário que a família e as demais pessoas não julguem essa mãe, mas que a acolham, e compreendam que para regular suas emoções ela também necessita ter um tempo só para si mesma, bem como de atividades que lhe tragam prazer e relaxamento. É importante recordar que o hiperfoco e o eixo de interesse são elementos importantes de permanecerem sendo nutridos e desenvolvidos por essa mãe, pois eles são de grande potencial para seu crescimento pessoal e profissional, bem como para sua autoestima, bem-estar e prazer.

Quem vê cara não vê autismo! Há mães no autismo que estão inseridas no mundo do trabalho. Mulheres-mães com autismo que são empregadas domésticas, artistas, cozinheiras, professoras, pesquisadoras, escritoras, tradutoras, biólogas, médicas, psicólogas, *designers*..., todas elas podem se sentir sobrecarregadas em seu emocional como no sensorial, podem buscar mascarar o autismo para não serem discriminadas, podem se camuflar nas relações de trabalho e até buscar distanciamento social para evitar conflitos ainda mais desgastantes. É muito importante que os empregadores se informem cada vez mais sobre as singularidades do autismo e desenvolvam políticas e ações de acolhimento à pessoa com autismo, especialmente às mães no autismo, que instituam horário de trabalho flexível e as apoiem para serem quem são, sem temor na revelação dessa particularidade que apresenta tantos desafios mas também tem sua potência a ser reconhecida. A autocrítica e o perfeccionismo abeiram a vida dessas mulheres, ninguém precisa pressioná-las com mais crítica e depreciação.

Mais informação para menos preconceito! O lema nos convida a olharmos com mais carinho e empatia as mães com autismo, muitas vezes mães de filhos no autismo. Compreender que há inúmeras razões que levam qualquer mãe a ficar exausta, logo, uma mãe no autismo se encontra ainda em maior vulnerabilidade em razão de esgotamentos que podem se apresentar muito exacerbados, levando-as a intensos episódios de depressão e ansiedade.

Não há regras ou limites para a interseccionalidade e precisamos compreender isso para deixarmos de julgar as pessoas e pararmos de edificar sociedades e espaços sociais impossivelmente homogêneos. Enquanto não entendermos que a diferença é própria da espécie humana e que por isso não é viável padronizar sua existência e a vida em sociedade, não evoluiremos em nossa humanidade, ao revés, sufocaremos o que há de melhor em nós e nos outros, transbordaremos de incivilidades até o ponto de naturalizarmos as barbáries e nos acostumarmos com tudo de pior que pode sair do coração humano.

Pelo legalismo hipócrita pisaremos na garganta de nosso próximo para que ele, além de não poder respirar, também não possa falar, não consiga se expressar, nem se mover, logo, para que não exista. O silenciamento do outro é um dispositivo de exclusão tanto quanto de poder, presente desde os núcleos familiares até as bases operárias, desde as prisões até as instituições especializadas e psiquiátricas, no contexto escolar como no universitário, na rispidez explícita pelo patrão no chão da fábrica como na polida erudição dos guetos acadêmicos.

Não há fronteiras e limites para a maldade humana. Mas também não o há para o amor que transforma o mundo em um lugar melhor para todas as pessoas viverem, essa escolha pertence a você!

Autoaceitação e amor por si mesma

De acordo com Harmens et al. (2022a, 2022b), mulheres com autismo relataram que o acesso ao diagnóstico as ajudou a melhor compreender suas demandas e a serem mais gentis consigo mesmas, bem como entenderem questões relacionadas ao passado e melhorarem em seus relacionamentos. O estudo também revelou que, em razão dos estereótipos do autismo, as mulheres tiveram sua autoaceitação afetada pelo diagnóstico, algumas descreveram sentimentos de não se encaixarem nele e desenvolverem a síndrome da impostora. A exaustão pela ocultação de suas dificuldades foi mencionada como algo muito negativo. A luta pela autoaceitação antes como depois do diagnóstico do autismo é reconhecida como exaustiva. Para os autores, a autoaceitação é importante para o bem-estar das mulheres com autismo após o diagnóstico. No entanto, a falta de aceitação por parte das outras pessoas pode impactar a autoaceitação das mulheres. O estudo também adverte que os profissionais da saúde devem estar cientes da camuflagem e apoiar as mulheres com autismo no processo de diagnóstico, na construção de formas de lidar com as experiências difíceis e em prol da aceitação de si mesmas como algo positivo.

A síndrome da impostora é abordada pela literatura como algo que frequentemente acontece; além disso, é estudada pela Organização Mundial da Saúde (OMS). O fenômeno parece afetar majoritariamente as mulheres; constitui-se de um ciclo repetitivo de pensamentos, percepções e sentimentos que enrijecem a carência de confiança em si mesma e presumem que o êxito alcançado não foi merecido, não é equivalente às suas habilidades e esforços. Os sentimentos de impostora estão relacionados a características como introversão, ansiedade, esforço de parecer inteligente para os outros, propensão à vergonha, baixa autoestima e um histórico familiar conflituoso e sem apoio. Comportamentos de autossabotagem pela procrastinação são decorrentes do medo das circunstâncias de alta pressão e, como forma de compensar, colocam-se na situação de um trabalho exaustivo para dar conta de última hora. Isto se manifesta como um ritual de etapas cíclicas profundamente adoecedoras (Clance, 1985; Clance & Imes, 1978; Langford & Clance, 1993).

Mulheres com autismo relataram que se sentiam como impostoras ao mascararem seu real eu para se encaixarem socialmente. Logo, a síndrome da impostora está comumente relacionada à camuflagem social. A baixa autoestima como consequência desse ciclo de dúvidas de si mesma e das próprias habilidades conduz a pessoa à exaustão, ao esgotamento, ao adoecimento pela não aceitação de quem se é. Essa busca incessante por camuflar as características que espelham estranheza ou esquisitice perante a sociedade é nefasta à saúde mental e, consequentemente, à saúde do corpo e qualidade de vida. Esse ciclo de maus-tratos pela não aceitação de si e camuflagem diante dos outros é um efeito dominó de conflitos pessoais e angústias que geram tristeza profunda, por vezes, arrastam a pessoa com autismo a desistir da vida em razão de uma imensa dor, sentimento de desamparo e extrema solidão.

Viver o processo do diagnóstico pode ser bem difícil e desafiador. Tal como apontam as pesquisas já mencionadas, as mulheres adultas costumam ser diagnosticadas com autismo mais tardiamente se comparadas aos homens, principalmente aquelas com inteligência considerada pelos parâmetros médicos como estando na média ou acima da média da maioria da população. Leedham et al. (2020) descrevem um estudo com mulheres adultas que receberam o diagnóstico de autismo após os 40 anos de idade. Segundo as narrativas, antes de receberem o diagnóstico do autismo, as mulheres disseram ser comum fingirem ser "normal" e sempre procuravam se encaixar nas situações sociais como uma necessidade de serem aceitas pelos outros, o que lhes exigia grande esforço. Em razão de muitos tropeços com diagnósticos equivocados ao longo dos anos e uma vivência de estigmas e preconceitos no núcleo familiar e nos grupos sociais, as mulheres se encontram extenuadas e consumidas por todo o processo de descoberta de algo que lhes traga respostas às suas inquietações. Cito as falas de algumas entrevistadas:

> [...] começou na escola e foi para a faculdade também [...] [eu usava] roupas diferentes de tudo que eu usava em casa [...] **eu odiava essa pessoa que eu vestia**. (Hannah)
>
> Nunca senti que me encaixava em lugar nenhum [...] outras pessoas simplesmente pareciam assim – como se suas vidas sempre parecessem muito mais fáceis [...] elas apenas pareciam fazer as coisas **sem todo o processo de pensamento** pelo qual tenho que passar. (Ruby)
>
> Eu estava exausta tentando descobrir [...] por que as coisas eram tão diferentes para mim, e [...] quando cheguei a esse diagnóstico, eu já estava **meio morta**, já estava em um estado de **depressão** funcional. (Lily)
>
> (Leedham et al., 2020, p. 138, tradução minha, grifos meus).

O artigo dos autores é muito interessante e vale ser lido por completo, uma vez que aqui trago apenas recortes.

Algumas das entrevistadas descreveram o sentimento de insegurança constante, sempre lutando para conseguirem confiar em seu julgamento sobre si mesmas, já que certos diagnósticos sugeridos contradiziam aquilo que sentiam ou pensavam de si. No entanto, a força do discurso de um profissional da saúde pode ser devastadora na vida de uma pessoa que se encontra fragilizada e vulnerável. As dúvidas sobre si mesma, os traumas vivenciados, a sobrecarga das culpas por algo ou por tudo afetam diretamente a percepção sobre quem se é, levando a crises de identidade e baixa autoestima.

Os autores descrevem que durante o processo de aceitação as mulheres ressignificaram o diagnóstico, o luto, a fase de ajustamento social enquanto reviviam memórias sob uma nova ótica e entendimento de si mesmas. Sentimentos de ansiedade e dor foram relatados durante o processo. A sensação de alívio intercalada com o sentimento de fracasso foi mencionada após o recebimento do diagnóstico. Vergonha e medo foram associados ao diagnóstico tardio e a como isso iria impactar a vida laboral. Algumas entrevistadas narraram que o diagnóstico as motivou para aprenderem o máximo sobre o autismo e o que ele significava para elas, buscando se autoconhecerem cada dia mais e construírem um novo propósito de vida e compreensão sobre si e sobre o mundo. São narrados momentos de emoção pelas entrevistadas relacionados às memórias difíceis do passado e uma outra possibilidade de existir após terem consciência do autismo em suas vidas (Leedham et al., 2020).

Na fase de aceitação do diagnóstico, de si mesma e de compartilhamento com outras pessoas, as mulheres relataram melhoria na habilidade comunicativa e relacional, além de mudanças positivas nos outros no que diz respeito ao entendimento daquilo que antes lhes aparentava estranho. Entretanto, outras ficaram chateadas em razão de algumas pessoas reagirem negativamente ou sugerirem que tentassem mudar seus "comportamentos estranhos" para melhor se adequarem ao padrão social hegemônico. Outras, ainda, ficaram contentes pelo acolhimento dos colegas de trabalho, mas muito tristes com familiares que não reconheceram o que significava receber aquele diagnóstico. A des-validação do diagnóstico do autismo por parte de entes queridos ou amigos próximos é algo que se mostra muito dolorido, uma vez que essas pessoas costumam declarar: "Você não é autista, você é perfeito, você é normal, não há nada de errado com você!" Esse discurso vibra opostamente e sugere que a pessoa com autismo é, realmente, imperfeita. Para uma das entrevistadas:

> [...] qualquer pessoa que chegou à meia-idade com autismo não diagnosticado teve que fazer, basicamente, um treinamento de nível olímpico para ser uma pessoa normal [...] **[quando eu] pareço meio normal**, é por causa dos anos de **esforço real** que coloquei nisto. (Alice) (Leedham et al., 2020, p. 141, tradução minha, grifos meus).

A autoaceitação é como um trabalho que necessita ser realizado com muita paciência, consciência e determinação. O autoconhecimento é fundamental para reconhecer suas fragilidades, os momentos de vulnerabilidade e dedicar-se a si mesma para criar possibilidades de contorno e superação das barreiras identificadas. O autoconhecimento também é essencial, principalmente, para (re)conhecer seus pontos fortes, suas qualidades, o que há de melhor em si, suas habilidades e estratégias possíveis para tornar os desafios cotidianos mais leves e construir propósitos de vida que acolham o coração. Concentrar-se no "agora" é vital, porque a vida passa e nós passamos com ela muito rapidamente. Nesse sentido, a autoaceitação é um grande privilégio a ser nutrido a cada instante porque todas (todos) somos únicas (únicos).

Não é de um minuto para outro, a partir do recebimento de um diagnóstico, que a pessoa muda de comportamento, pensamento, ação e reação consigo mesma e com o mundo ao derredor. A (des)conexão do *modus operandi* de como se colocaram no mundo das relações sociais com relação a como se sentem no íntimo, e de sua própria relação com o autismo, pode trazer muitas angústias e demandar tenacidade e perseverança nos novos propósitos de vida.

Décadas de mascaramento do autismo e camuflagem do eu real em sua essência deixam marcas profundas que precisam ser (re)visitadas com gentileza, olhadas e encaradas com calma, ressignificadas a partir do aprendizado constante do autoacolhimento e do autocuidado. Depois de um tsunâmi prolongado de arrastos emocionais que afetam profundamente a saúde mental, é preciso muito amor para se (re)inventar e abrir outros caminhos possíveis a serem trilhados, agora, com consciência e abrigo de si, independentemente daquilo que os outros pensam, porque aquilo que eles pensam pertence somente a eles. Aceitar o diagnóstico de autismo é laborioso e fatigante. Aceitar-se a si mesma como se é, depois de anos e anos de dor e conflitos pessoais e sociais que se desenharam no coração e na mente tal como pegadas no cimento fresco, exige uma tremenda coragem.

De acordo com Galvin e Richards (2022), as pessoas autistas relataram menor autocompaixão do que as pessoas não autistas. O fato está relacionado à percepção de si e às experiências sociais negativas que ocasionam a baixa autoestima. Estudos com adultos sem autismo mostram que a elaboração da autocompaixão pode colaborar para a redução dos problemas de saúde mental e promoção do bem-estar psicológico. Considerando que muitas pessoas com autismo vivenciam sentimentos de ansiedade e depressão, a autocompaixão é uma habilidade que pode ser cultivada para o aprendizado da aceitação própria, do autocuidado e acolhimento, da melhoria da autoestima e, à vista disso, para a melhora da saúde mental e construção de novas estratégias de enfrentamento das dificuldades e desafios. Nesse sentido, a sensibilidade e a competência do profissional da saúde, especialmente da psicologia, são fundamentais para o apoio à pessoa com autismo.

A autocompaixão reside em ser capaz de tratar a si mesma com semelhante gentileza, cuidado e apoio que se dispensaria a uma pessoa muito querida. Parece algo simples, mas não é. Sofremos por inúmeras situações por toda a vida e a culpa é um fardo muito pesado para se carregar no coração. Infelizmente, aprendemos, equivocadamente, que ser forte é ignorar a própria dor e o sofrimento e, dessa forma, criamos e alimentamos tensões e estresses que acabam se tornando crônicos, fatalmente, adoecemos.

Aprendemos erroneamente que ser uma fortaleza é não dizermos ao outro que estamos cansadas e que precisamos de uma pausa. Entendemos confusamente que cultivar o amor-próprio é vaidade e egoísmo, mas isso não é verdade, na realidade, o amor-próprio tem a ver com o quanto você é capaz de se cuidar e reconhecer que você tem importância e deve buscar meios para estar bem, principalmente, consigo mesma, valorizando a vida, que é um presente. Mergulhamos em um mar de tristeza que nos arrasta para uma correnteza de culpa pelo nosso fracasso e por não darmos conta das expectativas que os outros têm de nós. Esses sentimentos tão doloridos perpassam pelo coração de todo ser humano desde sempre. Olhar para si com autocompaixão não é sinônimo de se entregar ao desânimo e esperar que alguém faça algo por nós. Desenvolver a autocompaixão é abandonar a dureza de uma autocrítica ferrenha, é deixar de se julgar e se culpar impiedosamente por questões das quais você não tem o controle (sejam elas relativas ao passado ou ao presente). Ter autocompaixão é ser gentil e compreensiva consigo mesma diante das inexatidões próprias, pois todas (todos) somos inexatas (inexatos).

O mandamento é: amar o próximo como a si mesmo (Mt 22,39). Logo, é preciso AMAR A SI, valorizar-se, cuidar-se, reconhecer sua coragem diante de tantas lutas, abraçar a própria dor para, então, amar o outro da forma que for possível, desenvolver a empatia e fazer algo que torne o momento da outra pessoa melhor. Porque de nada resolve ser empático e não fazer algo de concreto que traga alguma forma de alívio ao outro, mesmo que seja tão somente um abraço, uma palavra sincera de apoio, aquilo que for possível. Aliás, escolher não entristecer o outro com atitudes desumanas já é mais que meio caminho andado.

A autocompaixão é primordial para a construção do processo de autoaceitação no ser humano. Ambas são cruciais às meninas e às mulheres com autismo.

para se curar
você há de
chegar à raiz
da mágoa
e abraçá-la até o talo
Rupi Kaur (2017)

Algo mais...

Tudo ainda demanda ser discutido e registrado sobre o autismo em meninas e mulheres no contexto da valorização da diferença e da interseccionalidade.

Conhecer, apreciar e aprender com o que elas têm produzido, a partir de sua literatura, suas composições artísticas, sua presença na mídia e nas redes sociais, suas conferências em eventos, é crucial para evoluirmos no conhecimento sobre as temáticas que a elas dizem respeito.

Estas linhas foram apenas introdutórias a tudo o que você ainda precisa saber e vivenciar a partir da aproximação e da convivência junto a meninas e mulheres com autismo. Permita-se escutar suas Vozes, que se enunciam de várias maneiras para muito além das barreiras reducionistas dos critérios para diagnóstico do autismo.

Não poderia deixar de agradecer ao meu amor, **Ricardo Leyva**, por todas as vezes que se lembrou de me trazer água, um pedaço de bolo, um beijo durante todas as noites que estive tecendo estas páginas. Por cada momento que cuidou de nosso filho para que eu pudesse me dedicar à escrita.

Sílvia Ester Orrú

Referências

Aishworiya, R. et al. (2022). An update on psychopharmacological treatment of autism spectrum disorder. *Neurotherapeutics*, *19*(1), 248-262. https://doi.org/10.1007/s13311-022-01183-1

Al-Beltagi, M. (2021). Autism medical comorbidities. *World Journal of Clinical Pediatrics*, *10*(3), 15-28. https://www.wjgnet.com/2219-2808/full/v10/i3/15.htm

Alvarez, A. (1992). *Live company: Psychoanalytic psychotherapy with autistic, borderline, deprived and abused children*. Routledge.

Alyami, H. S. et al. (2022). Knowledge and attitudes toward autism spectrum disorder in Saudi Arabia. *International Journal of Environmental Research and Public Health*, *19*(6), 1-14. https://doi.org/10.3390/ijerph19063648

American Psychiatric Association. (1952). *Diagnostic and statistical manual of mental disorders*.

American Psychiatric Association. (1968). *Diagnostic and statistical manual of mental disorders* (2. ed.).

American Psychiatric Association. (1980). *Diagnostic and statistical manual of mental disorders* (3. ed.).

American Psychiatric Association. (1987). *Diagnostic and statistical manual of mental disorders* (3. ed. rev.).

American Psychiatric Association. (1994). *Diagnostic and statistical manual of mental disorders* (4. ed.).

American Psychiatric Association. (2013). *Diagnostic and statistical manual of mental disorders* (5. ed.).

Anderson, C. et al. (2012). Occurrence and family impact of elopement in children with autism spectrum disorders. *Pediatrics*, *130*(5), 870-877. https://doi.org/10.1542%2Fpeds.2012-0762

Ansermet, F., & Giacobino, A. (2018). *Autismo: A cada um o seu genoma*. KBR.

Aristóteles. (2019). *A política*. LeBooks.

Ashinoff, B. K., & Abu-Akel, A. (2021). Hyperfocus: The forgotten frontier of attention. *Psychological Research*, *85*(1), 1-19. https://doi.org/10.1007/s00426-019-01245-8

Asperger, H. (1968). Zur Differentialdiagnose des Kindlichen Autismus. *Acta Paedopsychiatrica*, *35*, 136-145. http://neurodiversity.com/library_asperger_1968.pdf

Asperger, H. (1991). Autistic psychopathy in childhood. In U. Frith, *Autism and Asperger syndrome* (p. 37-92). Cambridge University Press. (Original publicado em 1944.)

Autism Society of America. (1999). *Autism*. Departament of Health and Human Services/Public Health Service National Institutes of Health.

Autism Speaks. (2021). *Mother's Day Q&A: Autistic moms share the joys and struggles of their motherly journey on the spectrum*. https://www.autismspeaks.org/blog/mothers-day-qa-autistic-moms-share-joys-and-struggles-their-motherly-journey-spectrum

Autistic Burnout & Regression (2017). *Iammyownexperience*. https://iammyownexperience.com/2017/08/01/autistic-burnout-regression/

Autistic Fatigue and Exhaustion. (2018). *Undercoverautie*. https://www.undercoverautie.com/blog/2018/2/1/autistic-fatigue-and-exhaustion

Azevedo, F. C. D. (2009). *Autismo e psicanálise: O lugar possível do analista na direção do tratamento*. Juruá.

Bai, D. et al. (2019). Association of genetic and environmental factors with autism in a 5-country cohort. *JAMA Psychiatry*, 76(10), 1035-1043. https://jamanetwork.com/journals/jamapsychiatry/article-abstract/2737582

Bailey, A., Gottesman, I., & Couter, A. L. (1995). Autism as a strongly genetic disorder: Evidence from a British twin study. *Psychological Medicine*, 25(1), 63-77.

Bailey, A., Philips, W., & Rutter, M. (1996). Autism: Towards an integration of clinical, genetic, neuropsychological, and neurobiological perspectives. *Journal of Child Psychology and Psychiatry*, 37(1), 89-126. https://doi.org/10.1111/j.1469-7610.1996.tb01381.x

Baird, G. et al. (2006). Prevalence of disorders of the autism spectrum in a population cohort of children in South Thames: The Special Needs and Autism Project (SNAP). *Lancet*, 368(9531), 210-215. https://doi.org/10.1016/S0140-6736(06)69041-7

Bargiela, S., Steward, R., & Mandy, W. (2016). The experiences of late-diagnosed women with autism spectrum conditions: An investigation of the female autism phenotype. *Journal of Autism and Developmental Disorders*, 46(10), 3281-3294. https://link.springer.com/article/10.1007/s10803-016-2872-8#citeas

Baron-Cohen, S. (1995). *Mindblindness: An essay on autism and theory of mind*. MIT Press.

Baron-Cohen, S. (1999). The extreme-male-brain theory of autism. In H. Tager-Flusberg, *Neurodevelopmental disorders* (p. 1-68). MIT Press.

Baron-Cohen, S. (2002). The extreme male brain theory of autism. *Trends in Cognitive Sciences*, 6(6), 248-254. https://doi.org/10.1016/S1364-6613(02)01904-6

Baron-Cohen, S., & Hammer, J. (1997). Is autism an extreme form of the "male brain"? *Advances in Infancy Research*, *11*, 193-217.

Barroso, S. F. (2019). O autismo para a psicanálise: Da concepção clássica à contemporânea. *Psicologia em Revista*, *25*(3), 1231-1247. http://pepsic.bvsalud.org/scielo.php?script=sci_arttext&pid=S1677-11682019000300018

Behavioral Medication Side Effects. (2018, set. 5). *Autism Speaks*. https://www.autismspeaks.org/expert-opinion/behavioral-medication-side-effects-0

Belcher, H. (2023, mar. 3). Women in autism. *Autism*. https://www.autism.org/women-in-autism/#phenotype

Belcher, H. et al. (2022). Shining a light on a hidden population: Social functioning and mental health in women reporting autistic traits but lacking diagnosis. *Journal of Autism and Developmental Disorders*, *53*(8), 1-15. https://doi.org/10.1007/s10803-022-05583-2

Belek, B. (2018). Articulating sensory sensitivity: From bodies with autism to autistic bodies. *Medical Anthropology*, *38*(1), 30-43. https://doi.org/10.1080/01459740.2018.1460750

Bender, L. (1982). In memoriam Leo Kanner, M.D. June 13, 1894 – April 4, 1981. *Journal of the American Academy of Child Psychiatry*, *21*(1), 88-89. https://doi.org/10.1097/00004583-198201000-00016

Bennie, M. (2017). What is autistic burnout? *Autism Awareness Centre*. https://autismawarenesscentre.com/what-is-autistic-burnout/

Bennie, M. (2021, nov. 17). *What is autistic burnout?* https://autismawarenesscentre.com/what-is-autistic-burnout/

Benson, K. J. (2023). Perplexing presentations: Compulsory neuronormativity and cognitive marginalisation in social work practice with autistic mothers of autistic children. *The British Journal of Social Work*, *53*(3), 1-20. https://doi.org/10.1093/bjsw/bcac229

Bettelheim, B. (1967). *The empty fortress: Infantile autism and the birth of the self*. Free Press of Glencoe.

Bettelheim, B. (1987). *A fortaleza vazia*. Martins Fontes.

Bianchini, N. D. C. P., & De Paula Souza, L. A. (2014). Autismo e comorbidades: Achados atuais e futuras direções de pesquisa. *Distúrbios da Comunicação, 26*(3), 624-626.

Blakemore, S.-J. et al. (2006). Tactile sensitivity in Asperger syndrome. *Brain Cogn, 61*(1), 5-13. https://doi.org/10.1016/j.bandc.2005.12.013

Bleuler, E. (1916). *Lehrbuch der Psychiatrie*. J. Springer.

Bleuler, E. (1967). *Trattato di psichiatria*. Feltrinelli.

Bleuler, E. (1993). *Demencia precoz: El grupo de las esquizofrenias* (D. R. Wagner, Trad.; 2. ed.). Paidós. (Original publicado em 1911, em inglês)

Bosa, C. (1998). *Affect, social communication and self-stimulation in children with and without autism: A systematic observation study of requesting behaviours and joint attention* [Tese de doutorado, Instituto de Psquiatria, Universidade de Londres].

Bosa, C., & Callias, M. (2000). Autismo: Breve revisão de diferentes abordagens. *Psicologia: Reflexão e Crítica, 13*(1), 1-18. https://doi.org/10.1590/S0102-79722000000100017

Boven, F. (2022). *Solitary persons? The conceptualisation of autism as a contact disorder by Frankl, Asperger, and Kanner* [Tese de doutorado, Universidade de Groningen].

Bradley, L. et al. (2021). Autistic adults' experiences of camouflaging and its perceived impact on mental health. *Autism Adulthood, 3*(4), 320-329. https://doi.org/10.1089/aut.2020.0071

Brasil. (2008). *Política nacional de educação especial na perspectiva da educação inclusiva*. Ministério da Educação. http://portal.mec.gov.br/arquivos/pdf/politicaeducespecial.pdf

Brasil. (2009). *Decreto nº 6.949, de 25 de agosto de 2009*. Promulga a Convenção Internacional sobre os Direitos das Pessoas com Deficiência e seu protocolo facultativo, assinados em Nova York, em 30 de março de 2007. Presidência da República. http://www.planalto.gov.br/ccivil_03/_ato2007-2010/2009/decreto/d6949.htm

Brasil. (2012). *Lei nº 12.764, de 27 de dezembro de 2012*. Institui a política nacional de proteção dos direitos da pessoa com transtorno do espectro autista. Presidência da República. https://www.planalto.gov.br/ccivil_03/_ato2011-2014/2012/lei/l12764.htm

Brasil. (2015). *Lei nº 13.146, de 6 de julho de 2015*. Institui a Lei Brasileira de Inclusão da Pessoa com Deficiência (Estatuto da Pessoa com Deficiência). Presidência da República. http://www.planalto.gov.br/ccivil_03/_ato2015-2018/2015/lei/l13146.htm

Brask, B. (1972). A prevalence investigation of childhood psychoses. *Barnepsychiatrist Forening, Universitetsforlagets Trykningssentral*, 145-153.

Buckle, K. L. et al. (2021). "No way out except from external intervention": First-hand experiences of autistic inertia. *Frontiers in Psychology*, 12, 1-17. https://doi.org/10.3389/fpsyg.2021.631596

Buesher, A. et al. (2014). Costs of autism spectrum disorders in the United Kingdom and the United States. *JAMA Pediatrics*, 168(8), 721-728.

Bulhak-Paterson, D. (2015). *I am an aspie girl: A book for young girls with autism spectrum conditions*. Jessica Kingsley.

Butler, J. (2004). *Undoing gender*. Routledge.

Cai, C. et al. (2022). Identifying rare genetic variants of immune mediators as risk factors for autism spectrum disorder. *Genes*, 13(6), 1-11. https://www.mdpi.com/2073-4425/13/6/1098

Candland, D. K. (1993). *Feral children and clever animals: Reflections on human nature*. Oxford University Press.

Cascio, C. et al. (2008). Tactile perception in adults with autism: A multidimensional psychophysical study. *Journal of Autism and Developmental Disorders, 38*(1), 127-37. https://doi.org/10.1007/s10803-007-0370-8

Cassidy, S. et al. (2018). Risk markers for suicidality in autistic adults. *Molecular Autism, 9*(42), 1-14. https://doi.org/10.1186/s13229-018-0226-4

Castro, L. H. (2021). *Ciências da saúde: Pluralidade dos aspectos que interferem na saúde humana*. Atena.

Cauvet, É. et al. (2019). Sex differences along the autism continuum: A twin study of brain structure. *Cerebral Cortex, 29*(3), 1342-1350. https://doi.org/10.1093/cercor/bhy303

Cazalis, F. et al. (2022). Evidence that nine autistic women out of ten have been victims of sexual violence. *Frontiersin, 16*, 1-20. https://doi.org/10.3389/fnbeh.2022.852203

Chamak, B. et al. (2008). What can we learn about autism from autistic persons? *Psychotherapy and Psychosomatics, 77*(5), 271-279. https://www.jstor.org/stable/48511100

Chapman, L. et al. (2022). "I want to fit in... but I don't want to change myself fundamentally": A qualitative exploration of the relationship between masking and mental health for autistic teenagers. *Research in Autism Spectrum Disorders, 99*, 1-18. https://doi.org/10.1016/j.rasd.2022.102069

Chassot, A. (2019). *A ciência é masculina? É, sim senhora!* (9. ed.). Unisinos.

Chelune, G. et al. (1986). Frontal lobe disinhibition in attention deficit disorder. *Child Psychiatry and Human Development, 16*, 221-234. https://link.springer.com/article/10.1007/BF00706479

Cheryl. (2023). Celebrating Pride Month with Cheryl. *Autism*. https://www.autism.org.uk/advice-and-guidance/stories/stories-from-the-spectrum-meet-cheryl

Chistol, L. T. et al. (2018). Sensory sensitivity and food selectivity in children with autism spectrum disorder. *Journal of Autism and Developmental Disorders*, *48*(2), 583-591. https://www.ncbi.nlm.nih.gov/pmc/articles/PMC6215327/

Ciaranello, A. L. L., & Ciaranello, R. (1995). The neurobiology of infantile autism. *Annual Review of Neuroscience*, *18*, 101-128.

Clance, P. R. (1985). *The imposter phenomenon: Overcoming the fear that haunts your success*. Peachtree.

Clance, P. R., & Imes, S. A. (1978). The imposter phenomenon in high achieving women: Dynamics and therapeutic intervention. *Psychotherapy: Theory, Research & Practice*, *15*(3), 241-247. https://psycnet.apa.org/doi/10.1037/h0086006

Cola, M. et al. (2022). Friend matters: Sex differences in social language during autism diagnostic interviews. *Molecular Autism*, *13*(5), 1-16. https://doi.org/10.1186/s13229-021-00483-1

Coleman-Smith, R. S. et al. (2020). "Conflict versus congruence": A qualitative study exploring the experience of gender dysphoria for adults with autism spectrum disorder. *Journal of Autism and Developmental Disorders*, *50*(8), 2643-2657. https://doi.org/10.1007/s10803-019-04296-3

Congresso Internacional "Sociedade Inclusiva". (2001, set. 24). Declaração Internacional de Montreal sobre Inclusão. *Portal MEC*. http://portal.mec.gov.br/seesp/arquivos/pdf/dec_inclu.pdf

Cook, J. et al. (2021). Camouflaging in autism: A systematic review. *Clinical Psychology Review*, *89*, 1-11. https://doi.org/10.1016/j.cpr.2021.102080

Cooper, et al. (2022). Phenomenology of gender dysphoria in autism: A multiperspective qualitative analysis. *Journal of Child Psychology and Psychiatry*, *64*(2), 265-276. https://doi.org/10.1111/jcpp.13691

Csikszentmihalyi, M. (2013). *Creativity: The psychology of discovery and invention*. Harper Collins.

Danesh, A. A. et al. (2021). Hyperacusis in autism spectrum disorders. *Audiology Research*, *11*(4), 547-556. https://doi.org/10.3390/audiolres11040049

Darwin, C. (1974). *A origem do homem e a seleção sexual* (A. Cancian & E. N. Fonseca, Trad.). Hemus. (Original publicado em 1871)

Davidson, J. et al. (2014). Expression of the broad autism phenotype in simplex autism families from the Simons Simplex Collection. *Journal of Autism and Developmental Disorders*, *44*(10), 2392-2399. https://doi.org/10.1007/s10803-012-1492-1

Dean, M., Harwood, R., & Kasari, C. (2017).The art of camouflage: Gender differences in the social behaviors of girls and boys with autism spectrum disorder. *Autism*, *21*(6), 678-689. https://journals.sagepub.com/doi/epdf/10.1177/1362361316671845

Deleuze, G. (1988). *Diferença e repetição* (L. Orlandi & R. Machado, Trad.). Graal.

Deleuze, G. (2016). *Dois regimes de loucos: Textos e entrevistas (1975-1995)* (G. Ivo, Trad.). Editora 34.

Demetriou, E. A. et al. (2018). Autism spectrum disorders: A meta-analysis of executive function. *Molecular Psychiatry*, *23*(5), 1198-1204. https://doi.org/10.1038/mp.2017.75

Dewinter, J., Graaf, H., & Begeer, S. (2017). Sexual orientation, gender identity, and romantic relationships in adolescents and adults with autism spectrum disorder. *Journal of Autism and Developmental Disorders*, *47*(9), 2927-2934. https://doi.org/10.1007/s10803-017-3199-9

Dias, M. (2018, abr. 23). Alfredo Jerusalinsky: "O amor é sempre fantasia". *A Tarde*. https://atarde.com.br/muito/alfredo-jerusalinsky-o-amor-e-sempre-fantasia-954574

D'Mello, A. M. et al. (2022). Exclusion of females in autism research: Empirical evidence for a "leaky" recruitment-to-research pipeline. *Autism Research*, *15*(10), 1929-1940. https://doi.org/10.1002/aur.2795

Donvan, J., & Zucker, C. (2016). *In a different key: The story of autism*. Crown/Random House.

Dugdale, A.-S. et al. (2021). Intense connection and love: The experiences of autistic mothers. *Autism*, *25*(7), 1973-1984. https://doi.org/10.1177/13623613211005987

Dupuis, A. et al. (2022). Hyperfocus or flow? Attentional strengths in autism spectrum disorder. *Frontiers in Psychiatry*, *13*, 1-13. https://doi.org/10.3389/fpsyt.2022.886692

Đurišić, M. M., & Gajić, J. (2016). Social functioning of students with internalizing behavioral problems. *Research in Pedagogy*, *6*(2), 32-42. https://eric.ed.gov/?id=EJ1149332

Duvekot, J. et al. (2017). Factors influencing the probability of a diagnosis of autism spectrum disorder in girls versus boys. *Autism*, *21*(6), 646-658. https://doi.org/10.1177/1362361316672178

Eisenberg, L., & Kanner, L. (1956). Childhood schizophrenia symposium, 1955, early infantile. *American Journal of Orthopsychiatry*, *26*(3), 556-566. https://doi.org/10.1111/j.1939-0025.1956.tb06202.x

Ella, P. (2023). Stories from the spectrum: Purple Ella. *Autism*. https://www.autism.org.uk/advice-and-guidance/stories/stories-from-the-spectrum-purple-ella

Ellis, H. (1971). *Psicologia do sexo* (P. P. Carreiro Ramires, Trad.). Bruguera.

Elsabbagh, M. et al. (2012). Global prevalence of autism and other pervasive developmental disorders. *Autism Research*, *5*(3), 160-179. https://onlinelibrary.wiley.com/doi/10.1002/aur.239

Endow, J. (2017). Autistic burnout and aging. *Judyendow*. http://www.judyendow.com/autism-and-aging/autistic-burnout-and-aging/

Eze, U. A. (2018). Autism in Africa: The critical need for life saving awareness. *Journal of Educational Leadership and Policy Studies*, 34-38. https://eric.ed.gov/?id=EJ1227555

Feinstein, A. (2010). *A history of autism: Conversations with the pioneers*. John Wiley & Sons.

Ferreira, A. A., Oliveira, W. G. A., & Paula, J. J. D. (2018). Relações entre saúde mental e falhas cognitivas no dia a dia: papel dos sintomas internalizantes e externalizantes. *Jornal Brasileiro de Psiquiatria*, 67(2), 74-79. https://doi.org/10.1590/0047-2085000000188

Ferri, S. L., Abel, T., & Brodkin, E. S. (2018). Sex differences in autism spectrum disorder: A review. *Current Psychiatry Reports*, 20(9), 1535-1645. https://doi.org/10.1007/s11920-018-0874-2

Fleischmann, C., & Fleischmann, A. (2012). *Carly's voice: Breaking through autism*. Touchstone.

Fluegge, K. (2016). Does environmental exposure to the greenhouse gas, N_2O, contribute to etiological factors in neurodevelopmental disorders? A mini-review of the evidence. *Environmental Toxicology and Pharmacology*, 47, 6-18. https://pubmed.ncbi.nlm.nih.gov/27566494/

Folarin-Ogunde, S. (2021, out. 11). Autism in Africa: The long road to acceptance. *Autism Parenting Magazine*. https://www.autismparentingmagazine.com/autism-africa-road-to-acceptance/

Fombonne, E. (2003a). Epidemiological surveys of autism and other pervasive developmental disorders: An update. *Journal of Autism and Developmental Disorders*, 33, 365-382. https://link.springer.com/article/10.1023/A:1025054610557

Fombonne, E. (2003b). The prevalence of autism. *JAMA*, *289*(1), 87-89. https://jamanetwork.com/journals/jama/article-abstract/195670

Fombonne, E. (2005). Epidemiological studies of pervasive developmental disorders. In F. Volkmar et al., *Handbook of autism and pervasive developmental disorders* (p. 42-69). Wiley.

Foucault, M. (1988). *História da sexualidade I: A vontade de saber* (M. T. C. Albuquerque & G. Albuquerque, Trad.; 13. ed.). Graal.

Foucault, M. (2008). *Nascimento da biopolítica: Curso dado no College de France* (1978-1979) (E. Brandão & C. Berliner, Trad.). Martins Fontes.

Frankl, G. (1932). Der Wirkungskreis der ärztlichen Heilpädagogik. *Volksgesundheit*, *6*, 180-185.

Frankl, G. (1934a). Befehlen und Gehorchen. Eine heilpädagogische Studie. Vol. I. *Zeitschrift für Kinderforschung*, *42*, 463-479.

Frankl, G. (1934b). Befehlen und Gehorchen. Eine heilpädagogische Studie. Vol. II. *Zeitschrift für Kinderforschung*, *43*, 1-21.

Frankl, G. (1937a). Die Heilpädagogische Abteilung der Wiener Kinderklinik. *Zeitschrift für Kinderschutz, Familien- und Berufsfürsorge*, *29*(7-8), 33-54.

Frankl, G. (1937b). Triebhandlungen bei Dissozialität nach Enzephalitis epidemica und anderen psychopathischen Störungen des Kindesalters. *Zeitschrift für Kinderforschung*, *46*(5), 401-448.

Frankl, G. (1937c). Über postenzephalitischen Parkinsonismus und verwandte Störungen im Kindesalter. *Zeitschrift für Kinderforschung*, *46*, 199-249.

Frankl, G. (1943). Language and affective contact. *Nervous Child*, *2*(3), 251-262.

Frankl, G. (1949). The dilemma of psychiatry today. *Mental Hygiene*, *33*(4), 551-562.

Frankl, G. (1951). Community psychiatry and its organizational problems. *Mental Hygiene, 35*(4), 532-559.

Frankl, G. (1957). *Autism in childhood: An attempt of an analysis* [manuscrito não publicado]. Kenneth Spencer Research Library, The University of Kansas.

Frankl, G. (1964). Health services for mothers and children. *Journal of the American Academy of Child Psychiatry, 3*(2), 375-376.

Franz, L. et al. (2017). Autism spectrum disorder in Sub-Saharan Africa: A comprehensive scoping review. *Autism Research, 10*(5), 723-749. https://doi.org/10.1002/aur.1766

Freire, P. (1997). *Professora sim, tia não: Cartas a quem ousa ensinar*. Olho d'Água.

Freud, S. (1974). Sobre o narcisismo: Uma introdução. In S. Freud, *Edição standard brasileira das obras psicológicas completas* (J. Salomão, Trad.; vol. 14, p. 85-119). Imago. (Original publicado em 1914)

Freud, S. (2011). *Obras completas: O eu e o id, "autobiografia" e outros textos* (1923-1925) (P. C. Souza, Trad.; vol. 16). Companhia das Letras.

Freud, S. (2013). *Obras completas: Observações sobre um caso de neurose obsessiva ["O homem dos ratos"], uma recordação de infância de Leonardo da Vinci e outros textos* (P. C. Souza, Trad.; vol. 9). Companhia das Letras. (Original publicado em 1910.)

Freud, S. (2018). *Psicología de las masas y análisis del yo*. Omegalfa. (Original publicado em 1921.)

Frith, U. (1989). *Autism: Explaining the enigma*. Blackwell.

Fusar-Poli, L. et al. (2022). Missed diagnoses and misdiagnoses of adults with autism spectrum disorder. *European Archives of Psychiatry and Clinical Neuroscience, 272*, 187-198. https://doi.org/10.1007/s00406-020-01189-w

Galvin, J., & Richards, G. (2022). The indirect effect of self-compassion in the association between autistic traits and anxiety/depression: A cross-sectional study in autistic and non-autistic adults. *Autism*, *27*(5), 1-15. https://doi.org/10.1177/13623613221132109

Gauderer, E. C. (1985). *Autismo, década de 80: Uma atualização para os que atuam na área, do especialista aos pais*. Sarvier.

George, R., & Stokes, M. A. (2018). Gender identity and sexual orientation in autism spectrum disorder. *Autism*, *22*(8), 970-982. https://doi.org/10.1177/1362361317714587

Gesi, C. et al. (2021). Gender differences in misdiagnosis and delayed diagnosis among adults with autism spectrum disorder with no language or intellectual disability. *Brain Sciences*, *11*(7), 1-9. https://doi.org/10.3390/brainsci11070912

Geurts, H. M., Corbett, B., & Solomon, M. (2009). The paradox of cognitive flexibility in autism. *Trends in Cognitive Sciences*, *13*(2), 74-82. https://doi.org/10.1016/j.tics.2008.11.006

Gibbs, E. (2023). Celebrating Pride Month with Eva Gibbs. *Autism*. https://www.autism.org.uk/advice-and-guidance/stories/celebrating-pride-month-eva-gibbs

Gillberg, C. (1990). Infantile autism diagnosis and treatment. *Acta Psychiatrica Scandinavica*, *81*(3), 209-215. https://doi.org/10.1111/j.1600-0447.1990.tb06482.x

Gomes, E. et al. (2004). Auditory hypersensitivity in children and teenagers with autistic spectrum disorder. *Arquivos de Neuropsiquiatria*, *62*(3b), 797-801. https://doi.org/10.1590/S0004-282X2004000500011

Gonçalves, A. P. et al. (2017). Transtornos do espectro do autismo e psicanálise: revisitando a literatura. *Tempo Psicanalítico*, *49*(2), 152-181. http://pepsic.bvsalud.org/scielo.php?script=sci_arttext&pid=S0101-48382017000200008

Goodall, E. (2016). *The autism spectrum guide to sexuality and relationships: Understand yourself and make choices that are right for you*. Jessica Kingsley.

Gradvohl, S. M. O., Osis, M. J. D., & Makuch, M. Y. (2014). Maternidade e formas de maternagem desde a Idade Média à atualidade. *Pensando Famílias, 18*(1), 55-62.

Grandin, T. (2009). *Thinking in pictures*. Bloomsbury.

Grandin, T. (2015). *O cérebro autista: Pensando através do espectro* (17. ed.). Record.

Grandin, T. (2022). *Misterios de uma mente autista*. Clube de Autores.

Grant, L. (2017, jan. 25). Autistic women, pregnancy and motherhood. *Autism*. https://www.autism.org.uk/advice-and-guidance/professional-practice/pregnancy

Gray, S., Kirby, A. V., & Holmes, L. G. (2021). Autistic narratives of sensory features, sexuality, and relationships. *Autism Adulthood, 3*(3), 238-246. https://doi.org/10.1089/aut.2020.0049

Groenman, A. P. et al. (2021). Menstruation and menopause in autistic adults: Periods of importance? *Autism, 26*(6), 1563-1572. https://doi.org/10.1177/13623613211059721

Grove, N. J., & Zwi, A. B. (2006). Our health and theirs: Forced migration, othering, and public health. *Social Science & Medicine, 62*(8), 1931-1942. https://doi.org/10.1016/j.socscimed.2005.08.061

Guinchat, V. et al. (2012). Pre-, peri- and neonatal risk factors for autism. *Acta Obstetricia et Gynecologica Scandinavica, 91*(3), 287-300. https://doi.org/10.1111/j.1600-0412.2011.01325.x

Halladay, K. et al. (2015). Sex and gender differences in autism spectrum disorder: Summarizing evidence gaps and identifying emerging areas of priority. *Molecular Autism, 6*(36), 1-5. https://doi.org/10.1186/s13229-015-0019-y

Hampton, et al. (2022). Autistic mothers' perinatal well-being and parenting styles. *Autism, 26*(7), 1805-1820. https://doi.org/10.1177/13623613211065544

Happé, F. (2019). *What does research tell us about girls on the autism spectrum?* Routledge.

Harmens, M., Sedgewick, F., & Hobson, H. (2022a). Autistic women's diagnostic experiences: Interactions with identity and impacts on well-being. *Women's Health, 18*, 1-11. https://doi.org/10.1177/17455057221137477

Harmens, M., Sedgewick, F., & Hobson, H. (2022b). The quest for acceptance: A blog-based study of autistic women's experiences and well-being during autism identification and diagnosis. *Autism in Adulthood, 4*(1), 42-51. https://doi.org/10.1089/aut.2021.0016

Harper, C. D., & Bermudez, R. (2022, abr. 20). Anhidrosis. *StatPearls*. https://www.ncbi.nlm.nih.gov/books/NBK555988/

Harsh, L. (2017, jul. 20). I'm an autistic lesbian, and no, I don't wish I were "normal". *Buzzfeed*. https://www.buzzfeed.com/laurenharsh/im-an-autistic-lesbian-and-no-i-dont-wish-i-was-normal

Hendrickx, S. (2008). *Love, sex & long-term relationships: What people with Asperger syndrome really really want*. Jessica Kingsley Publishers.

Higashida, N. (2014). *O que me faz pular* (R. Durst, Trad.). Intrínseca.

Higgins, J. M. et al. (2021). Defining autistic burnout through experts by lived experience: Grounded Delphi method investigating #AutisticBurnout. *Autism, 25*(8), 2356-2369. https://doi.org/10.1177/13623613211019858

Hill, A. (2017, abr. 15). Mothers with autism: "I mothered my children in a very different way". *The Guardian*. https://www.

theguardian.com/lifeandstyle/2017/apr/15/women-autistic-mothers-undiagnosed-children

Hillier, et al. (2020). LGBTQ+ and autism spectrum disorder: Experiences and challenges. *International Journal of Transgender Health*, *21*(1), 98-110. https://doi.org/10.1080/15532739.2019.1594484

Hirvikoski, T. et al. (2016). Premature mortality in autism spectrum disorder. *The British Journal of Psychiatry*, *208*(3), 232-238. https://doi.org/10.1192/bjp.bp.114.160192

Holingue, C. et al. (2017). Gastrointestinal symptoms in autism spectrum disorder: A review of the literature on ascertainment and prevalence. *Autism Research*, *11*, 24-36.

Hull, L. et al. (2017). "Putting on my best normal": Social camouflaging in adults with autism spectrum conditions. *Journal of Autism and Developmental Disorders*, *47*(8), 2519-2534. https://doi.org/10.1007/s10803-017-3166-5

Hull, L., Petrides, K., & Mandy, W. (2020). The female autism phenotype and camouflaging: A narrative review. *Review Journal of Autism and Developmental Disorders*, *7*, 306-317. https://doi.org/10.1007/s40489-020-00197-9

Illich, I. (1975). *A expropriação da saúde: Nêmesis da medicina* (5. ed.). Nova Fronteira.

Isomura, T. et al. (2015). Delayed disengagement of attention from snakes in children with autism. *Frontiers in Psychology*, *6*(241), 1-5. https://psycnet.apa.org/doi/10.3389/fpsyg.2015.00241

Jack, A. et al. (2021). A neurogenetic analysis of female autism. *Brain*, *144*(6), 1911-1926. https://doi.org/10.1093/brain/awab064

Jack, C. (2020, jun. 20). Sensory checklist for women with autism spectrum disorder. *Psychologytoday*. https://www.psychologytoday.com/us/blog/women-autism-spectrum-disorder/202006/sensory-checklist-women-autism-spectrum-disorder

Jackson-Perry, D. (2020). The autistic art of failure? Unknowing imperfect systems of sexuality and gender. *Scandinavian Journal of Disability Research*, *22*(1), 221-229. https://doi.org/10.16993/sjdr.634

Järbrink, K. (2007). The economic consequences of autistic spectrum disorder among children in a Swedish municipality. *Autism*, *11*(5), 453-463.

Jerusalinsky, A. (1993). Psicose e autismo na infância: uma questão de linguagem. *Psicose: Boletim da Associação Psicanalítica de Porto Alegre*, *4*(9), 62-73.

Jones, R. S. P., Quigney, C., & Huws, J. C. (2003). First-hand accounts of sensory perceptual experiences in autism: A qualitative analysis. *Journal of Intellectual & Developmental Disability*, *28*(2), 112-121. https://doi.org/10.1080/1366825031000147058

Kanner, L. (1943). Autisc disturbances of affective contact. *Nervous Child*, *2*, 217-250.

Kanner, L. (1944). Early infantile autism. *Journal of Pediatrics*, *25*, 211-217.

Kanner, L. (1946). Irrelevant and metaphorical language in early infantile autism. *American Journal of Psychiatry*, *103*, 242-245.

Kanner, L. (1948). *Child psychiatry* (2. ed.). Charles C. Thomas.

Kanner, L. (1949). Problems of nosology and psychodynamics in early infantile autism. *American Journal Orthopsychiatry*, *19*, 416-426.

Kanner, L. (1951). The conception of woles and parts in early infantile autism. *American Journal Psychiatry*, *108*, 23-26.

Kanner, L. (1954). To what extent is early infantile autism determined by constutional adequancies? In D. Hooker, & C. Hare, *Genetics and the inheritance of integrated neurological psychiatric patterns* (p. 69-75). Williams e Wilkins.

Kanner, L. (1958). The specificity of early infantile autism. *Acta Paedopsychiatry, 25*(1-2), 108-113.

Kanner, L. (1965). Infantile autisme and the schizophrenias. *Behavioral Science, 10*(4), 412-420.

Kanner, L. (1968). Early infantile autism revisited. *Psychiatry Digest, 29*, 135-141.

Kanner, L. (1971). Follow up study of eleven autistic children originally reported in 1943. *Journal of Autism and Childhood Schizophrenia, 1*, 119-145.

Kanner, L. (1973). The birth of early infantile autism. *Journal of Autism and Childhood Schizophrenia, 3*(2), 93-95.

Kanner, L., & Eisenberg, L. (1955). Notes on the follow-up studies of autistic children. In P. Hoch, & J. Zubin, *Psychopathology of childhood* (p. 227-239). Grune & Stratton.

Kanner, L., Rodriguez, A., & Ashenden, B. (1972). How far can autistic children in matters of social adaptation? *Journal of Autism and Childhood Schizophrenia, 2*(1), 9-33.

Kaur, R. (2017). *O que o sol faz com as flores* (A. Guadalupe, Trad.). Planeta.

Kelly, T., Borril, H. S., & Maddell, D. L. (1996). Development and assessment of executive function in children. *Child Psychology and Psychiatry Review, 1*(2), 46-51. https://doi.org/10.1111/j.1475-3588.1996.tb00011.x

King, H. (1998). *Hippocrates' woman: Reading the female body in Ancient Greece*. Routledge.

Kirby, A. V. et al. (2022). Sensory features in autism: Findings from a large population-based surveillance system. *Autism Research, 15*, 751-760. https://doi.org/10.1002/aur.2670

Kirkovski, M., Enticott, P. G., & Fitzgerald, P. B. (2013). A review of the role of female gender in autism spectrum disorders. *Journal of Autism and Developmental Disorders, 43*(11), 2584-2603. https://doi.org/10.1007/s10803-013-1811-1

Klein, M. (1965). On early infantile psychosis: The symbiotic and autistic syndromes. *Journal of American Academy of Child Psychiatry*, 4, 554-568.

Klin, A. (2006). Autismo e síndrome de Asperger: Uma visão geral. *Revista Brasileira de Psiquiatria*, 28, s3-s11.

Konder, L. (1991, fev. 22). Bruno Bettelheim. *Tribuna BIS*. https://www.marxists.org/portugues/konder/1991/02/22.pdf

Kong, L. et al. (2020). Associations of different types of maternal diabetes and body mass index with offspring psychiatric disorders. *JAMA Netw Open*, 3(2), 1-15. https://jamanetwork.com/journals/jamanetworkopen/fullarticle/2760442

Kraepelin, E. (1896). *Psychiatrie: Ein Lehrbuch für Studierende und Ärzte*. (5. ed.). Johann Ambrosius Barth.

Lai, M.-C., & Baron-Cohen, S. (2015). Identifying the lost generation of adults with autism spectrum conditions. *Lancet Psychiatry*, 2(11), 1013-1027. https://doi.org/10.1016/S2215-0366(15)00277-1

Lai, M.-C. et al. (2015). Sex/gender differences and autism: Setting the scene for future research. *Journal of the American Academy of Child & Adolescent Psychiatry*, 54(1), 11-24. https://doi.org/10.1016/j.jaac.2014.10.003

Lai, M.-C. et al. (2017). Quantifying and exploring camouflaging in men and women with autism. *Autism*, 21(6), 690-702. https://doi.org/10.1177/1362361316671012

Lampreia, C. (2004). Os enfoques cognitivista e desenvolvimentista no autismo: Uma análise preliminar. *Psicologia: Reflexão e Crítica*, 17(1), 111-120.

Langford, J., & Clance, P. R. (1993). The imposter phenomenon: Recent research findings regarding dynamics, personality and family patterns and their implications for treatment. *Psychotherapy: Theory, Research, Practice, Training*, 30(3), 495-501. https://psycnet.apa.org/doi/10.1037/0033-3204.30.3.495

Laplanche, J., & Pontalis, J.-B. (1991). *Vocabulário da psicanálise* (11. ed.). Martins Fontes.

Laurent, E. (2014). *A batalha do autismo: Da clínica à política*. Zahar.

Laznik, M.-C. (1991). *O que a clínica do autismo pode ensinar aos psicanalistas*. Ágalma.

Laznik, M.-C. (2013). *A voz da sereia: O autismo e os impasses na constituição do sujeito* (3. ed.). Ágalma.

Leedham, A. et al. (2020). "I was exhausted trying to figure it out": The experiences of females receiving an autism diagnosis in middle to late adulthood. *Autismo, 24*(1), 135-146. https://doi.org/10.1177/1362361319853442

Lefort, R., & Lefort, R. (1984). *O nascimento do Outro*. Biblioteca Freudiana Brasileira.

Lefort, R., & Lefort, R. (1991). Introdução à jornada de estudos do CEREDA. In J. Miller, *A criança do discurso analítico* (p. 12-14). Jorge Zahar.

Lefort, R., & Lefort, R. (2017). *A distinção do autismo* (A. L. Santiago & C. Vidigal, Trad.). Relicário.

Lewontin, R. C. (2000). *Biologia como ideologia: A doutrina do DNA*. Funpec.

Li, E. (2018, mar. 2). Global perceptions of autism: Eastern Asia. *Neurodiversity*. https://intr100neurodsp18burk.sites.wm.edu/2018/03/02/global-perceptions-of-autism-eastern-asia/

Lin, J. et al. (2021). Transtorno do espectro autista em meninas: Características clínicas e dificuldades diagnósticas. *Boletim do Curso de Medicina da UFSC, 8*(2), 32-38. https://doi.org/10.32963/bcmufsc.v8i2.5199

Livingstone, L. A. et al. (2019). Good social skills despite poor theory of mind: Exploring compensation in autism spectrum disorder. *Journal of Child Psychology and Psychiatry, and Allied Disciplines, 60*(1), 102-110. https://doi.org/10.1111/jcpp.12886

Lord, C. et al. (2022). The Lancet Commission on the future of care and clinical. *The Lancet*, *399*(10321), 271-334. https://doi.org/10.1016/S0140-6736(21)01541-5

Lotter, V. (1966). Epidemiology of autistic conditions in young children. *Social Psychiatry*, *1*, 124-135. https://doi.org/10.1007/BF00584048

Lovaas, O. I. et al. (1971). Selective responding by autistic children to multiple sensory input. *Journal of Abnormal Psychology*, *77*(3), 211-222. https://psycnet.apa.org/doi/10.1037/h0031015

Lu, J. et al. (2022). Rethinking autism: The impact of maternal risk factors on autism development. *American Journal of Translational Research*, *14*(2), 1136-1145. https://www.ncbi.nlm.nih.gov/pmc/articles/PMC8902545/

Lucena, P. D. (2018). *Parabólicas*. Issuu.

Lundin, K. et al. (2021). Functional gender differences in autism: An international, multidisciplinary expert survey using the International Classification of Functioning, Disability, and Health model. *Autism*, *25*(4), 1020-1035. https://doi.org/10.1177/1362361320975311

MacLennan, K., O'brien, S., & Tavassoli, T. (2022). In our own words: The complex sensory experiences of autistic adults. *Journal of Autism and Developmental Disorders*, *52*, 3061-3075. https://doi.org/10.1007/s10803-021-05186-3

Maenner, M. J. et al. (2020). Prevalence of autism spectrum disorder among children aged 8 years: Autism and developmental disabilities monitoring network, 11 sites, United States, 2016. *MMWR Surveill Summ*, *69*(4), 1-12. http://dx.doi.org/10.15585/mmwr.ss6904a1

Mahler, M. (1952). On child psychosis and schizophrenia: autistic and symbiotic infantile psychoses. *Psychoanalytic Study of the Child*, *7*, 286-305.

Mallipeddi, N. V., & Vandaalen, R. A. (2022). Intersectionality within critical autism studies: A narrative review. *Autism in Adulthood*, 4(4), 281-289. https://doi.org/10.1089/aut.2021.0014

Mannoni, M. (1967). *A criança, sua doença e os outros* (2. ed.). Zahar.

Mannoni, M. (1971). *O psiquiatra, seu louco e a psicanálise*. Zahar.

Mannoni, M. (1989). *Um saber que não se sabe: A experiência analítica* (M. Prada e Silva, Trad.). Papirus.

Mannoni, M. (1999). *A criança retardada e a mãe* (5. ed.). Martins Fontes.

Manouilenko, I., & Bejerot, S. (2015). Sukhareva: Prior to Asperger and Kanner. *Nordic Journal of Psychiatry*, 69(6), 1-4. https://doi.org/10.3109/08039488.2015.1005022

Mantzalas, J. et al. (2022). What is autistic burnout? A thematic analysis of posts on two online platforms. *Autism Adulthood*, 4(1), 52-65. https://doi.org/10.1089/aut.2021.0021

Martynowicz, J. et al. (2019). Guanabenz reverses a key behavioral change caused by latent toxoplasmosis in mice by reducing neuroinflammation. *mBio*, 10(2), 1-15. https://journals.asm.org/doi/pdf/10.1128/mbio.00381-19

Mawson, A. R., & Croft, A. M. (2019). Rubella virus infection, the congenital rubella syndrome, and the link to autism. *International Journal of Environmental Research and Public Health*, 16(3543), 1-28. https://www.mdpi.com/1660-4601/16/19/3543

Mcauliffe, C., Walsh, R. J., & Cage, E. (2022). "My whole life has been a process of finding labels that fit": A thematic analysis of autistic LGBTQIA+ identity and inclusion in the LGBTQIA+ community. *Autism in Adulthood*, 5(2), 1-38. https://doi.org/10.1089/aut.2021.0074

McCrossin, R. (2022). Finding the true number of females with autistic spectrum disorder by estimating the biases in initial recognition and clinical diagnosis. *Children*, 9(272), 1-18. https://doi.org/10.3390/children9020272

McEvoy, R., Rogers, S., & Pennington, B. (1993). Executive function and social communication deficits in young autistic children. *Journal of Child Psychology and Psychiatry, 34*(4), 563-578. https://doi.org/10.1111/j.1469-7610.1993.tb01036.x

Meireles, C. (2002). *Ou isto ou aquilo* (6. ed.). Nova Fronteira.

Meltzer, A., & Water, J. V. D. (2017). The role of the immune system in autism spectrum disorder. *Neuropsychopharmacology, 42*, 284-298. https://doi.org/10.1038/npp.2016.158

Mendonça, S. (2022, fev. 24). Jornalista, escritora e pesquisadora autista rompe estereótipos e debate identidade de gênero, orientação sexual, idade, afetividade e relações amorosas no espectro. *Autismo e Realidade.* https://autismoerealidade.org.br/2022/02/24/sophia-mendonca-autismo-plural/

Merrell, K. W. (2008). Understanding internalizing problems: Depression and anxiety in children and adolescents. In K. W. Merrell, *Helping students overcome depression and anxiety: A practical guide* (2. ed., p. 1-18). Guilford Publications. https://www.guilford.com/excerpts/merrell.pdf?t=1

Milaré, T., Richetti, G. P., & Silva, A. R. D. (2020). Solução mineral milagrosa: Um tema para o ensino de química na perspectiva da alfabetização científica e tecnológica. *Ciência & Educação, 26*(e20005), 1-11. https://doi.org/10.1590/1516-731320200005

Morgan, T. H. (1913). *Heredity and sex.* Columbia University Press.

Moseley, R. L., Druce, T., & Turner-Cobb, J. M. (2020). Autism research is 'all about the blokes and the kids': Autistic women breaking the silence on menopause. *British Journal of Health Psychology, 26*(3), 709-726. https://doi.org/10.1111/bjhp.12477

Moseley, R. L., & Pulvermüller, F. (2018). What can autism teach us about the role of sensorimotor systems in higher cognition? New clues from studies on language, action semantics, and abstract emotional concept processing. *Cortex, 100*, 149-190. https://doi.org/10.1016/j.cortex.2017.11.019

Mottron, L. (2016). L'autisme, une autre intelligence. *Bulletin de l'Académie Nationale de Médecine, 200*(3), 423-434.

Mukhopadhyay, T. (2008). *How can I talk if my lips don't move?* Arcade.

Neufeld, P. M. (2018). Personalidades da história da saúde I: Cláudio Galeno. *Revista Brasileira de Análises Clínicas, 50*(1), 1.

Neumärker, K. -J. (2003). Leo Kanner: His years in Berlin, 1906-24. The roots of autistic disorder. *History of Psychiatry, 14*(54 Pt 2), 205-218. https://doi.org/10.1177/0957154X030142005

Nietzsche, F. W. (2012). *Assim falou Zaratustra* (R. Santos, Trad.). Espaço Novo Æon.

Nogueira, J. C. D., & Orrú, S. E. (2019). Eixos de interesse como possibilidades de aprendizagem para estudantes com transtorno do espectro autista. *Acta Scientiarum. Human And Social Sciences, 41*(3), 1-12. http://www.periodicos.uem.br/ojs/index.php/ActaSciHumanSocSci/article/view/49934

Nunes, M., & Bruni, O. (2015). Insomnia in childhood and adolescence: Clinical aspects, diagnosis, and therapeutic approach. *Jornal de Pediatria, 91*(6), 26-35.

O'Connell, H. E. et al. (1998). Anatomical relationship between urethra and clitoris. *The Journal of Urology, 159*(6), 1892-1897. https://doi.org/10.1016/S0022-5347(01)63188-4

Oliveira, C. J. D. (2018). *A relação entre os problemas internalizantes e externalizantes e o bem-estar psicológico na adolescência.* Universidade de Lisboa.

Ommeren, T. B. V. et al. (2017). Sex differences in the reciprocal behaviour of children with autism. *Autism, 21*(6), 795-803. https://doi.org/10.1177/1362361316669622

Orefice, L. L. et al. (2016). Peripheral mechanosensory neuron dysfunction underlies tactile and behavioral deficits in mouse models of ASDs. *Cell, 14*(166), 299-313. https://doi.org/10.1016/j.cell.2016.05.033

Organização das Nações Unidas. (2007). *Convenção sobre os direitos das pessoas com deficiência*. Presidência da República. http://www.planalto.gov.br/ccivil_03/_ato2007-2010/2009/decreto/d6949.htm

Organização dos Estados Americanos. (1999). Convenção interamericana para a eliminação de todas as formas de discriminação contra as pessoas portadoras de deficiência. *Portal MEC*. http://portal.mec.gov.br/seesp/arquivos/pdf/guatemala.pdf

Organização Mundial da Saúde. (1993). *Classificação estatística internacional de doenças e problemas relacionados à saúde* (10a ed. rev.). Centro Colaborador da OMS para a Classificação de Doenças em Português/Edusp.

Organização Mundial da Saúde. (2021, mar. 9). Devastadoramente generalizada: 1 em cada 3 mulheres em todo o mundo sofre violência. *Paho*. https://www.paho.org/pt/noticias/9-3-2021-devastadoramente-generalizada-1-em-cada-3-mulheres-em-todo-o-mundo-sofre-violencia

Orrú, S. E. (2007). *Autismo, linguagem e educação: Interação social no cotidiano escolar*. Wak.

Orrú, S. E. (2013). O perigo da supervalorização do diagnóstico: Rótulos introdutórios ao fracasso escolar de crianças com autismo. *Revista Eletrônica Gestão & Saúde, 4*(1), 1419-1429. https://periodicos.unb.br/index.php/rgs/article/view/192/181

Orrú, S. E. (2016). *Aprendizes com autismo: Aprendizagem por eixos de interesse em espaços não excludentes*. Vozes.

Orrú, S. E. (2017). *O re-inventar da inclusão: Os desafios da diferença no processo de ensinar e aprender*. Vozes.

Orrú, S. E. (2020a). *A inclusão menor e o paradigma da distorção*. Vozes.

Orrú, S. E. (2020b). Singularidades e impacto social del autismo severo en Brasil. *Revista Humanidades Médicas, 20*(2), 334-363. http://scielo.sld.cu/scielo.php?script=sci_arttext&pid=S1727-81202020000200334

Orrú, S. E. (2021). *Aprendices con autismo: Aprendizaje por ejes de interés en espacios no excluyentes*. Morata.

Orrú, S. E. (2022). *Impactos do transtorno do espectro autista nível 1 na qualidade de vida de jovens e adultos* [Relatório não publicado, arquivo pessoal, p. 26].

Orrú, S. E. (2023). *Mulheres em águas de piratas: Vozes insurgentes da América Latina, África e Ásia em luta contra o patriarcado*. Dialética.

Oswald, T. M. et al. (2016). Sex differences in internalizing problems during adolescence in autism spectrum disorder. *Journal of Autism and Developmental Disorders, 46*, 624-636. https://doi.org/10.1007/s10803-015-2608-1

Owens, A. P., Mathias, C. J., & Iodice, V. (2021). Autonomic dysfunction in autism spectrum disorder. *Frontiers in Integrative Neuroscience, 15*(787037), 1-10. https://www.ncbi.nlm.nih.gov/pmc/articles/PMC8756818/

Ozsivadjian, et al. (2020). Is cognitive inflexibility a missing link? The role of cognitive inflexibility, alexithymia and intolerance of uncertainty in externalising and internalising behaviours in young people with autism spectrum disorder. *Journal of Child Psychology and Psychiatry, and Allied Disciplines, 62*(6), 715-724. https://doi.org/10.1111/jcpp.13295

Parish-Morris, J. et al. (2017). Linguistic camouflage in girls with autism spectrum disorder. *Molecular Autism, 8*(48), 1-12. https://doi.org/10.1186/s13229-017-0164-6

Parner, E. T., Schendel, D. E., & Thorsen, P. (2008). Autism prevalence trends over time in Denmark: Changes in prevalence and age at diagnosis. *JAMA, 162*(12), 1150-1156. https://jamanetwork.com/journals/jamapediatrics/article-abstract/380557

Paterson, T. (2016, set. 3). Using the Maori creation story to navigate autistic inertia. *Altogether Autism Journal*. https://www.altogetherautism.org.nz/using-the-maori-creation-story-to-navigate-autistic-inertia/

Paula, C. S. et al. (2020). Challenges, priorities, barriers to care, and stigma in families of people with autism: Similarities and differences among six Latin American countries. *Autism*, *24*(8), 2228-2242. https://doi.org/10.1177/1362361320940073

Pecora, L. A. et al. (2019). Characterising the sexuality and sexual experiences of autistic females. *Journal of Autism and Developmental Disorders*, *49*(12), 4834-4846. https://doi.org/10.1007/s10803-019-04204-9

Pecora, L. A. et al. (2020). Gender identity, sexual orientation and adverse sexual experiences in autistic females. *Molecular Autism*, *11*(57), 1-16. https://doi.org/10.1186/s13229-020-00363-0

Pereira, M. E. C. (2000). Bleuler e a invenção da esquizofrenia. *Revista Latinoamericana de Psicopatologia Fundamental*, *3*(1), 158-163. https://doi.org/10.1590/1415-47142000001011

Pereira, M. E. C. (2001). Kraepelin e a criação do conceito de "demência precoce". *Revista Latinoamericana de Psicopatologia Fundamental*, *4*, 126-129. https://doi.org/10.1590/1415-47142001004011

Perry, A. J. (2021, jul. 30). Author Helen Hoang talks sex, autism and freedom. *Code Switch*. https://www.npr.org/sections/codeswitch/2021/07/30/173838620/author-helen-hoang-talks-sex-autism-and-freedom

Pessotti, I. (2006). Sobre a teoria da loucura no século XX. *Temas em Psicologia*, *14*(2), 113-123. http://pepsic.bvsalud.org/pdf/tp/v14n2/v14n2a02.pdf

Phung, J. et al. (2021). What I wish you knew: Insights on burnout, inertia, meltdown, and shutdown from autistic youth. *Frontiers in Psychology*, *12*, 1-14. https://doi.org/10.3389/fpsyg.2021.741421

Plummer, K. (1995). *Telling sexual stories: Power, change, and social worlds*. Routledge.

Pohl, A. L. et al. (2020). A comparative study of autistic and non-autistic women's experience of motherhood. *Molecular Autism*, *11*(3), 1-12. https://doi.org/10.1186/s13229-019-0304-2

Porter, T. (2020, ago. 12). Taking toxic bleach MMS has killed 7 people in the US, Colombian prosecutors say: Far more than previously known. *Business Insider*. https://www.businessinsider.com/mms-bleach-killed-7-americans-new-from-colombia-arrest-2020-8

Posar, A., & Visconti, P. (2018). Infantile autism and mitteleuropa. *Turk Pediatri Ars*, *53*(4), 271-72. https://turkarchpediatr.org/en/infantile-autism-and-mitteleuropa-162470

Prince, V. (2005). Sex vs. gender. *International Journal of Transgenderism*, *8*(4), 29-32. https://doi.org/10.1300/J485v08n04_05

Purkis, Y. (2019, jul. 10). Interview with author of Uncomfortable Labels, Laura Kate Dale. *Spectrumwomen*. https://www.spectrumwomen.com/featured/interview-with-author-of-uncomfortable-labels-laura-kate-dale-by-yenn-purkis/

Qualls, L. R., Hartmann, K., & Paulson, J. F. (2018). Broad autism phenotypic traits and the relationship to sexual orientation and sexual behavior. *Journal of Autism and Developmental Disorders*, *48*, 3974-3983. https://doi.org/10.1007/s10803-018-3556-3

Rafiei, M. et al. (2023). Public awareness and stigma of autism spectrum disorder in Iran: An online survey. *Research in Developmental Disabilities*, *134*, 1-7. https://doi.org/10.1016/j.ridd.2023.104441

Rapin, I. (1991). Autistic children: Diagnosis and clinical features. *Pediatrics*, *87*, 751-760.

Ratto, A. B. et al. (2018). What about the girls? Sex-based differences in autistic traits and adaptive skills. *Journal of Autism and Developmental Disorders*, *48*, 1698-1711. https://doi.org/10.1007/s10803-017-3413-9

Raymaker, D. M. et al. (2020). "Having all of your internal resources exhausted beyond measure and being left with no clean-up crew": Defining autistic burnout. *Autism Adulthood*, 2(2), 132-143. https://doi.org/10.1089/aut.2019.0079

Rimland, B. (1964). *Infantile autism: The syndrome and its implications for a neural theory of behavior*. Prentice-Hall.

Ritvo, E. (1976). *Autism: Diagnosis, current research and management*. Spectrum.

Robertson, A. E., & Simmons, D. R. (2015). The sensory experiences of adults with autism spectrum disorder: A qualitative analysis. *Perception*, 44(5), 569-586. https://doi.org/10.1068/p7833

Robison, J. (2016). Kanner, Asperger, and Frankl: A third man at the genesis of the autism diagnosis. *Sage*, 21(7), 862-871. https://doi.org/10.1177/1362361316654283

Ronzani, L. D. et al. (2021). Comorbidades psiquiátricas no transtorno de espectro autista: Um artigo de revisão. *Boletim do Curso de Medicina da UFSC*, 7(3), 47-54. https://ojs.sites.ufsc.br/index.php/medicina/article/view/4827

Rosqvist, H. B., & Jackson-Perry, D. (2021). Not doing it properly? (Re)producing and resisting knowledge through narratives of autistic sexualities. *Sexuality and Disability*, 39, 327-344. https://doi.org/10.1007/s11195-020-09624-5

Roudinesco, E., & Plon, M. (1998). *Dicionário de psicanálise* (V. Ribeiro & L. Magalhães, Trad.). Zahar.

Rousseau, J.-J. (1969). *Emile. Oeuvres completes*. (4. ed.). Gallimard.

Rudy, L. J. (2022, set. 28). Autistic adults as parents or guardians: How autistic adults raise kids. *Very Well Health*. https://www.verywellhealth.com/autistic-adults-as-parents-4147325

Russo, F. B. et al. (2018). Modeling the interplay between neurons and astrocytes in autism using human induced pluripotent stem cells. *Biological Psychiatry*, *83*(7), 569-578. https://pubmed.ncbi.nlm.nih.gov/29129319/

Rutter, M. (1978). Diagnosis and definitions of childhood autism. *Journal of Autism and Childhood Schizophrenia*, *8*(2), 139-161. https://doi.org/10.1007/BF01537863

Rutter, M., & Shopler, E. (1988). Autism and pervasive developmental disorders: Concepts and diagnostic issues. In E. Schopler, & G. Mesibov, *Diagnosis and assessment in autism* (p. 15-36). Plenum Press.

Rutter, M., & Schopler, E. (1992). Classification of pervasive developmental disorders: Some concepts and practical considerations. *Journal of Autism and Developmental Disorders*, *22*(4), 459-482.

Ryan, M. (2018, fev. 7). Sex on the spectrum. *Lennyletter*. https://www.lennyletter.com/story/sex-on-the-spectrum

Rylaarsdame, L., & Guemez-Gamboa, A. (2019). Genetic causes and modifiers of autism spectrum disorder. *Frontiers in Cellular Neuroscience*, *13*, 1-15. https://doi.org/10.3389/fncel.2019.00385

Sacks, O. (1995). *Um antropólogo em Marte*. Companhia das Letras.

Saghazadeh, A., & Rezaei, N. (2017). Systematic review and meta-analysis links autism and toxic metals and highlights the impact of country development status: Higher blood and erythrocyte levels for mercury and lead, and higher hair antimony, cadmium, lead, and mercury. *Progress in Neuropsychopharmacology & Biological Psychiatry*, *79*(Pt B), 340-368. https://doi.org/10.1016/j.pnpbp.2017.07.011

Said, S. (2023, fev. 5). How to have orgasmic sex when you're autistic. *Medium*. https://medium.com/artfullyautistic/how-to-have-orgasmic-sex-when-youre-autistic-437203e67dbc

Sales, N. B., & Brito, A. (2017). *Tudo o que eu posso ser*. Autor.

Sandin, S. et al. (2014). The familial risk of autism. *JAMA*, *311*(17), 1770-1777. https://jamanetwork.com/journals/jama/fullarticle/1866100

Santini, R. M., & Camelier, J. (2015). Devir mulher, sexualidade e subjetividade: Aproximações entre Deleuze & Guattari e Pierre Bourdieu sobre a construção social dos corpos. *Revista Ártemis*, *19*(1), 101-108. https://periodicos.ufpb.br/ojs2/index.php/artemis/article/view/26204

Schopenhauer, A. (2004). *A arte de lidar com as mulheres* (F. Volpi, Ed.; E. A. Souza & K. Iannini, Trad.). Martins Fontes.

Schreck, K. (2004). Sleep problems as possible predictors of intensified symptoms of autism. *Research In Developmental Disabilities*, *25*(1), 57-66.

Schvarzman, S. (1995). Entrevista com Michelle Perrot. *Cadernos Pagu*, *4*, 29-36. https://periodicos.sbu.unicamp.br/ojs/index.php/cadpagu/article/view/1734/1735

Schwartz, B. (2004). *The paradox of a choice: Why more is less*. Harper Perennial.

Sedgewick, F., Leppanen, J., & Tchanturia, K. (2021). Gender differences in mental health prevalence in autism. *Advances in Autism*, *7*(3), 208-224. https://doi.org/10.1108/AIA-01-2020-0007

Sellin, B. (1993). *Une âme prisonnière*. Robert Laffont.

Sheffer, E. (2019). *As crianças de Asperger: As origens do autismo na Viena nazista* (A. Borrunquer, Trad.). Record.

Shelton, J. F. et al. (2014). Neurodevelopmental disorders and prenatal residential proximity to agricultural pesticides: The CHARGE study. *Environ Health Perspect*, *122*(10), 1103-1109. https://pubmed.ncbi.nlm.nih.gov/24954055/

Sher, D. A., & Gibson, J. L. (2021). Pioneering, prodigious and perspicacious: Grunya Efmovna Sukhareva's life and contribution to conceptualising autism and schizophrenia. *European*

Child & Adolescent Psychiatry, 25, 1-17. https://link.springer.com/article/10.1007/s00787-021-01875-7

Silberman, S. (2016). *Neurotribes: The legacy of autism and how to think smarter about people who think differently.* Alen & Unwin.

Silva, S. S., & Mendonça, S. (2022). *Autismo no feminino.* Mundo Autista.

Simcoe, S. M. et al. (2022). Are there gender-based variations in the presentation of autism amongst female and male children? *Journal of Autism and Developmental Disorders, 53*(9), 1-9. https://doi.org/10.1007/s10803-022-05552-9

Simone, R. (2010). *Aspergirls: Empowering females with Asperger syndrome.* Jessica Kingsley Publishers.

Singer, J. (1998). *The birth of community amongst people on the autism spectrum: A personal exploration of a new social movement based on neurological diversity.* Faculty of Humanities and Social Science, University of Technology.

Singer, J. (1999). Why can't you be normal for once in your life? From a "problem with no name" to a new category of disability. In M. Corker, & S. French, *Disability discourse open.* University Press.

Singer, J. (2017). *Neurodiversity: The birth of an idea.* Independent.

Singer, J., & Blume, H. (1998). Neurodiversity: On the neurological underpinnings of geekdom. *The Atlantic.* https://www.theatlantic.com/magazine/archive/1998/09/neurodiversity/305909/

Smith, A. (2009). The empathy imbalance hypothesis of autism: A theoretical approach to cognitive and emotional empathy in autistic development. *The Psychological Record, 59,* 273-294. https://doi.org/10.1007/BF03395663

Soudry, Y. et al. (2011). Olfactory system and emotion: Common substrates. *Eur Ann Otorhinolaryngol Head Neck Dis, 128*(1), 18-23. https://doi.org/10.1016/j.anorl.2010.09.007

South, M. et al. (2020). Unrelenting depression and suicidality in women with autistic traits. *Journal of Autism and Developmental Disorders, 50*, 3606-3619. https://doi.org/10.1007/s10803-019-04324-2

Ssucharewa, G. (1926). Die schizoiden Psychopathien im Kindesalter. *Monatsschrift für Psychiatrie und Neurologie, 60*(3-4), 235-261. https://doi.org/10.1159/000190478

Ssucharewa, G. (1932). Über den Verlauf der Schizophrenien im Kindesalter. *Zeitschrift für die gesamte Neurologie und Psychiatrie, 142*, 309-321. https://doi.org/10.1007/BF02866138

Steffenburg, H. et al. (2018). Children with autism spectrum disorders and selective mutism. *Neuropsychiatric Disease and Treatment, 14*, 1163-1169. https://pubmed.ncbi.nlm.nih.gov/29765220/

Stessman, et al. (2017). Targeted sequencing identifies 91 neurodevelopmental-disorder risk genes with autism and developmental-disability biases. *Nature Genetics, 49*(4), 515-526.

Steward, R. et al. (2018). "Life is much more difficult to manage during periods": Autistic experiences of menstruation. *Journal of Autism and Developmental Disorders, 48*(12), 4287-4292. https://doi.org/10.1007/s10803-018-3664-0

Stewart, G. R. et al. (2022). Self-harm and suicidality experiences of middle-age and older adults with vs. without high autistic traits. *Journal of Autism and Developmental Disorders, 53*, 1-13. https://doi.org/10.1007/s10803-022-05595-y

Stokes, M. A. et al. (2022). Gay, lesbian, and gender nonconforming individuals with autism. In J. L. Matson, & P. Sturmey, *Handbook of autism and pervasive developmental disorder* (p. 1467-1490). Autism and Child Psychopathology Series. Springer.

Sukhareva, G. E. (1925). Shizoidnyye psixopatii v detskom vozraste [Schizoid personality disorders of childhood]. In M. O.

Gurevich (ed.) *Voprosy pedologii i detskoĭ psikhonevrologii*. (2nd ed., p. 157-187). Zhizn'i Znanie.

Supekar, K. et al. (2022). Deep learning identifies robust gender differences in functional brain organization and their dissociable links to clinical symptoms in autism. *The British Journal of Psychiatry*, 220(4), 202-209. https://doi.org/10.1192/bjp.2022.13

Sutherland, R. et al. (2017). Parent-reported differences between school-aged girls and boys on the autism spectrum. *Autism*, 21(6), 785-794. https://doi.org/10.1177/1362361316668653

Szajnbok, M. (2013). A psicanálise e o futuro da psiquiatria. *Jornal de Psicanálise*, 46(85), 89-98. http://pepsic.bvsalud.org/pdf/jp/v46n85/v46n85a10.pdf

Szalavitz, M. (2016). The invisible girls. *Scientific American Mind*, 27(2), 48-55. https://www.jstor.org/stable/24945379

Tammet, D. (2007). *Nascido em um dia azul* (Ivo Korytowski, Trad.). Intrínseca.

Tomchek, S. D., & Dunn, W. (2007). Sensory processing in children with and without autism: A comparative study using the short sensory profile. *American Occupational Therapy Association*, 61(2), 190-200. https://doi.org/10.5014/ajot.61.2.190

Treffert, D. A. (1970). Epidemiology of infantile autism. *Archives of General Psychiatry*, 22(5), 431-438. https://jamanetwork.com/journals/jamapsychiatry/article-abstract/490240

Trost, B. et al. (2022). Genomic architecture of autism from comprehensive whole-genome sequence annotation. *Cell*, 185(23), 4409-4427. https://doi.org/10.1016/j.cell.2022.10.009

Tustin, F. (1984). *Estados autísticos em crianças*. Imago.

Ullman, M. T., & Pullman, M. Y. (2015). A compensatory role for declarative memory in neurodevelopmental disorders. *Neuroscience and Biobehavioral Reviews*, 51, 205-222. https://doi.org/10.1016/j.neubiorev.2015.01.008

Unesco (1990). *Declaração mundial sobre educação para todos: satisfação das necessidades básicas de aprendizagem*. Unesco. http://unesdoc.unesco.org/images/0008/000862/086291por.pdf

Unesco (1994). *Declaração de Salamanca: sobre princípios, política e práticas na área das necessidades educativas especiais*. Unesco. http://redeinclusao.pt/media/fl_9.pdf

United Nations (2007). Third committee calls on assembly to designate 2 April World Autism Day. *United Nations Meetings Coverage and Press Releases*. https://press.un.org/en/2007/gashc3899.doc.htm

Ustinova, N. V. et al. (2022). The prevalence of autism spectrum disorders in the Russian Federation: A retrospective study. *Consortium Psychiatricum*, 3(4), 28-37. https://doi.org/10.17816/CP211

Van Krevelen, D. A. (1971). Early infantile autism and autistic psychopathy. *Journal of Autism and Childhood Schizophrenia*, 1(1), 82-86.

Wada, M. et al. (2023). Qualitative and quantitative analysis of self-reported sensory issues in individuals with neurodevelopmental disorders. *Front Psychiatry*, 14, 1-14. https://doi.org/10.3389/fpsyt.2023.1077542

Walker, C. K. et al. (2015). Preeclampsia, placental insufficiency, and autism spectrum disorder or developmental delay. *JAMA Pediatrics*, 169(2), 154-62. https://pubmed.ncbi.nlm.nih.gov/25485869/

Wang, C. et al. (2017). Prenatal, perinatal, and postnatal factors associated with autism: A meta-analysis. *Medicine*, 96(18), 1-7. https://journals.lww.com/md-journal/Fulltext/2017/05050/Prenatal,_perinatal,_and_postnatal_factors.14.aspx

Weir, E., Allison, C., & Baron-Cohen, S. (2021). The sexual health, orientation, and activity of autistic adolescents and adults. *Autism Research*, 14, 2342-2354. https://doi.org/10.1002/aur.2604

Weiss, A. (1935). Qualitative intelligence testing as a means of diagnosis in the examination of psychopathic children. *American Journal of Orthopsychiatry*, *5*(2), 154-179. https://doi.org/10.1111/j.1939-0025.1935.tb06338.x

Weiss, S. (2022, jul. 22). How to have great sex when you're on the autism spectrum. *Vice*. https://www.vice.com/en/article/g5vqky/how-to-have-great-sex-when-youre-on-the-autism-spectrum

Weiss-Frankl, A. (1941). Play interviews with nursery school children. *American Journal of Orthopsychiatry*, *11*(1), 33-39. htps://doi.org/10.1111/j.1939-0025.1941.tb05775.x

Welch, C. et al. (2021). Living in autistic bodies: Bloggers discuss movement control and arousal regulation. *Disability and Rehabilitation*, *43*(22), 3159-3167. https://doi.org/10.1080/09638288.2020.1729872

Wentz, E. et al. (2005). Childhood onset neuropsychiatric disorders in adult eating disorder patients: A pilot study. *European Child & Adolescent Psychiatry*, *14*(8), 431-437. https://doi.org/10.1007/s00787-005-0494-3

Westwood, H., Mandy, W., & Tchanturia, K. (2017). Clinical evaluation of autistic symptoms in women with anorexia nervosa. *Molecular Autism*, *8*(12), 1-9. https://doi.org/10.1186/s13229-017-0128-x

Williams, Z. J. et al. (2019). Thermal perceptual thresholds are typical in autism spectrum disorder but strongly related to intra-individual response variability. *Scientific Reports*, *9*(12595), 1-14. https://doi.org/10.1038/s41598-019-49103-2

Wilson, C. E. et al. (2016). Does sex influence the diagnostic evaluation of autism spectrum disorder in adults? *Autism*, *20*(7), 808-819. https://doi.org/10.1177/1362361315611381

Wing, L. (1985). *Autistic children: A guide for parents and professionals*. Mazel.

Wing, L., & Gould, J. (1979). Severe impairments of social interaction and associated abnormalities in children: Epidemiology and classification. *Journal of Autism and Developmental Disorders, 9*(1), 11-29.

Winnicott, D. W. (1997). *Pensando sobre crianças*. Artmed.

Wolff, S. (1996). The first account of the syndrome Asperger described? *European Child & Adolescent Psychiatry, 5*, 119-132. htt ps://doi.org/10.1007/BF00571671

Wood, E., & Halder, N. (2014). Gender disorders in learning disability: A systematic review. *Tizard Learning Disability Review, 19*(4), 158-165. https://doi.org/10.1108/TLDR-01-2013-0004

World Health Organization. (2022a). ICD-11 for mortality and morbidity statistics. *WHO*. https://icd.who.int/browse11/l-m/en

World Health Organization. (2022b). *World mental health report: transforming mental health for all*. World Health Organization.

Xu, M. et al. (2020). Autism spectrum disorders: Functional NIRS measurement combined with a fragrance pulse ejection system. *Frontiers in Human Neuroscience, 14*, 1-17. https://pubmed.ncbi.nlm.nih.gov/33132871/

Yang, X. L. et al. (2018). Are gastrointestinal and sleep problems associated with behavioral symptoms of autism spectrum disorder? *Psychiatry Research, 259*, 229-235.

Yip, B. H. K. et al. (2018). Heritable variation, with little or no maternal effect, accounts for recurrence risk to autism spectrum disorder in Sweden. *Biological Psychiatry, 83*, 589-597. https://pubmed.ncbi.nlm.nih.gov/29100626/

Zanardo, G. L. D. P. et al. (2017). A violência obstétrica no Brasil: Uma revisão narrativa. *Psicologia & Sociedade, 29*(e155043), 1-11. https://www.scielo.br/j/psoc/a/J7CMV7LK79LJTnX9gFyWHNN/?lang=pt

Zanolla, A. et al. (2015). Causas genéticas, epigenéticas e ambientais do transtorno do espectro autista. *Cadernos de Pós-Graduação em Distúrbios do Desenvolvimento, 15*(2), 29-42.

Zeidan, J. et al. (2022). Global prevalence of autism: A systematic review update. *Autism Research, 5*(5), 778-790. https://doi.org/10.1002/aur.2696

Zhong, C. et al. (2020). Maternal dietary factors and the risk of autism spectrum disorders: A systematic review of existing evidence. *Autism Research, 13*(10), 1634-1658. https://onlinelibrary.wiley.com/doi/10.1002/aur.2402

Conecte-se conosco:

 facebook.com/editoravozes

 @editoravozes

 @editora_vozes

 youtube.com/editoravozes

 +55 24 2233-9033

www.vozes.com.br

Conheça nossas lojas:

www.livrariavozes.com.br

Belo Horizonte – Brasília – Campinas – Cuiabá – Curitiba
Fortaleza – Juiz de Fora – Petrópolis – Recife – São Paulo

  Vozes de Bolso

EDITORA VOZES LTDA.
Rua Frei Luís, 100 – Centro – Cep 25689-900 – Petrópolis, RJ
Tel.: (24) 2233-9000 – E-mail: vendas@vozes.com.br